Holst

Doppel-Klick 8

Differenzierende Ausgabe

Das Arbeitsheft Basis

Erarbeitet von
Grit Adam, Kathleen Breitkopf, Ulrich Deters,
Dirk Hergesell, Rainer Schremb, Britta Wurst-Falck

Unter Beratung von
Andrea Hüttig
und August-Bernhard Jacobs

Cornelsen

Inhaltsverzeichnis

Arbeitstechniken findest du in den Klappen und auf der vorderen inneren Umschlagseite.

Z Hier findest du zusätzliche Aufgaben zum Weiterarbeiten.

Sachtexte erschließen

Textknacker Schritt 1:
Vor dem Lesen
- Bilder
- Überschrift
- Form

Textknacker Schritt 2:
Den Text überfliegen
- Was fällt dir auf?
- Was kennst du schon?

Du liest einen Text und entnimmst ihm wichtige Informationen.
Im Anschluss schreibst du eine kurze Zusammenfassung.

Bilder und Überschriften sagen dir schon viel, bevor du mit dem Lesen beginnst.

1 Schreibe in einem Satz auf, worum es in dem Text vermutlich geht. Begründe deine Vermutung. Schreibe in dein Heft.

Du überfliegst den Text.

2 **a.** Lies in den ersten zwei Absätzen die hervorgehobenen Wörter.
b. Decke den Text ab. Woran erinnerst du dich? Schreibe diese Wörter und Wortgruppen in dein Heft.

3 Überfliege die weiteren Absätze des Textes. Was kennst du schon? Markiere Wörter, die dir auffallen.

Energie aus dem Meer – Ulrich Grünewald

Die gewaltige Energie, die hinter der Kraft des Meeres steckt, ist schon so manchem Küstenbewohner zum Verhängnis geworden. Doch diese Energie ist nicht nur zerstörerisch, sie kann auch genutzt werden, zum Beispiel zur Stromgewinnung. Strom aus dem Meer – gewonnen aus der Kraft der Gezeiten und Wellen. Experten sehen darin ein großes Potenzial.

Gezeitenkraftwerk

Bereits im **11. Jahrhundert** wurde die Kraft des Tidenhubs[1] in **Gezeitenmühlen** in England und Frankreich genutzt. Und im Jahr **1897** wurde in Frankreich das erste Mal **elektrischer Strom** mithilfe von **Turbinen**[2] und Generatoren[3] gewonnen, angetrieben durch **Ebbe und Flut**.
Rund 20 Jahre später entstanden die Pläne für ein erstes Gezeitenkraftwerk an der Mündung des französischen Flusses Rance bei St. Malo in der Normandie. Die Bucht ist mit einem Tidenhub von bis zu zwölf Metern besonders geeignet. Es dauerte allerdings noch bis Dezember **1967**, bis das erste **Gezeitenkraftwerk** der Welt in Betrieb ging. Das Prinzip ist einfach. Ein 750 Meter langer **Damm** trennt die **Bucht** vom offenen **Meer** ab. Das Wasser kann nur durch **24 Rohrturbinen** auf die andere Seite gelangen. Die Turbinen erzeugen den Strom sowohl beim Einlaufen des Wassers (Flut) als auch beim Auslaufen (Ebbe). Je nach Strombedarf kann das Ablaufen leicht verzögert werden. Insgesamt erzeugt das Kraftwerk eine Leistung von **240 Megawatt**[4]. Weltweit gibt es nur einige wenige, meist kleinere Anlagen mit rund einem Megawatt.

Der Damm bei St. Malo mit dem Gezeitenkraftwerk rechts im Bild

1 der Tidenhub: der Unterschied in der Höhe zwischen Hoch- und Niedrigwasser
2 die Turbine: Eine Turbine wandelt Fließenergie in Drehenergie um.
3 der Generator: wandelt die Drehenergie, z. B. einer Turbine, in elektrische Energie um
4 Ein Megawatt (MW) entspricht 1000 Kilowatt (KW) oder 1 000 000 Watt.

Meeresströmungskraftwerk

Energie lässt sich jedoch nicht nur durch die Nutzung des Tidenhubs gewinnen. Denn dass das Meer bei Flut höher steht, bedeutet nicht, dass es dort angehoben wird, jedenfalls nicht in dem Sinne, wie man einen Eimer Wasser vom Boden anheben würde. Das Wasser des Meeres wird durch die Gezeitenkräfte von einem Ort zu einem anderen gezogen. Dort, wo es wegfließt, herrscht Ebbe, dort, wo es hinfließt, Flut. Es entstehen Strömungen. Und diese können ebenso zur Stromgewinnung genutzt werden. Vor der Küste Großbritanniens entstand das erste Meeresströmungskraftwerk der Welt. Das deutsch-britische Pilotprojekt trägt den Namen „Seaflow". Es sieht aus wie eine Windkraftanlage unter Wasser und funktioniert auch fast genauso. Der Unterschied: Statt des Windes, also der Strömung der Luft, wird die Gezeitenströmung des Wassers genutzt. Seit der Inbetriebnahme 2003 musste „Seaflow" ständig verbessert werden. Zum Beispiel war die Meeresströmung geringer als erhofft. Auch stellte der Unterwasserbetrieb extreme Anforderungen an die Materialien. Im Jahr 2008 ging „Seaflows" Nachfolger „Seagen" vor der Küste Nordirlands in Betrieb. Mit seinen zwei Turbinen produziert das Meeresströmungskraftwerk, anders als sein Vorgänger, tatsächlich Strom. Die Leistung beträgt 1,2 Megawatt, womit gut 1000 Haushalte versorgt werden können.

Ein Meeresströmungskraftwerk

Wellenenergie

Das Wetter ist zwar ein unvorhersehbarer Faktor, es ist jedoch entscheidend bei einer weiteren Form des Energietransports im Meer: der Wellenenergie. Um diese Energie zu nutzen, gibt es verschiedene Ansätze. Einer der ältesten ist das Prinzip der schwingenden Wassersäule. Das ständige Auf und Ab des Wassers treibt dabei in einer Art Kamin eine Luftsäule an. Wie in einer Luftpumpe wird bei ansteigendem Wasser die Luft nach oben durch eine Turbine gedrückt. Beim Absinken des Wassers wird die Luft durch die Turbine angesogen. Eine ausgeklügelte Technik sorgt dafür, dass sich die Turbine in beiden Fällen immer in dieselbe Richtung dreht. Dadurch werden Reibungsverluste vermieden. Der erste Prototyp eines Wellenkraftwerks ist im November 2000 an der Westküste Schottlands in Betrieb gegangen und liefert eine Spitzenleistung von 500 Kilowatt.

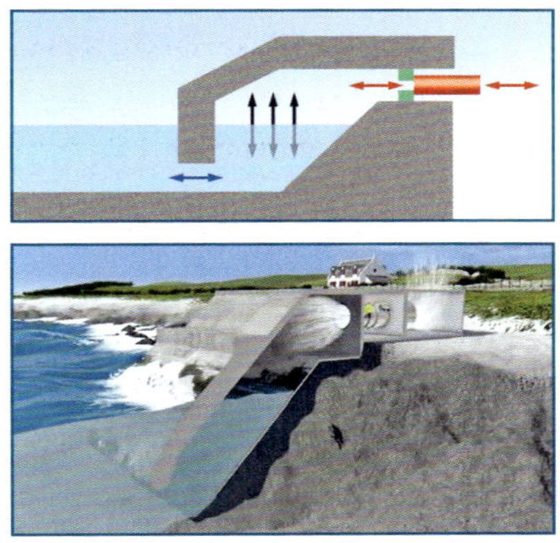

Funktionsweise des Wellenkraftwerks Limpet

Lösung des weltweiten Energieproblems?

Der Energievorrat, der in den Gezeiten steckt, ist zwar riesig, lässt sich jedoch nur selten wirtschaftlich nutzen. Um zum Beispiel ein Gezeitenkraft betreiben zu können, benötigt man mindestens einen Tidenhub von fünf Metern sowie eine geeignete Bucht. Weltweit gibt es schätzungsweise nur wenige Dutzend solcher Stellen. Insgesamt ließen sich rein rechnerisch zwölf Gigawatt (ein Gigawatt = eine Milliarde Watt) Strom erzeugen. Damit könnten gerade mal zehn Kohlekraftwerke ersetzt werden.
Außerdem steht die Energie nicht kontinuierlich zur Verfügung, die Spitzenlast verschiebt sich ebenso wie die Hoch- und Niedrigwasser von Tag zu Tag. Es müssten daher Möglichkeiten zur Speicherung der Energie geschaffen werden. Das Problem der kontinuierlichen Energiegewinnung tritt bei den Wellenkraftwerken noch verstärkt auf, da bei diesen das Wetter eine entscheidende Rolle spielt. Lediglich ein Strömungskraftwerk liefert jederzeit gleich viel Energie und ist unabhängig vom Wetter. Allerdings gibt es erst wenige Pilotanlagen.
In der Kombination verschiedener Meereskraftwerke sehen die Experten gleichwohl einen wichtigen Beitrag zur Versorgung mit erneuerbaren Energien. Im Vergleich zu Wind, Sonne und Biomasse steht die Nutzung der Energie aus dem Meer aber noch am Anfang.

Beim genauen Lesen erkennst du wichtige Informationen.

> Textknacker Schritt 3:
> **Beim genauen Lesen**
> – Überschrift
> – Absätze
> – Schlüsselwörter
> – Unbekannte Wörter

4 a. Lies die einzelnen Absätze des Textes genau.
b. Welches gemeinsame Thema haben die drei mittleren Absätze? Kreuze an.

- ☐ die zerstörerische Kraft des Meeres
- ☐ unterschiedliche Kraftwerkstypen, die Meeresenergie nutzen
- ☐ die Energie, die in den Gezeiten steckt

c. Was ist das Besondere am ersten Absatz? Schreibe einen Satz auf die Linie. Du kannst eine Wortgruppe vom Rand verwenden.

> **stellt Fragen,**
> **führt in das Thema ein,**
> **nimmt Stellung**

____

5 Schreibe Erklärungen für die folgenden Wörter in dein Heft.
- Manche Wörter kannst du dir aus dem Textzusammenhang erklären.
- Nutze auch die Fußnoten im Text oder schlage die Wörter nach.

> **der Tidenhub (Z. 6), das Gigawatt (Z. 55), die Turbine (Z. 36), der Generator (Z. 8), kontinuierlich (Z. 61), die Pilotanlage (Z. 64), die Kombination (Z. 65)**

Starthilfe

> Tidenhub nennt man den Höhenunterschied …

6 a. Sieh dir die Bilder zum Text genau an und lies die Bildunterschriften.
b. Erkläre die Kraftwerkstypen **Gezeitenkraftwerk, Meeresströmungskraftwerk** und **Wellenkraftwerk**. Schreibe in dein Heft.

Starthilfe

> Für ein Gezeitenkraftwerk wird eine Bucht vom Meer mit …

7 Im zweiten Absatz sind bereits Schlüsselwörter hervorgehoben.
a. Markiere selbst Schlüsselwörter in den weiteren Absätzen.
b. Worum geht es? Schreibe zu jedem Absatz Stichworte in dein Heft.

Starthilfe

> 1. **Einleitung:** Strom aus dem Meer, …

Mithilfe von Fragen kannst du dein Textverständnis überprüfen.

8 a. Schreibe zu jedem Absatz des Textes zwei eigene Fragen in dein Heft.
b. Beantworte deine eigenen Fragen schriftlich.

9 Beantworte die folgenden Fragen in ganzen Sätzen. Schreibe in dein Heft.
a) Wie groß ist der Tidenhub in der Mündung der Rance bei St. Malo?
b) Wodurch wird diese Bucht vom Meer getrennt?
c) Welche Leistung hat das Gezeitenkraftwerk bei St. Malo?
d) Wie sieht das Meeresströmungskraftwerk „Seaflow“ aus?
e) Wo ist im Jahr 2000 ein Wellenkraftwerk in Betrieb gegangen?

Starthilfe

> Frage a) Der Tidenhub in der Mündung der Rance bei St. Malo …

In einer Zusammenfassung gibst du den Inhalt des Textes kurz wieder.

> Textknacker Schritt 4:
> **Nach dem Lesen**
> Mit dem Inhalt arbeiten

10 Schreibe eine Zusammenfassung des Textes.

Z Weiterführendes: Ein Schaubild erschließen

Du erschließt ein Schaubild zu einem Gezeitenkraftwerk.

Das Funktionsprinzip eines Gezeitenkraftwerkes

Phase 1
- Staubecken ist leer
- Flut steigt an
- Turbinenleitungen sind geschlossen

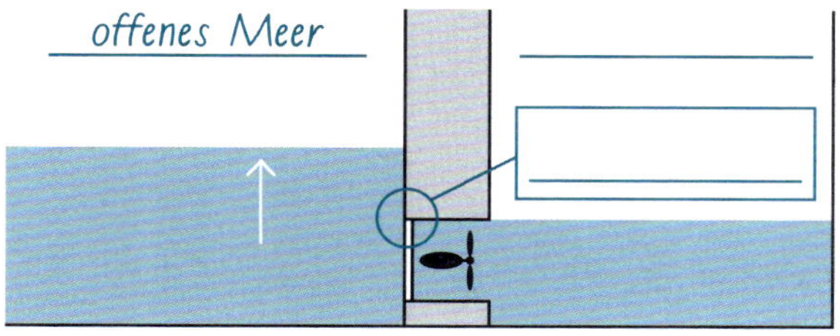

Phase 2
- Flut hat Maximum erreicht
- Turbinenleitungen werden geöffnet
- Wasser strömt ein
- Turbine wird angetrieben: **Strom wird erzeugt**

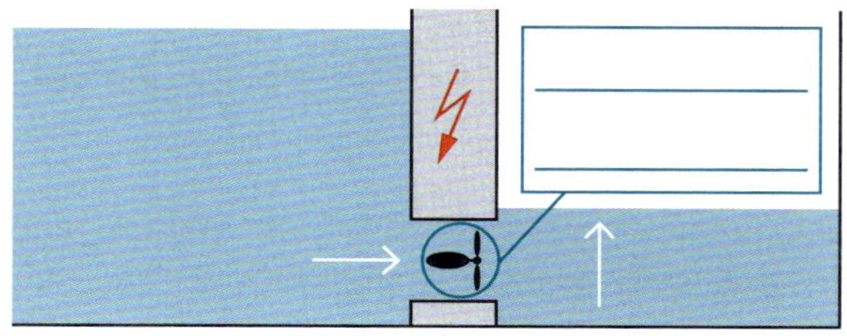

Phase 3
- Staubecken ist gefüllt
- Flut sinkt ab
- Turbinenleitungen sind geschlossen

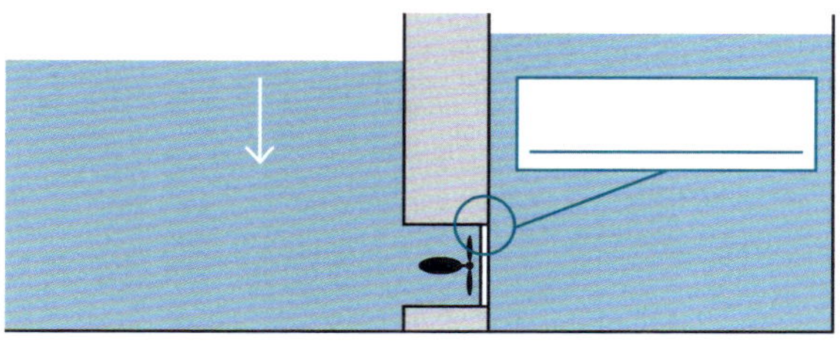

Phase 4
- Ebbe ist erreicht
- Turbinenleitungen werden geöffnet
- Wasser strömt aus
- Turbine wird angetrieben: **Strom wird erzeugt**

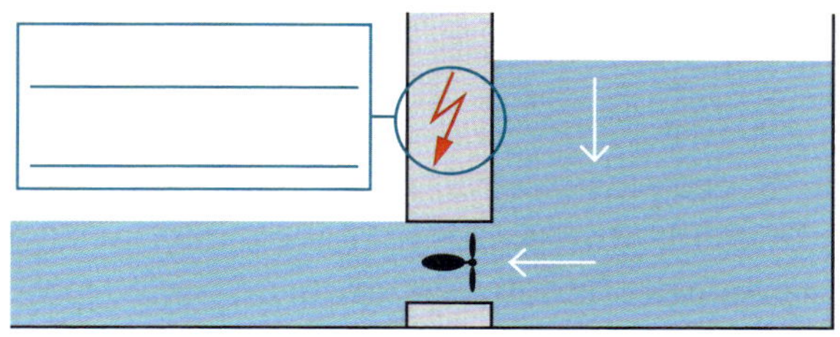

1 a. Sieh dir das Schaubild an und lies die Stichworte zu den vier Phasen.
b. Beschrifte die Grafik an passenden Stellen mit den folgenden Wortgruppen.

~~offenes Meer~~, Verschluss (2 x), das Kraftwerk, Staubecken, Turbine läuft

2 Welche Dinge sieht man auf **allen** vier Bildern des Schaubilds?
Schreibe Strichworte auf die Linie.

das offene Meer, ______________________________

3 Beantworte die Fragen mithilfe des Schaubilds. Schreibe in dein Heft.
a) Wodurch staut sich das Wasser auf einer Seite des Damms?
b) Wann genau werden die Turbinenleitungen geöffnet?

4 Ergänze die folgende Beschreibung der Phasen 1 und 2. Schreibe in dein Heft.

Wenn das ___ leer ist und die ___ ansteigt, werden in Phase 1 die ___ geschlossen. Sobald die Flut ihr ___ erreicht hat, beginnt Phase 2 und die ___ werden geöffnet. Dann strömt das ___ in das ___. Dabei wird die ___ in der ___ angetrieben und es wird ___ erzeugt.

5 a. Beschreibe das Funktionsprinzip eines Gezeitenkraftwerks in einem kurzen Sachtext.
- Nenne in einem Einleitungssatz den Titel und die Art der Grafik.
- Beschreibe die Vorgänge für jede einzelne Phase.
- Verwende Fachwörter aus dem Schaubild und schreibe im Präsens.

b. Ist deine Beschreibung auch ohne das Schaubild verständlich?
Überprüfe deinen Text mithilfe einer Person, die das Schaubild nicht kennt.

Starthilfe

So funktioniert ein Gezeitenkraftwerk
Wie ein Gezeitenkraftwerk Energie erzeugt, kann man …

Einen informativen Text schreiben

Mit den Materialien schreibst du einen informativen Text zum Thema **Windenergie**. Zuvor liest du die Materialien mithilfe des Textknackers.

➤ Die Arbeitstechnik „Der Textknacker" findest du in der vorderen Klappe.

vor dem Lesen

Zuerst überlegst du, was du schon über das Thema weißt.

1 Was weißt du über die Windenergie? Schreibe Stichworte in dein Heft.

Du überfliegst die Materialien.

das Material überfliegen

2 Überfliege die Materialien 1 bis 5 auf den Seiten 8–10. Worum geht es jeweils? Schreibe zu jedem Material einen Satz in dein Heft.

3 Welches Material passt nicht zum Thema **Windenergie**? Begründe deine Antwort in einem Satz.

Die Grafik ______________________________

____

Material 1

Energie der Zukunft: Watt aus dem Meer – Frank Dohmen

Die Energieversorgung in Deutschland steht vor einer entscheidenden Wende. In den nächsten Monaten und Jahren werden vor den Küsten große Offshore-Windparks[1] entstehen, mit denen gewaltige Mengen Ökostrom[2] produziert werden sollen.

Es ist nass, kalt und unwirtlich an diesem Morgen im ostfriesischen Städtchen **Emden**. Die Nebelschwaden beginnen nur langsam aufzureißen. Das Schlimmste aber ist die Windstille. „Hoffentlich laufen sie überhaupt", sagt **Projektleiter Wilfried Hube** mit einem besorgten Blick. Dann zieht er die Gurte seiner Schwimmweste fest und klettert in den **Hubschrauber**. Im Tiefflug geht es Richtung Küste, vorbei an den Inseln Juist und Borkum direkt auf die **Nordsee**. Dort, mitten im Meer, liegt das Ziel des kurzen Flugs: **Alpha Ventus**, der erste und bislang einzige deutsche **Offshore-Windpark**. Winzig klein zunächst zeichnen sich die Konturen am Horizont ab. Doch mit jedem Kilometer, den man sich nähert, werden die **gigantischen Ausmaße** des Projekts deutlicher. Auf einer Fläche von etwa **vier Quadratkilometern** – das entspricht der Größe von ungefähr 500 Fußballfeldern – ragen insgesamt **zwölf Windturbinen** aus dem eisigen Wasser. Jede einzelne ist mit rund **150 Metern so hoch** wie der Kölner Dom und mit **1000 Tonnen** so schwer wie 25 voll beladene Sattelschlepper.

Als der Hubschrauber sich langsam auf die nahe gelegene Versorgungsplattform senkt, drehen sich die **Rotoren**[3] aller Anlagen langsam im aufgefrischten Wind. Hube wirkt erleichtert. Und das nicht nur, weil ein Offshore-Park ohne Wind immer auch einen trostlosen Eindruck bei Besuchern hinterlässt.

Fast unbemerkt von der Öffentlichkeit hat der Projektleiter vor wenigen Tagen mithilfe von Tauchertrupps die letzten **Unterwasserkabel anschließen** können. Seitdem fließt mit jeder Rotorenbewegung **Strom** aus der Nordsee **Richtung Festland** – und das in gewaltigen Mengen. Mindestens **220 Gigawattstunden**[4]

Der Windpark Alpha Ventus in der deutschen Nordsee

1 der Offshore-Windpark: ein Windpark, der im Meer liegt (offshore: englisch für „vor der Küste"). Ein Windpark ist eine Ansammlung von Windenergieanlagen, d. h. von Windturbinen.
2 der Ökostrom: elektrische Energie, die auf umweltfreundliche Art und Weise gewonnen wird
3 der Rotor: der sich drehende Teil einer Maschine (hier: die Windflügel)
4 eine Gigawattstunde: 1 Milliarde Wattstunden

Energie wird Alpha Ventus Jahr für Jahr in das **Stromnetz** einspeisen. Das reicht aus, um **50 000 Haushalte** zu versorgen.
In den **kommenden Monaten und Jahren** sollen vor den deutschen und europäischen Küsten **weitere riesige Offshore-Anlagen** entstehen und enorme Mengen Strom in die Netze auf dem Festland einspeisen. Es herrscht Goldgräberstimmung. „In der Branche wird der Offshore-Windmarkt als der wesentliche Wachstumsbereich bei den erneuerbaren Energien in unseren Regionen angesehen", sagt Frank Mastiaux, der beim Stromriesen E.on für das Aufgabenfeld zuständig ist.
Auch die Politik schöpft **Hoffnung**. Mit den Offshore-Windparks scheint die Vision von einer **umweltschonenderen Energieversorgung** mit geringerer Abhängigkeit von Kohle, Gas und Öl endlich greifbar.

Material 2
Strommix in Deutschland:
Bruttostromerzeugung nach Energieträgern 2009

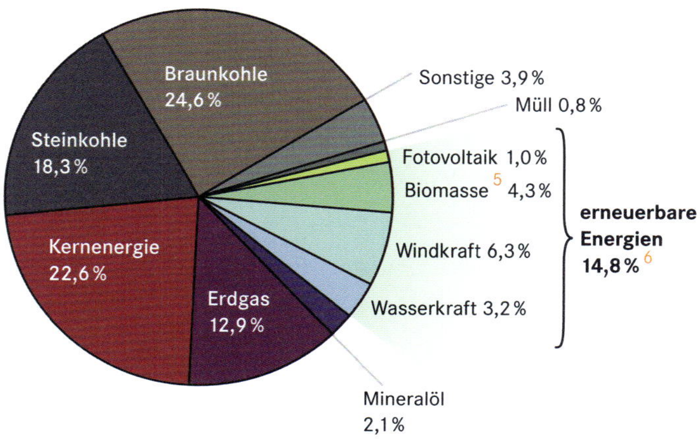

Material 3
Prognose:[7] Stromversorgung in Deutschland 2020
Gesamt 595 TWh[8]

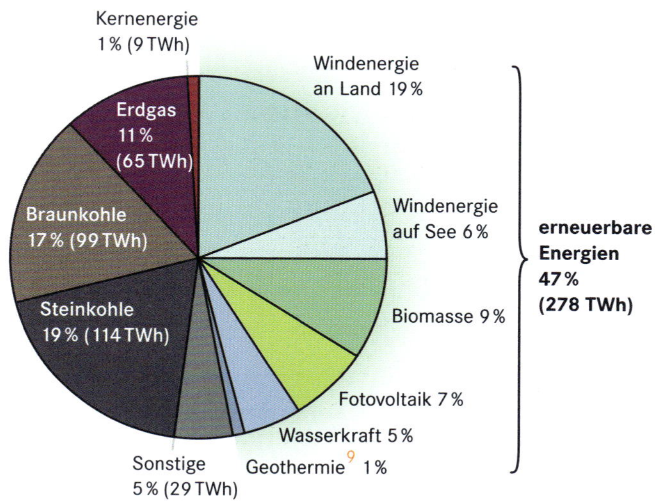

Material 4
Moderne Solarkraftwerke:
So funktioniert ein Parabolrinnenkraftwerk:

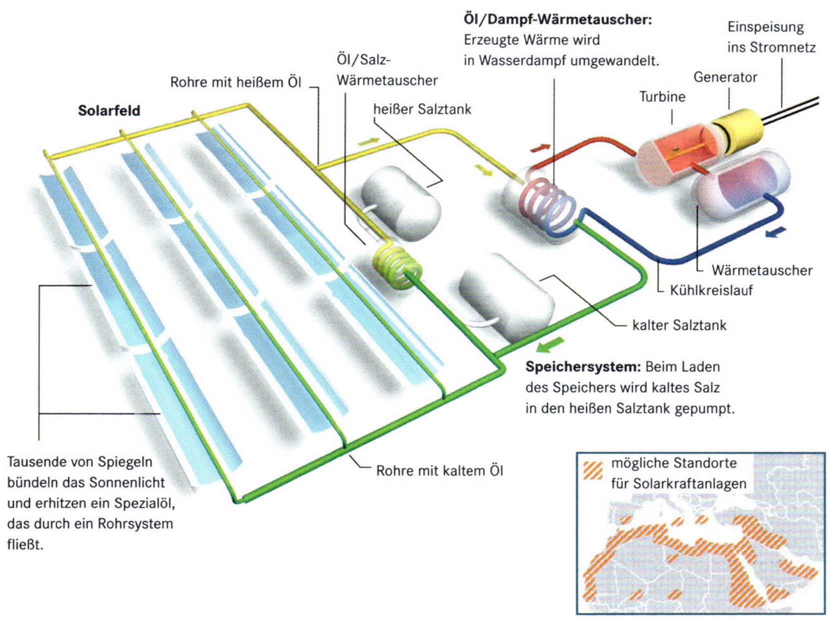

5 die Biomasse: pflanzliche und tierische Produkte, die zur Energiegewinnung dienen, z. B. Holz oder Biogas
6 Für die erneuerbaren Energien wird oft auch ein Anteil von gut 16 % angegeben. Dabei wird z. B. die Müllverbrennung mitgezählt.
7 die Prognose: die Voraussage
8 TWh: die Terawattstunde: 1 Milliarde Kilowattstunden oder 1 Billion Wattstunden
9 die Geothermie: die in der Erde als Erdwärme gespeicherte Energie

Material 5

- *Windenergieanlagen verändern das Landschaftsbild.*
- *Sie stoßen keine Schadstoffe wie Kohlendioxid, Stickoxide und Schwefeldioxid aus – anders als konventionelle Stromerzeugung in Kraftwerken.*
- *Der Wind ist keine zuverlässige Energiequelle. Wind ist nicht immer am richtigen Ort in der richtigen Stärke vorhanden.*
- *Windenergie lässt sich nicht speichern. Deshalb muss sie vor Ort in transportfähigen elektrischen Strom umgewandelt werden.*
- *Keine Form der Energiegewinnung braucht so wenig Platz wie die Windenergie.*
- *Die Windkraft ist billig, reichlich vorhanden und erneuerbar.*

Zu den Materialien 1 bis 5 bearbeitest du den folgenden Arbeitsauftrag:

Dein Arbeitsauftrag

Schreibe für die Schülerzeitung einen informativen Text zum Thema „Windenergie" am Beispiel von Alpha Ventus. Stelle dabei den Anteil der Windenergie am heutigen und am zukünftigen Energieverbrauch dar.
- Verwende Informationen aus den Materialien 1 bis 5.
- Erkläre in deinem Text schwierige Begriffe und Sachverhalte. Denke daran, dass auch Schüler der Klasse 5 die Schülerzeitung lesen.
- Schreibe im Präsens und vermeide wörtliche Rede.

4 **a.** Lies deinen Arbeitsauftrag.
b. Markiere die Aufforderungsverben (Operatoren) in dem Arbeitsauftrag.
c. Was genau sollst du tun? Schreibe in dein Heft.

Starthilfe
Ich soll einen informierenden Text zum Thema „Windenergie" schreiben. ...

Du liest die Materialien genau, bevor du den Arbeitsauftrag bearbeitest.

beim genauen Lesen

5 **a.** Lies die Texte und die Beschriftungen der Grafiken genau.
b. Welche Wörter verstehst du nicht? Markiere sie.
c. Erkläre die Wörter aus dem Textzusammenhang oder mithilfe eines Lexikons oder einer Suchmaschine. Schreibe die Bedeutungen in dein Heft.

Starthilfe
die Konturen – die Umrisse, ...

6 Ordne die Wörter mit Linien ihren Erklärungen zu.

offshore	umweltfreundlich gewonnene elektrische Energie
der Ökostrom	eine Milliarde Wattstunden
die Rotoren	eine Vorhersage
die Gigawattstunde	in der Erde gespeicherte Wärme
die Prognose	pflanzliche und tierische Rohstoffe zur Energieerzeugung
die Geothermie	vor der Küste, auf offener See
die Biomasse	die sich drehenden Teile einer Maschine

Das Textverständnis überprüfen

Du überprüfst, ob du die Materialien genau gelesen und verstanden hast.

1 Beantworte die Fragen zu **Material 1** in ganzen Sätzen.

A Wie heißt der erste deutsche Offshore-Windpark und wo liegt er?

____

B Was soll an den deutschen und europäischen Küsten entstehen und wozu?

____

2 Ergänze wichtige Informationen in Zahlen zu Alpha Ventus.

Größe: ____________ Anzahl der Turbinen: ____________

Anzahl der mit der Energie versorgten Haushalte: ____________

3 Welche Energiequellen werden in den Materialien angegeben? Schreibe auf.

Erneuerbare Energien: *Windenergie,* ______________________

Nicht erneuerbare Energien: *Erdgas,* ______________________

Kreuze in den Aufgaben 4 bis 7 zu den Materialien 2 und 3 jeweils die eine richtige Auswahl an.

4 2009 betrug der Anteil der erneuerbaren Energien an der Stromproduktion ...
☐ a) ... 90,5 %. ☐ b) ... 14,8 %. ☐ c) ... 9,5 %. ☐ d) ... 99,5 %.

5 Der Anteil der Windenergie an der Stromproduktion 2009 betrug ...
☐ a) ... 6,3 %. ☐ b) ... 0,9 %. ☐ c) ... 1,6 %. ☐ d) ... 9,5 %.

6 2020 soll Windenergie folgenden Anteil an der Stromversorgung haben:
☐ a) 6 % ☐ b) 19 % ☐ c) 25 % ☐ d) 47 %

7 Um was für eine Grafik handelt es sich bei Material 2?
☐ a) Kurvendiagramm ☐ b) Pfeildiagramm ☐ c) Kreisdiagramm

8 Kreuze zwei richtige Aussagen an.
☐ a) Wind gibt es überall und zu jeder Zeit.
☐ b) Windenergie ist umweltfreundlich und erneuerbar.
☐ c) Die Erzeugung von Windenergie braucht weniger Platz am Boden als andere Formen der Energiegewinnung.
☐ d) Bei Windenergieanlagen gibt es einen großen Schadstoffausstoß.

9 Wie verändert sich der Anteil der erneuerbaren Energien von 2009 bis 2020?
a. Kreuze drei richtige Zahlenreihen am Rand an (für erneuerbare Energien insgesamt, für Windkraft und für Wasserkraft).
b. Beschreibe die Steigerung des Prozentanteils in ganzen Sätzen im Heft.

Starthilfe

Der Anteil der erneuerbaren Energien an der Stromversorgung wird von 2009 bis 2020 voraussichtlich von ...

2009	2020	Steigerung	
6,3 %	19 %	+ 12,7	☐
3,2 %	5 %	+ 1,8	☐
14,8 %	47 %	+ 32,2	☐
47 %	14,8 %	- 32,2	☐
6,3 %	25 %	+ 18,7	☐

10 Warum muss Windenergie vor Ort in Strom umgewandelt werden? Beantworte die Frage in ganzen Sätzen in deinem Heft.

Den eigenen Text planen und schreiben

Arbeitstechnik

Einen informativen Text schreiben
- **Sammle Informationen** aus Sachtexten und Grafiken zu deinem Thema.
- **Plane deinen Text**. Gliedere dazu die Informationen in einer sinnvollen Reihenfolge. Verwende **Fragen** zum Gliedern der Informationen.
- Formuliere in der **Einleitung** das genaue Thema.
- Schreibe den **Hauptteil** sachlich und verständlich für deine Adressaten.
- **Vermeide wörtliche Rede** oder ersetze sie durch indirekte Rede.
- Gib die **Quellen** deiner Informationen an.
- Zum **Schluss** kannst du kurz deine eigene Meinung zum Thema äußern.

Du planst deinen Text, indem du zum Beispiel Fragen auswählst.

nach dem Lesen

1 **a.** Wähle bei jeder Frage von 1 bis 4 nur eine geeignete Frage aus. Streiche dazu jeweils die anderen zwei Fragen. Beachte dabei deinen Arbeitsauftrag auf Seite 10.
b. Notiere zu jeder Frage Stichworte und Zahlen aus den Materialien 1 bis 5. Du kannst die Wörter und Wortgruppen vom Rand verwenden.

Frage 1: ~~Wer ist Frank Dohmen?~~ Was ist Windenergie? ~~Was ist Ökostrom?~~

erneuerbare Energie,

Frage 2: Was passiert in Emden? Wer ist Projektleiter? Was ist Alpha Ventus?

Frage 3: Welchen Beitrag leistet Windenergie im Jahr 2009 und im Jahr 2020? Wie wird Strom in der Wüste hergestellt? Welche Zukunft hat Kernenergie?

Frage 4: Welche Vor- und Nachteile hat die Nutzung von Windkraft? Welche Schadstoffe entstehen durch Wind? Wie entsteht Windenergie?

erneuerbar,
Wende,
Energieversorgung,
Windturbinen,
Nordsee,
Ökostrom,
Offshore-Windpark,
Windenergieanlagen,
Ansammlung,
2009,
Anteil der erneuerbaren Energien,
Prognose,
2020,
Vorteile,
Nachteile,
Schadstoffe,
Platz,
billig,
reichlich vorhanden,
Landschaftsbild,
zuverlässig,
Energiequelle,
speichern,
in Strom umgewandelt

Deinen Text schreibst du sachlich und verständlich.

Der Offshore-Windpark Alpha Ventus wird bei normalen Windbedingungen pro Jahr mindestens 220 Gigawattstunden Ökostrom für 50 000 Haushalte in das Stromnetz einspeisen.

2 Der Satz über der Aufgabe enthält sehr viele Informationen.

a. Welche vier Fachwörter könntest du in einzelnen Sätzen näher erklären? Markiere diese Fachwörter.

b. Ergänze die folgenden Erklärungen zu den Fachwörtern.

Alpha Ventus ist ein Offshore-Windpark, *also eine Ansammlung von* ______________________

____

Mindestens 220 Gigawattstunden könnte Alpha Ventus pro Jahr produzieren,

das sind ______________________________________

Der Strom wird in das Stromnetz eingespeist, also ______________________

____

50 000 Haushalte bekommen dann Ökostrom, das heißt ______________________

____

3 Formuliere mit den Erklärungen aus Aufgabe 2 Sätze. Schreibe in dein Heft. Du kannst mehrere kurze Sätze oder Satzgefüge verwenden.

Starthilfe

> Der Offshore-Windpark Alpha Ventus ist eine Ansammlung von Windanlagen auf offener See in der Nordsee. Der Windpark produziert pro Jahr …

Mithilfe deiner Fragen und Stichworte bearbeitest du den Arbeitsauftrag von Seite 10. Du schreibst in dein Heft.

4 Formuliere für deinen Text eine passende Überschrift. Du kannst Wörter und Wortgruppen vom Rand verwenden.

> Wind, Zukunft, heute, erneuerbare Energien, Offshore-Windparks

5 Schreibe eine Einleitung für deinen Text. Nenne darin das Thema.

6 Schreibe den Hauptteil. Beantworte jede Frage von Seite 12 in einem neuen Absatz.

Starthilfe

> Windenergie ist eine Energie mit Zukunft. Das versteht man, wenn …

7 Fasse in einem Schlusssatz wichtige Informationen zusammen.

8 Überprüfe deinen Text mithilfe der Checkliste.

Checkliste: Einen informativen Text schreiben	ja	nein
Habe ich ausreichend viele wichtige Informationen gesammelt?	☐	☐
Habe ich die Informationen in einer sinnvollen Reihenfolge gegliedert?	☐	☐
Habe ich sachlich geschrieben?	☐	☐
Habe ich in der Einleitung das Thema meines Textes genannt?	☐	☐
Habe ich in Einleitung und Hauptteil jede persönliche Meinung vermieden?	☐	☐
Habe ich die wörtliche Rede vermieden?	☐	☐
Sind alle meine Zahlenangaben richtig?	☐	☐
Habe ich zum Schluss wichtige Informationen zusammengefasst?	☐	☐

Einen informativen Text überarbeiten

Achtung: Fehler!

Du überarbeitest einen Text zum Thema **Windenergie**.

Die Windenergie – unsere Chance für die Zukunft

Die Entwicklung der Windenergie geht ganz schön fix voran. Darüber und über einiges mehr informiert der Text. Ich denke, für den Ausbau der erneuerbaren Energien können wir auch mit einem veränderten Landschaftsbild leben.

Windenergie ist – das weiß doch jeder, was das ist, oder? Das ist das mit der erneuerbaren Energie und so weiter.

Aus dem Text von Frank geht hervor, dass die Produktion von Windenergie immer weiter ausgebaut wird. So wurde in der Nordsee gerade der erste deutsche Offshore-Windpark fertiggestellt, nämlich Alpha Ventus. Weitere Windparks an den Küsten Europas sollen folgen.

Die Ausmaße des Offshore-Windparks ~~waren~~ riesig: Auf einer Fläche von etwa vier Quadratkilometern standen neun Windturbinen. Aber am beeindruckendsten ist, dass der Windpark 50 000 Haushalte mit Strom versorgen kann – natürlich nur, wenn der Wind bläst. Und das tut er auch auf See nicht immer.

„In der Branche wird der Offshore-Windmarkt als der wesentliche Wachstumsbereich bei den erneuerbaren Energien in unseren Regionen angesehen", sagt ein Unternehmen. Der Ökostrom verdrängt so langsam die Brennstoffe Kohle und Öl. Das ist gut für die Umwelt, denn die schädlichen Abgase der Kraftwerke wie Kohlendioxid, Stickoxide und Schwefeldioxid gelangten immer weniger in die Luft. Der Anteil der Windkraft soll von 0,6 % im Jahr 2007 auf 25 % im Jahr 2020 steigen. Das belegen zwei Grafiken.

Die Windenergie hat aber auch Nachteile. So verändern die Windanlagen zum Beispiel das Landschaftsbild.

sind

1 a. Finde in der Einleitung eine persönliche Wertung. Kreise sie ein.
b. Lies in der Arbeitstechnik auf Seite 12 nach, wo eine Wertung stehen darf.
c. Zeichne mit einem Pfeil am Rand ein, wo diese Wertung stehen sollte.

2 Markiere in der Einleitung alle ungeeigneten Formulierungen.
Achte besonders auf unpassende Umgangssprache.

3 Welche Angaben zum Text von den Seiten 8 und 9 sind unvollständig?
a. Markiere zwei Stellen im zweiten Absatz, an denen wichtige Informationen unvollständig sind.
b. Ergänze die fehlenden Informationen auf den Linien am Rand.

4 a. Markiere drei falsche Zahlenangaben im Text.
b. Schreibe die richtigen Angaben auf den Linien am Rand.

5 a. Streiche drei falsche Zeitformen im Text durch.
b. Schreibe dafür die passenden Präsensformen auf den Linien am Rand.

6 Markiere die wörtliche Rede im Text.

7 Prüfe, aus welchen Grafiken die Zahlenangaben stammen.

8 a. Schreibe den Text überarbeitet in dein Heft.
- Verwende dabei deine Ergebnisse zu den Aufgaben 1 bis 7.
- Beschreibe in der Einleitung, worüber dein Text informiert.
- Wandle die wörtliche Rede in indirekte Rede um. Gib dabei auch genau an, wer diese Aussage macht.
- Ergänze die Angaben zu den Grafiken. Zitiere dabei ihre Überschriften.

b. Überprüfe deinen Text mithilfe der Checkliste von Seite 13.

Starthilfe

Die Windenergie – unsere Chance für die Zukunft
Die Entwicklung der Windenergie geht inzwischen schnell voran. …

Z Weiterführendes: Eine Grafik erstellen

Strommix in Deutschland 2009

Braunkohle 24,6 %	Mineralölprodukte 2,1 %
Steinkohle 18,3 %	erneuerbare Energien 14,8 %
Kernenergie 22,6 %	Müll 0,8 %
Erdgas 12,9 %	sonstige Energieträger 3,9 %

1 a. Lies das Zahlenmaterial oben.
b. Beantworte die folgenden Fragen zu dem Zahlenmaterial in ganzen Sätzen. Schreibe in dein Heft.

Starthilfe
Den größten Anteil am Strommix hatte im Jahr …

A Welcher Energieträger hatte 2009 den größten Anteil am Strommix?
B Wie viel Prozent beträgt der Anteil nicht erneuerbarer Energien im Jahr 2009?

2 Gestalte in der Vorlage unten ein Balkendiagramm mit den Zahlen.
- Ergänze die Prozentangaben unter der Grafik.
  Verwende für die Zahlen 10, 15, 20, 25 und 30 immer den gleichen Abstand.
- Trage die Energieträger am linken Rand ein.
- Ergänze acht Balken für die Energieträger in der richtigen Länge.
  Zeichne die Außenlinien mit Bleistift und Lineal oder Geodreieck.
- Zeichne die Linien der Balken mit Farbstift und Lineal nach.
- Fülle die Balken in verschiedenen Farben aus.
  Tipp: Verwende möglichst Farben, die zu den Energieträgern passen.

Strommix in Deutschland 2009

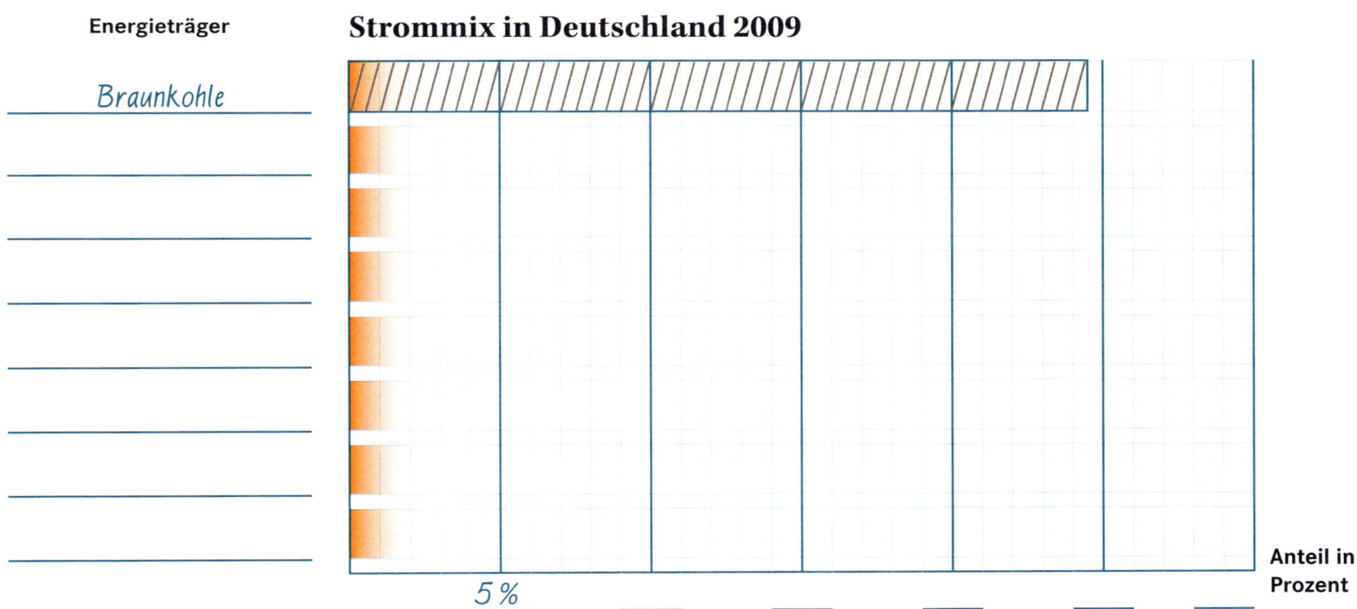

Z **3** Schreibe zu deiner Grafik einen informativen Text.
- Berücksichtige dabei die Arbeitstechnik auf Seite 12.
- Achte auf abwechslungsreiche Satzanfänge.

Z **4** Wie sieht der Strommix in Deutschland heute aus?
a. Recherchiere die aktuellen Zahlen im Internet.
b. Zeichne ein Balkendiagramm mit den aktuellen Zahlen.

Das kann ich! – Einen informativen Text schreiben

Dein Arbeitsauftrag

Schreibe einen informativen Text zum Thema **Solarenergie** für die Schülerzeitung. Berücksichtige dabei besonders das marokkanische Solarkraftwerk Beni Mathar.
- Verwende für deinen Text die Materialien von Seite 16 und 17.
- Sammle zuerst Stichworte in deinem Heft.
- Schreibe den Text im Präsens und vermeide wörtliche Rede.

1 a. Lies die Materialien auf Seite 16 und 17.
b. Wovon handeln die Materialien? Notiere Stichworte im Heft.
c. Schreibe zu jedem Material einen Satz in dein Heft.

/6 Punkte

Material 1

Marokko startet das Projekt Wüstenstrom – Daniel Wetzel

Bereits am frühen Morgen zeigt das Thermometer **34 Grad** Celsius. **Nour Eddine Fetian** lenkt den Jeep der staatlichen **Elektrizitätsgesellschaft** ONE hinter der Grenzstadt Oujda auf die N 17 Richtung Süden. Die schnurgerade Piste verliert sich am Horizont in **gleißendem Licht**. Auf beiden Seiten geht der Blick in die endlose Leere des marokkanisch-algerischen Grenzlandes.

Das Geschäft des Projektmanagers dreht sich um die **Energie von morgen** und deren Quelle kommt nach einer Stunde Fahrt in Sicht: eine gleißende, **40 Hektar** große Fläche aufgereihter **Parabolspiegel**[1] inmitten der **Wüste** – Beni Mathar, das **modernste Solarkraftwerk** der Welt. Fetian drosselt den Motor. Das Außenthermometer des Wagens zeigt jetzt **42 Grad**.

Ain Beni Mathar – der Name der solaren **Pilotanlage**[2] ist selbst unter Energieexperten noch weitgehend unbekannt. Doch er könnte einmal in die Geschichte der europäischen Energiewirtschaft eingehen. Denn Beni Mathar steht nicht nur für den Beginn der marokkanischen **Solarrevolution**. Die Anlage ist Startpunkt für eines der größten staatlichen Sonnenenergieprogramme der Welt, das schon bald zur **Energieversorgung Europas** beitragen könnte.

Aus den 40 Hektar des Solarfeldes sollen nach dem Willen **König Mohammeds VI.** innerhalb der nächsten **zehn Jahre 10 000 Hektar Solarfläche** werden, die sich auf fünf Standorte in ganz **Marokko** verteilen. Was in der hiesigen Pilotanlage mit einer Leistung von **20 Megawatt** getestet wird, will Mohammed bis zum Jahr **2020** auf mindestens **2 000 Megawatt** verhundertfachen – und damit so viel installierte Leistung bereitstellen wie zwei Atomkraftwerke.

Weitere 2 000 Megawatt sollen **Windkraftparks** an der stürmischen **Atlantikküste** Marokkos bringen – wegen der vorherrschenden Passatwinde einer der besten Windkraftstandorte. **Neun Milliarden Dollar** will die Regierung in Rabat allein für ihr **Solarprojekt** mobilisieren.

Die **Kabel nach Europa** liegen bereits: Zwei Leitungen durch die Meerenge von Gibraltar mit einer Kapazität von 1 400 Megawatt verknüpfen Marokko mit dem europäischen Verbundnetz. Der **Import nordafrikanischer Solarenergie** nach Europa rückt damit früher als erwartet in greifbare Nähe.

Material 2

1 der Parabolspiegel: eine Art Schüssel zur Erzeugung von Solarenergie. Ein Parabolspiegel sammelt das Sonnenlicht in einem Brennpunkt und erreicht dort sehr hohe Temperaturen.
2 die Pilotanlage: eine Versuchsanlage, in der neue Erfindungen erprobt und verbessert werden

Material 3

Vorteile und Nachteile solarthermischer Kraftwerke:
- *Sonnenlicht wird mit Parabolspiegeln auf eine horizontale Glasröhre konzentriert, in der Öl erhitzt wird. Über einen Wärmetauscher erzeugt das Öl Wasserdampf, der eine Turbine zur Stromgewinnung antreibt.*
- *CO_2-freie Art der Stromerzeugung*
- *Ein Teil der produzierten Wärme kann gespeichert und auch nach Sonnenuntergang zur Stromproduktion verwendet werden – ein Vorteil gegenüber der Fotovoltaik.*
- *Sonneneinstrahlung in Nord- und Mitteleuropa für diese Technik nicht intensiv genug*
- *neue Leitungsnetze erforderlich*
- *verwendete Wärmespeicher aus Salz komplett zerstört, falls sie zu stark abkühlen*

Punkte

2 Ergänze Zahlen zu „Beni Mathar" und den geplanten Solarkraftwerken. /4 Punkte

2010 – Größe: ______________ produzierte Energie: ______________

2020 – Größe: ______________ produzierte Energie: ______________

3 Wie wird der Strom von Marokko nach Europa transportiert? /3Punkte
Beantworte die Frage in einem ganzen Satz. Schreibe in dein Heft.

4 Was sind die Vorteile und Nachteile solarthermischer Kraftwerke? /4 Punkte
Nenne mindestens zwei Vorteile und zwei Nachteile.
Schreibe in ganzen Sätzen in dein Heft.

5 Welches Material der Seiten 8 bis 10 passt zu dem Thema **Wüstenstrom**? /2 Punkte
Begründe deine Antwort in einem Satz. Schreibe in dein Heft.

6 a. Schreibe drei Fragen auf, die dein Text beantworten soll. /6 Punkte
b. Schreibe zu jeder Frage vier Stichworte oder Zahlen auf. /12 Punkte

Fragen	Stichworte
______________	______________
______________	______________
______________	______________
______________	______________
______________	______________
______________	______________

7 Bearbeite deinen Arbeitsauftrag. Schreibe in dein Heft. /33 Punkte
- Verwende deine Ergebnisse aus den Aufgaben 1 bis 6.
- Beantworte in deinem Text deine Fragen aus Aufgabe 6.
- Beginne für jede Antwort auf eine Frage einen neuen Absatz.
- Überprüfe dein Ergebnis mit der Checkliste von Seite 13.

Gesamtpunktzahl: /70 Punkte

Bewerbungen und Berichte schreiben

Ein Bewerbungsschreiben verfassen

Das Bewerbungsschreiben von Jakob muss überarbeitet werden.

Jakob Müller
Bahnhofstraße 25
56789 Musterhausen
Tel. 0 91 01/12 13 14

Musterhausen, 20. 03. 2011

Firma
Malerarbeiten-KG
Parkstraße 43
56789 Musterhausen

Achtung: Fehler!

!

Hallo, !

mit diesem Schreiben möchte ich mich für ein Betriebspraktikum in Ihrer Firma bewerben. !

Ich habe in den letzten Ferien zusammen mit meinem Vater unser Haus renoviert und Spaß am Tapezieren bekommen. Aus diesem Grund möchte ich den Beruf des Malers und Lackierers näher kennen lernen.

Zurzeit besuche ich die 8. Klasse der Mustertaler Gesamtschule, die ich nach der 10. Klasse voraussichtlich mit dem Realschulabschluss verlassen werde.

Meinen Lebenslauf habe ich diesem Schreiben beigefügt.

Ich würde mich über eine Zusage freuen.

Ciao !

Jakob Müller

!

1 Überprüfe das Bewerbungsschreiben.

a. Lies das Bewerbungsschreiben und die Arbeitstechnik.

b. Welche zwei Formulierungen im Brief sind ungeeignet? Markiere sie.

c. Welche drei Angaben fehlen in dem Bewerbungsschreiben? Schreibe sie an den passenden Stellen am Rand auf.

Arbeitstechnik

Ein Bewerbungsschreiben verfassen

- Verfasse das Bewerbungsschreiben als **Brief**. Beachte dabei die Arbeitstechnik „Einen offiziellen Brief schreiben".
- Gib im **Betreff** an, worum es in deinem Brief geht (z. B. „Bewerbung um eine Praktikumsstelle"). Die Betreffzeile steht über der Anrede und wie eine Überschrift ohne Punkt am Ende.
- Beginne den **Hauptteil** des Schreibens mit einem Bewerbungssatz (z. B.: „hiermit bewerbe ich mich bei Ihnen um ...").
- Nenne in wenigen Sätzen den **Zeitraum** des Praktikums, deinen voraussichtlichen **Schulabschluss** und die **Gründe für dein Interesse** an diesem Beruf und an dieser Praktikumsstelle.
- Führe am Ende des Briefes nach der Unterschrift alle **Anlagen** zu dem Brief auf (Anlagen sind z. B. Zeugnisse oder ein Lebenslauf).

➤ Die Arbeitstechnik „Einen offiziellen Brief schreiben" findest du in der hinteren Klappe.

Du machst dir bewusst, wer das Bewerbungsschreiben zuerst liest.

2 a. Beantworte folgende Fragen zum Empfänger des Bewerbungsschreibens. Schreibe deine Vermutungen in ganzen Sätzen in dein Heft.
- Wie viele Briefe bekommt eine Firma mit 15 Angestellten jeden Tag?
- Wer sortiert diese Briefe und wie viel Zeit hat die Person dafür?

b. Welche Angabe hilft dem Empfänger, den Brief schnell und richtig einzusortieren? Schreibe auf die Linie.

____

Starthilfe
Eine Firma mit 15 Angestellten könnte täglich ungefähr ...

Die Malerarbeiten-KG erhält Briefe mit unterschiedlichen Inhalten.

Frau Meier reklamiert bei der Firma, dass ihre Tür in der falschen Farbe gestrichen wurde. Raffaela bewirbt sich bei der Firma um ein Praktikum. Der Großhändler „Farben-GmbH“ mahnt das Geld für die Rechnung 87511 an. Für die benötigten neuen Sicherheitsleitern schicken zwölf Leiterhersteller ihre Angebote. Das Restaurant „Regenbogen“ schickt eine Bestätigung der Buchung eines Tisches für 20 Personen für die Betriebsfeier. Eine Hausverwaltung erteilt den Auftrag, die Fassade eines Hauses zu streichen.

3 Schreibe für die im Text genannten Briefe geeignete Betreffzeilen auf. Verwende dafür die Wortgruppen vom Rand.

„Farben-GmbH“: *Mahnung zur Rechnung 87511*

Raffaela: ______________________________

Restaurant: ______________________________

Hausverwaltung: ______________________________

Zwölf Leiterhersteller: ______________________________

Frau Meier: ______________________________

~~Mahnung zur~~ ...,
Auftrag für ...,
Bewerbung um ...,
Bestätigung des/der ...,
Angebote über ...,
Reklamation des/der ...

Du überarbeitest Jakobs Bewerbungsschreiben.

4 Schreibe eine geeignete Anrede und einen geeigneten Gruß für Jakobs Bewerbungsschreiben auf. Vorschläge findest du am Rand.

Anrede: ______________________________

Gruß: ______________________________

Mit freundlichen Grüßen,
Sehr geehrte Herren,
Mit vielen Grüßen,
Sehr geehrte Damen und Herren

5 Jakob fügt seinem Bewerbungsschreiben einen Lebenslauf bei.

a. Welches Wort weist auf beigefügte Seiten zu einem Brief hin? Kreuze an.
☐ Nachsatz ☐ Anlagen ☐ Betreff ☐ PS

b. Wo steht dieser Hinweis auf den beigefügten Lebenslauf? Kreuze an.
☐ ganz oben ☐ ganz unten ☐ im Betreff ☐ im Text

6 a. Überarbeite das Bewerbungsschreiben und schreibe es auf. Verwende dazu deine Ergebnisse zu den Aufgaben 1 bis 5. Schreibe handschriftlich und besonders ordentlich auf ein Blatt Papier.

b. Schreibe Jakobs Bewerbungsschreiben mit dem Computer. Kontrolliere Grammatik, Satzbau und Rechtschreibung.

c. Überprüfe deine Ergebnisse mit der Checkliste auf Seite 20.

Du verfasst ein eigenes Bewerbungsschreiben für eine Praktikumsstelle.

7 Welcher Beruf interessiert dich? Wo möchtest du ein Praktikum machen?

a. Schreibe deinen Praktikumswunsch auf.
Du kannst einen Beruf vom Rand auswählen oder einen anderen Beruf.

____

b. Warum interessierst du dich für diesen Beruf?
Begründe dein Interesse in ein bis zwei Sätzen.

____

____

____

____

c. Bist du für diesen Beruf durch deine Fähigkeiten besonders geeignet?
Beschreibe deine besonderen Fähigkeiten in einem Satz.

____

____

8 Begründe dein Interesse an dieser Praktikumsstelle in einem Satz.

____

____

9 Denke dir Namen und Adresse deiner Praktikumsstelle aus.
Du kannst die Adresse eines dir bekannten Betriebes verwenden.

____

____

10 **a.** Schreibe dein Bewerbungsschreiben um eine Praktikumsstelle auf.
- Verwende deine Ergebnisse aus den Aufgaben 7 bis 9.
- Verwende deine Adresse und das heutige Datum.
- Schreibe auf einen sauberen Bogen Papier.

b. Schreibe dein Bewerbungsschreiben mit dem Computer.

11 Überprüfe dein Bewerbungsschreiben mit der folgenden Checkliste.

Checkliste: Ein Bewerbungsschreiben verfassen	ja	nein
Habe ich die Adressen von **Absender** und **Empfänger** genannt?	☐	☐
Habe ich **Ort**, aktuelles **Datum** und **Anrede** verwendet?	☐	☐
Habe ich im **Betreff** mein Anliegen kurz genannt?	☐	☐
Habe ich im Hauptteil den **Zweck des Anschreibens** genannt?	☐	☐
Habe ich **den Zeitraum** des Praktikums genannt?	☐	☐
Habe ich Angaben zur **Schule** und zur **Klasse** gemacht?	☐	☐
Habe ich **Gründe** für mein Interesse an dem Beruf genannt?	☐	☐
Habe ich meine **besonderen Fähigkeiten** für den Beruf angeführt?	☐	☐
Habe ich mein **Interesse** an dieser **Praktikumsstelle begründet**?	☐	☐
Endet mein Brief mit der **Grußformel** und meiner **Unterschrift**?	☐	☐
Habe ich auf die vorgesehenen **Anlagen** hingewiesen?	☐	☐

Fachangestellte/r für Bäderbetriebe,
Krankenpfleger/in,
Anlagenmechaniker/in für Sanitär-, Heizungs- und Klimatechnik,
Kosmetiker/in,
Bankkauffrau/-kaufmann,
Rettungsassistent/in,
Kauffrau/Kaufmann im Einzelhandel,
Bürokauffrau/Bürokaufmann,
Friseur/in,
Verkäufer/in,
Medizinische/r Fachangestellte/r,
Industriekauffrau/-kaufmann,
Fachverkäufer/in im Nahrungsmittelhandwerk,
Zahnmedizinische/r Fachangestellte/r,
Kauffrau/Kaufmann für Bürokommunikation,
Hotelfachfrau/-fachmann,
Kraftfahrzeugmechatroniker/in,
Industriemechaniker/in,
Köchin/Koch,
Elektroniker/in für Energie- und Gebäudetechnik,
Metallbauer/in,
Maler/in und Lackierer/in,
Mechatroniker/in

Einen Lebenslauf schreiben

Dem Bewerbungsschreiben fügst du deinen Lebenslauf bei.

1 Welche Angaben enthält der Lebenslauf am Rand?

a. Kreuze die passenden Angaben an.
b. Markiere zwei Angaben, die zusätzlich sinnvoll sein können.
c. Streiche zwei Angaben, die auf keinen Fall nötig sind.

☒ Name	☐ Name der Schule	☐ Anschrift
☐ Vorname	☐ Telefonnummer	☐ Unterschrift
☐ Hobbys	☐ Geschwister	☐ E-Mail-Adresse
☐ Haustiere	☐ Staatsangehörigkeit	☐ Sprachkenntnisse
☐ Geburtsdatum	☐ Schultyp	☐ Zeiten der Schulausbildung
☐ Schulort	☐ Krankheiten	☐ Namen der Eltern
☐ Lieblingsfächer	☐ Geburtsort	☐ (voraussichtlicher) Schulabschluss
☐ Ort und Datum	☐ Berufe der Eltern	

2 Ergänze Angaben für deinen Lebenslauf auf den Linien.

Persönliche Daten

Name: ____________________

Vorname: ____________________

Geburtsdatum: ____________________

Geburtsort: ____________________

Staatsangehörigkeit: ____________________

Schulbildung

_______ – _______ ____________________

_______ – _______ ____________________

_______ – _______ ____________________

Voraussichtlicher Abschluss: ____________________

Besondere Kenntnisse und Interessen

Sprachkenntnisse: ____________________

Lieblingsfächer: ____________________

Hobbys: ____________________

3 **a.** Schreibe deinen Lebenslauf vollständig mit dem Computer.
Denke dabei an Adresse, Ort, Datum und Unterschrift.
b. Kontrolliere deinen Lebenslauf genau und überarbeite ihn, wenn nötig.
c. Bringe auf deinem fehlerfreien Lebenslauf ein Foto an.

Z **Wenn ein Betrieb oder eine Firma es erwartet, musst du einen ausführlichen Lebenslauf handschriftlich schreiben.**

4 **a.** Schreibe deinen ausführlichen Lebenslauf handschriftlich.
Lasse die Überschriften aus dem tabellarischen Lebenslauf weg.
Mache stattdessen sinnvolle Absätze und schreibe in ganzen Sätzen.
b. Kontrolliere deinen Lebenslauf genau und überarbeite ihn, wenn nötig.

Marina Heinemann
Heinestraße 12 • 34567 Neustadt •
Tel.: 1 23 45 67
E-Mail: Marheineke@abcdefg.de

Lebenslauf

Persönliche Daten
Name: Heinemann
Vorname: Marina
Geburtsdatum: 18. 04. 1996
Geburtsort: Neustadt
Staatsangehörigkeit: deutsch
Mutter: Stefanie Heinemann
Vater: Sven Heinemann

Schulbildung
2002–2006 Grundschule Neustadt
2006–2012 Gesamtschule Neustadt
Voraussichtlicher Abschluss:
Erweiterter Hauptschulabschluss

Besondere Kenntnisse und Interessen
Sprachkenntnisse: Englisch (fortgeschritten)
Arabisch (Grundkenntnisse)

Lieblingsfächer: Deutsch, Sport, Erdkunde
Hobbys: Turnen (Verein), Lesen

Neustadt, 27. 2. 2011

Marina Heinemann

Einen Tagesbericht schreiben

Am ersten Praktikumstag hat Jakob sich in der Pause und nach der Arbeit Notizen für seinen Tagesbericht gemacht.

Tagesbericht: Praktikum Maler und Lackierer
9:00 Uhr: jetzt 20 Minuten Pause
7:00 Uhr: im Betrieb – Material und Zeug ins Auto,
halbe Stunde später: Ausladen beim Kunden,
nach 10 Minuten: Folie ins Zimmer, Tapetenlöser
anrühren (Tapetenlöser, Eimer, Rührstock, Folie,
Kreppband, Tapeziertisch)
8:00 Uhr: alte Tapete von der Wand (Pinsel, Spachtel)
12:30 Uhr: Mittagspause – für mich schon Feierabend
nach der Frühstückspause: alte Tapete in Müllbeutel –
ins Auto
halbe Stunde später: Tapeziermaschine aufbauen, Kleber
anrühren, beim Tapezieren helfen (Kleistereimer,
Tapetenroller, Pinsel)
10 Minuten vor meinem Feierabend: Zeug ins Auto
Jakob Müller, Klasse 8b

1 **a.** Lies die Notizen von Jakob und achte auf Zeitangaben.
b. Schreibe zu jedem Bild die genaue Zeitangabe für den Anfang der Tätigkeit – auch auf Seite 23.

2 Welche Materialien, Werkzeuge und Geräte siehst du auf den Bildern?
a. Markiere ihre Namen in den Notizen.
b. Welche Materialien, Werkzeuge und Geräte fehlen in den Notizen? Markiere nur die passenden Bezeichnungen im folgenden Wortschatz.

die Kleisterbürste, die Bohrmaschine, die Tapezierschere, der Kochlöffel, die Maurerkelle, das Tapeziermesser, der Müllbeutel, die Rohrzange

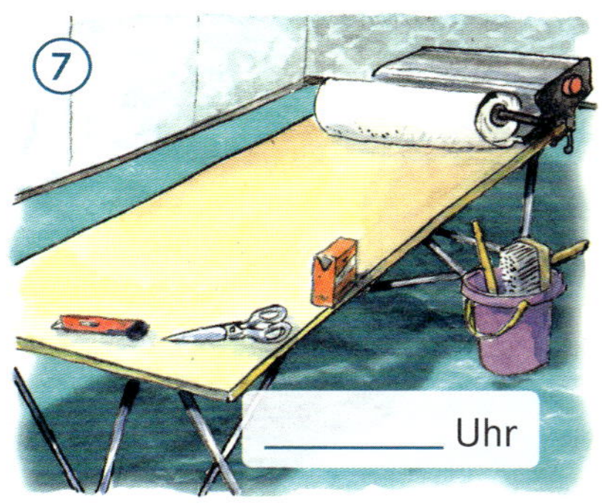

3 Ordne die Informationen aus den Notizen und Bildern in eine Tabelle ein. Die **W-Fragen** helfen dir, die Informationen zu ordnen.
- Schreibe in die linke Spalte die jeweilige Uhrzeit im Tagesverlauf.
- Beschreibe in der zweiten Spalte die Tätigkeit. Verwende dabei passende Präteritumformen vom Rand.
- Liste in der dritten Spalte alle benötigten Materialien und Werkzeuge auf.

lud(en) ein, lud(en) aus, löste(n), rührte(n) an, legte(n) aus, klebte(n), stopfte(n), schnitt(en) zu, trug(en), hatte(n), brachte(n) weg, baute(n) auf, half, machte(n)

Starthilfe

Uhrzeit (Wann?)	Tätigkeit (Wo? Was? Wie? Wohin?)	Materialien, Werkzeuge und Geräte (Womit? Was?)
7:00	Im Betrieb luden wir die Werkzeuge und Materialien ins Auto ein.	Tapeziermaschine, ...
7:30	...	...
...	...	...

4 Erkläre in Stichworten wozu die Materialien und Werkzeuge benötigt werden.

Tapezierschere: *um Tapete zuzuschneiden, z. B. an* ____________________

Müllbeutel: ____________________

Folie: ____________________

Einen Tagesbericht schreibst du sachlich und ohne Wertungen.

5 Die drei Sätze enthalten wertende Aussagen, die in einem Bericht nicht stehen dürfen. Streiche alle wertenden Wörter und Wortgruppen.

Der dicke Geselle war sehr nett und erklärte mir die verschiedenen Abläufe.
Das anstrengende und langweilige Tapezieren dauerte über zwei Stunden.
Ich durfte am ersten Tag nur verschiedene unwichtige Arbeiten erledigen.

Die Sätze im Bericht sollen verständlich und abwechslungsreich sein.

6 Formuliere die folgenden Sätze abwechslungsreicher. Schreibe in dein Heft. Verwende dazu geeignete Satzanfänge, Adjektive und Adverbien. Du kannst auch die Satzstellung verändern.

Ich legte das Zimmer mit Folie und Kreppband aus.
Ich rührte den Tapetenkleister an.
Ich reichte dem Gesellen die bestrichene Tapete an.
Ich half beim Zusammenräumen der Werkzeuge.

> Zuerst ...,
> Danach ...,
> Zum Schluss ...,
> ordentlich, gründlich,

7 **a.** Schreibe Jakobs Tagesbericht in der Ich-Form in dein Heft.
- Lies dazu die Arbeitstechnik „Einen Bericht schreiben".
- Nutze deine Tabelle aus Aufgabe 3.
- Nenne alle verwendeten Materialien, Werkzeuge und Geräte.
- Schreibe abwechslungsreich und in ganzen Sätzen.

b. Schreibe den Tagesbericht am Computer.

> **Starthilfe**
> Jakob Mesimeris, Klasse 8 b
> Tagesbericht zum Praktikum als ...
> ...

> **Arbeitstechnik**
> **Einen Bericht schreiben**
> Ein Bericht soll **genau** und **sachlich** geschrieben sein. Er soll **knapp**, **einfach** und **klar** sein. Er wird im **Präteritum** geschrieben.
> In einem Bericht werden **W-Fragen** beantwortet:
> - **Was** ist passiert?
> - **Wo** passierte es?
> - **Wann** passierte es?
> - **Wer** war beteiligt?
> - **Wie** kam es dazu?
> - **Was** ist die Folge?
> - **Was** geschah der Reihe nach?
>
> Manchmal müssen auch **weitere W-Fragen** beantwortet werden, z. B. **wie** etwas gemacht wurde.

8 **a.** Verfasse eine Checkliste für einen Tagesbericht mit acht Punkten. Berücksichtige die Arbeitstechnik „Einen Bericht schreiben".

b. Überprüfe und korrigiere den Tagesbericht mithilfe deiner Checkliste.

Starthilfe

Checkliste: Einen Tagesbericht schreiben	ja	nein
Habe ich alle Materialien, Werkzeuge und Geräte genannt?	☐	☐
Habe ich genau und ...	☐	☐
...		

Punkte

Dein Arbeitsauftrag

Überarbeite Nicoles Bewerbung für eine Praktikumsstelle im Friseursalon.
- Verfasse dafür ein neues Bewerbungsschreiben.
  Beachte dabei alle Anforderungen an einen offiziellen Brief.
  Weise darin an geeigneter Stelle auf den beigefügten Lebenslauf hin.
- Schreibe einen tabellarischen Lebenslauf für Nicole.

1 Was verlangt der Arbeitsauftrag von dir?
Beschreibe die Anforderungen in eigenen Worten. /2 Punkte

Starthilfe
Ich soll Nicoles Bewerbung überarbeiten. Dafür ...

2 a. Lies Nicoles Bewerbungsschreiben.
b. Welche Angaben gehören in ein Bewerbungsschreiben? Markiere sie. /4 Punkte
c. Welche Angaben gehören in einen Lebenslauf? Unterstreiche sie. /4 Punkte
Tipp: Einige Angaben gehören in beide Schreiben.

Nicole Arnold
Querallee 23
45678 Neustadt
Tel.: 06543/21 09 87

Neustadt, 04.05.2011

An die
Fixe Schere
Neustadt

Hallo, Leute,

mit diesem Schreiben möchte ich mich für ein Schulpraktikum in Ihrem Friseursalon in der Arndtstraße 5 in 45678 Neustadt in der Zeit vom 01.10. bis 20.10. dieses Jahres bewerben. Mein Name ist Nicole Arnold und ich bin am 12.02.1997 in Schwalmstadt/Treysa geboren. Ich gehe zurzeit in Neustadt/Hessen zur Schule. Dort besuche ich die 8. Klasse des Realschulzweiges der Martin-von-Tours-Schule. Ich werde die Schule voraussichtlich im Sommer in zwei, drei Jahren mit dem Realschulabschluss verlassen. Meine Lieblingsfächer sind Deutsch, Erdkunde und Kunst. Ich habe mit viel Spaß und Freude meinen Freundinnen die Haare gewaschen und geföhnt, deshalb möchte ich mehr über den Beruf einer Friseurin erfahren.
Meine Hobbys sind Lesen, Sport und Frisieren.
Meine Bewerbungsunterlagen habe ich diesem Schreiben beigefügt.
Ich würde mich über eine Zusage sehr freuen.

Mit freundlichen Grüßen

Achtung: Fehler!

3 Der Lebenslauf gehört nicht in das Bewerbungsschreiben.
Welche formalen Fehler gibt es außerdem in Nicoles Bewerbungsschreiben?
Schreibe fünf Fehler in Stichworten auf. /5 Punkte

4 Bearbeite den Arbeitsauftrag handschriftlich (oder mit dem Computer) auf sauberen Blättern.
Schreibe das Bewerbungsschreiben und den Lebenslauf. /25 Punkte /25 Punkte

Gesamtpunktzahl: /65 Punkte

Das kann ich! – Berichte schreiben

Punkte

Dein Arbeitsauftrag

Überarbeite Ayses Tagesbericht über ihre Tätigkeit in einem Kaufhaus.
- Halte dich dabei an die Arbeitstechnik „Einen Bericht schreiben“.
- Verwende das heutige Datum.

Ayse Schmidt, Klasse 8 b

Tagesbericht zum Praktikum

Mein Praktikumstag fängt um 8:00 Uhr an. Ich muss im Kaufhaus die Regale überprüfen und, wenn nötig, auffüllen. Da ich noch sehr müde bin, fällt mir das schwer. Ich muss um 8:30 Uhr fertig sein, da um diese Zeit das Kaufhaus öffnet. Von 8:30 bis 12:00 Uhr bin ich in der Damenabteilung eingesetzt. Ich helfe an der Kasse, die gekaufte Ware in Tüten zu legen. Ich packe auch Waren als Geschenk ein. Dann berate ich zusammen mit einer Verkäuferin die Kunden. Dann muss ich die anprobierten Kleidungsstücke wieder zu den dafür vorgesehenen Kleiderständern bringen. Ich sortiere nach den verschiedenen Größen. Ich helfe, neue Ware am Lieferanteneingang auszuladen. Ich trage diese Ware ins Lager und bringe Preisschilder an. Ich sortiere die neuen Kleidungsstücke auf die Kleiderständer. Ich helfe wieder beim Einpacken an der Kasse. Mir tun vom vielen Stehen die Füße weh. Endlich, um 12:30 Uhr, habe ich Feierabend und darf nach Hause gehen. Jetzt lege ich mich erst einmal hin und mache einen Mittagsschlaf.

Achtung: Fehler!

1 Welchen formalen Fehler macht Ayse in allen Sätzen ihres Berichts? Kreuze an. — /2 Punkte

☐ Sie schreibt in der Wir-Form.
☐ Sie schreibt im Präsens.
☐ Die Uhrzeiten sind falsch angegeben.
☐ Sie schreibt im Präteritum.

2 Überprüfe Ayses Bericht mit den folgenden Checkfragen: — /4 Punkte

	ja	nein
– Gibt es abwechslungsreiche Satzanfänge?	☐	☐
– Wird über das Geschehen in der richtigen Reihenfolge berichtet?	☐	☐
– Wird auf die Wiedergabe persönlicher Meinung verzichtet?	☐	☐
– Wird die Beschreibung des Tagesablaufs mit Zeitangaben gegliedert?	☐	☐

3 **a.** Markiere Satzanfänge mit zeitlichen Angaben, die sich wiederholen. — /2 Punkte
b. Schreibe fünf unterschiedliche Satzanfänge mit zeitlichen Angaben auf. — /5 Punkte

____

____

4 Markiere andere Wiederholungen am Satzanfang. — /7 Punkte

5 Bearbeite den Arbeitsauftrag. Schreibe den Tagesbericht handschriftlich auf ein sauberes Blatt (oder mit dem Computer). — /25 Punkte
- Nutze deine Ergebnisse aus den Aufgaben 1 bis 5.
- Beachte die Arbeitstechnik „Einen Bericht schreiben“ von Seite 23.

Gesamtpunktzahl: ___ /45 Punkte

Stellung nehmen

Zu dem Thema des Textes nimmst du in einem Brief Stellung.

1 Lies den Text mithilfe des Textknackers.

➤ Die Arbeitstechnik „Der Textknacker" findest du in der vorderen Klappe.

Besen statt Mathebuch und Geodreieck

In einigen Schulen müssen die Schülerinnen und Schüler ihre Klassenräume neuerdings selbst fegen. Damit die Stadt Geld spart, kommen die Putzkräfte nur noch an zwei Tagen in der Woche. An den übrigen Tagen sollen die Schüler selbst ihre Klassenräume reinigen und die Mülleimer leeren.
Viele Eltern sind empört, denn ihrer Meinung nach sollten die Schüler ihre Zeit lieber zum Lernen nutzen und nicht zum Putzen. In der Folge würden auch einige Reinigungskräfte ihre Arbeit verlieren. Hubert K. vom Landeselternausschuss wehrt sich ebenfalls gegen die Maßnahme: „Kinder sind nun einmal verpflichtet, die Schule zu besuchen. Dann muss die Stadt auch für die Sauberkeit in den Schulen sorgen. Schüler sind nur billiger als die Reinigungskräfte und können sich nicht wehren." Auch einige Schulleiter protestieren gegen diese Maßnahme, denn sie müssten Lehrer verpflichten, die Schülerinnen und Schüler beim Putzen zu beaufsichtigen.
Andere Eltern und Lehrkräfte können diese Aufregung nicht verstehen. Margarete K., Lehrerin an einer Realschule in Hildesheim, meint: „Es geht auch darum, Verantwortung für den Klassenraum zu übernehmen, ihn in einen angenehmen Ort zu verwandeln. Alle Schüler gehen sorgsamer mit dem um, was sie selbst gestaltet und gereinigt haben. Außerdem leistet so ein Reinigungsdienst einen vorbildlichen Beitrag zum sozialen Lernen."
Auch manche Schüler verstehen die Empörung gegen diese Schülerdienste nicht. Paul T. von der Albert-Schweitzer-Schule erklärt: „In unserer Schulordnung ist seit Jahren festgelegt, dass wir zahlreiche Schülerdienste versehen müssen. Neben dem Ordnungs- und Reinigungsdienst in und vor dem Klassenraum sind wir für Sauberkeit und Ordnung auf dem Hof und in der Mensa verantwortlich. Dieser Dienst hält wirklich niemanden vom Lernen ab und dauert auch nicht besonders lange. Wenn man den Dienst allerdings nicht sorgfältig versieht, kann das einen negativen Einfluss auf die Bewertung im Bereich ‚Zuverlässigkeit und Sorgfalt' haben." Und sein Mitschüler Kerim S. erklärt: „Man muss sagen, dass unsere Klassenräume viel sauberer sind, seit wir uns selbst darum kümmern. Ich finde das gemeinsame Reinigen prima, denn es stärkt die Klassengemeinschaft."

2 Worum geht es in dem Text? Schreibe in dein Heft.

Starthilfe
In dem Text wird für und gegen …

Dein Arbeitsauftrag

Auf der nächsten Schulkonferenz wird der Vorschlag zur Einführung eines Schülerreinigungsdienstes an deiner Schule diskutiert. Bist du für oder gegen den Dienst? Schreibe eine Stellungnahme in Form eines Briefes.
- Begründe deinen Standpunkt mit mindestens drei Argumenten.
- Veranschauliche jedes Argument mit einem Beispiel.
- Adressiere den Brief an die Schulkonferenz deiner Schule.

3 **a.** Lies deinen Arbeitsauftrag genau.
b. Schreibe in ganzen Sätzen auf, was du tun sollst. Schreibe in dein Heft.

➤ Die Arbeitstechnik „Eine Stellungnahme schreiben" findest du in der hinteren Klappe.

In dem Text findest du Pro- und Kontra-Argumente.

4 Kennzeichne die Argumente im Text nach **Pro** und **Kontra**.
- Markiere fünf Pro-Argumente (für den Dienst) grün.
- Markiere vier Kontra-Argumente (gegen den Dienst) rot.

Mit Beispielen kannst du die Argumente veranschaulichen.

Merkwissen

Einen **Standpunkt** kann man mit **Argumenten** begründen.
Mit **Beispielen** kann man Argumente veranschaulichen, z. B.:
Sauberkeit in der Schule ist wichtig, damit sich alle wohlfühlen.
Standpunkt Argument

Zum Beispiel sitzt niemand gerne stundenlang an einem schmutzigen Tisch.
Beispiel

5 Unterstreiche das Beispiel im folgenden Satz.

Damit die Stadt Geld spart, kommen beispielsweise die Putzkräfte nur noch an zwei Tagen in der Woche in die Schule.

6 Ordne den folgenden Beispielen passende Argumente aus dem Text zu. Schreibe in dein Heft.

A Den Hof- und Mensadienst zum Beispiel muss jede Klasse nur eine Woche lang im Schulhalbjahr übernehmen.
B Beispielsweise ist es sinnvoller, in den Freistunden Vokabeln zu wiederholen, als den Fußboden zu wischen.
C Man verlangt ja zum Beispiel auch nicht von einem Finanzbeamten, dass er nach Dienstschluss sein Büro putzt.
D Früher lag zum Beispiel oft schon nach der 2. Stunde der Boden voller Papierkugeln oder Brotpapier. Jetzt passen alle auf, dass niemand die Räume unnötig verschmutzt.

Starthilfe

Dieser Dienst hält wirklich niemanden vom Lernen ab. Den Hof- und Mensadienst zum Beispiel ...

7 Schreibe für beide Standpunkte jeweils zwei Argumente in dein Heft. Ergänze zu jedem Argument ein passendes Beispiel. Nutze deine Ergebnisse der Aufgaben 4 und 6.

Starthilfe

Pro	Kontra
1) Ein Schülerreinigungsdienst ist sinnvoll, weil die Stadt Geld spart. Unsere Schule spart zum Beispiel an drei Tagen das Geld für den Reinigungsdienst. 2) ...	1) Ein Schülerreinigungsdienst ist nicht gut, weil man in der Schule die Zeit zum Lernen braucht. Beispielsweise ist es sinnvoller, in den Freistunden Vokabeln zu wiederholen. 2) ...

8 Denke dir je ein eigenes Pro- und Kontra-Argument mit Beispielen aus. Schreibe deine Argumente und Beispiele in die Tabelle von Aufgabe 7.

In einem Brief Stellung nehmen

Du bereitest nun die Stellungnahme vor. Deine Stellungnahme besteht aus Einleitung, Hauptteil und Schluss.

1 Nenne in einer Einleitung das Thema deiner Stellungnahme.

Es geht darum, ob an unserer Schule ein ____________________

____

____

____

2 Schreibe den Hauptteil deiner Stellungnahme in dein Heft.
- Nenne zuerst deinen Standpunkt.
- Begründe deinen Standpunkt mit mindestens drei Argumenten.
- Führe dein stärkstes Argument zuletzt an.
- Veranschauliche deine Argumente durch Beispiele.
- Verwende geeignete Satzanfänge. Vorschläge findest du am Rand.

Zum einen ...
Zum anderen ...
Ein weiteres Argument ...
Außerdem ...
Zum Beispiel ...
Beispielsweise ...
Das sieht man daran, dass ...

3 Fasse zum Schluss deinen Standpunkt noch einmal in ein bis zwei Sätzen zusammen.

Zum Schluss möchte ich festhalten, dass ____________________

____

____

____

Deine Stellungnahme richtest du in einem Brief an die Schulkonferenz.

4 Schreibe die Anrede und den ersten Satz deines Briefes auf.
Nenne darin den Anlass für deinen Brief.
Du kannst die Wortgruppen vom Rand verwenden.

geplant ist,
diskutiert werden soll,
überlegt wird

Liebe Teilnehmerinnen und Teilnehmer der Schulkonferenz, ____________________

ich habe erfahren, dass auf der nächsten Schulkonferenz darüber ... ____________________

____

____

____

____

5 Schreibe deine Stellungnahme auf einen Briefbogen.
- Beachte die Arbeitstechnik „Einen offiziellen Brief schreiben".
- Verwende den Namen und die Anschrift deiner Schule als Empfänger.
- Verwende die Anrede und den ersten Satz aus Aufgabe 4.
- Gliedere den Brief in Einleitung, Hauptteil und Schluss.
  Verwende dabei deine Ergebnisse zu den Aufgaben 1 bis 3.

➤ Die Arbeitstechnik „Einen offiziellen Brief schreiben" findest du in der hinteren Klappe.

6 Überarbeite deinen Brief mit der Checkliste von Seite 29.

Eine Stellungnahme (Brief) überarbeiten

Ina aus der Klasse 8 a ist für einen Schülerreinigungsdienst an ihrer Schule. Du überarbeitest ihren Brief an die Schulkonferenz.

Ina Huber
Klasse 8 a der Gesamtschule Meerbusch
Hauptstr. 21
40667 Meerbusch

Hey, Leute,

ich finde den Schülerreinigungsdienst super. Wenn ~~dann~~ alle bei der Putzerei mitmachen, dann kann man sich in dem Laden endlich wieder wohlfühlen. Dann steht und sitzt man zum Beispiel auch nicht mehr ständig auf Essensresten (z. B. verfaulte Äpfel). Dann kann die Schulkonfi das gesparte Geld für wichtigere Dinge nehmen. Und dann haben alle eine gute Ausrede, wenn sie die Hausaufgaben nicht gemacht haben.

Ina

Es fehlen:

das Datum ______

______

______

______

______

1 Welche fünf Bestandteile eines offiziellen Briefes fehlen? Schreibe sie auf die Linien neben dem Brief.

2 **a.** Markiere im Brief die Argumente für den Schülerreinigungsdienst rot.
b. Eines der Argumente wird die Schulkonferenz ganz sicher nicht überzeugen. Streiche dieses Argument durch.
c. Ein Wort wird oft wiederholt, obwohl es ganz unnötig ist. Streiche dieses Wort an allen Stellen durch.

Bearbeite die folgenden Aufgaben in deinem Heft oder auf einem Blatt.

3 **a.** Überarbeite die Sprache und die Argumente in dem Brief.
- Verwende keine Umgangssprache.
- Verwende geeignete Satzanfänge.
- Ergänze zu einem Argument ein Beispiel.

b. Ergänze ein eigenes Argument für den Schülerreinigungsdienst.

Starthilfe
Wenn sich alle Schüler an einem Reinigungsdienst beteiligen, kann man sich in der Schule wieder wohlfühlen …

4 **a.** Überarbeite den Brief vollständig. Schreibe auf einen Briefbogen. Ergänze alle fehlenden Bestandteile eines offiziellen Briefes.
b. Überprüfe dein Ergebnis mit der folgenden Checkliste.

Checkliste: In einem Brief Stellung nehmen	ja	nein
Habe ich die Adressen von **Absender** und **Empfänger** genannt?	☐	☐
Habe ich **Ort**, **Datum** und **Anrede** verwendet?	☐	☐
Habe ich einen **Betreff** eingefügt?	☐	☐
Habe ich im ersten Satz **den Grund** oder **den Anlass** des Briefes genannt?	☐	☐
Habe ich das **Thema** genannt und meinen **Standpunkt** geäußert?	☐	☐
Habe ich mindestens **drei Argumente** angeführt?	☐	☐
Habe ich die Argumente mit **Beispielen** veranschaulicht?	☐	☐
Steht mein **wichtigstes Argument** am **Schluss**?	☐	☐
Habe ich am Ende meinen **Standpunkt** zusammengefasst?	☐	☐
Endet mein Brief mit der **Grußformel** und meiner **Unterschrift**?	☐	☐
Habe ich die **Rechtschreibung** überprüft?	☐	☐

Das kann ich! – Stellung nehmen

Dein Arbeitsauftrag

An deiner Schule wird über die Einführung einer Toilettengebühr diskutiert.
Bist du für oder gegen die Einführung einer Toilettengebühr?
Schreibe eine Stellungnahme in Form eines Briefes.

- Entscheide dich für einen Standpunkt.
- Begründe deinen Standpunkt mit mindestens drei Argumenten.
- Veranschauliche deine Argumente mit Beispielen.
- Nutze für deine Stellungnahme den Sachtext auf dieser Seite.
- Adressiere deinen Brief an die Schülervertretung deiner Schule.

1 Lies den Text mithilfe des Textknackers.

➤ Die Arbeitstechnik „Der Textknacker“ findest du in der vorderen Klappe.

Es stinkt zum Himmel – mit Gebühren für mehr Sauberkeit

Auf dem Boden liegt aufgeweichtes Klopapier, die Toiletten sind verstopft, Seife und Handtücher gibt es nicht, die Wände sind bekritzelt – dieses Beispiel ist kein Einzelfall. An vielen Schulen wird die Sauberkeit auf den Toiletten als mangelhaft bewertet. Deshalb haben jetzt einige Schulen eine Toilettengebühr erhoben und dafür eine Toilettenkraft eingestellt. Die Frau oder der Mann passt auf, dass die Toiletten sauber bleiben, dass beispielsweise die Wände nicht beschmiert werden oder dass auf den WCs nicht geraucht wird. Dafür müssen die Schüler nun – je nach Schule – 10 oder 20 Cent für die Benutzung der Toiletten zahlen. Andere Schulen verlangen einen Euro pro Monat für die Benutzung der „Edeltoiletten“. Wenn Schüler diesen Betrag nicht zahlen möchten oder können, gibt es noch andere WCs in der Schule – sie sind zwar unrenoviert, aber dafür kostenlos.

Die Leiterin der Bertolt-Brecht-Schule begründet die Einführung der Gebühr wie folgt: „In Zeiten von Schweinegrippe und anderen Infektionskrankheiten befürchten viele, dass die Schultoiletten zur Ursache von Krankheiten werden. Das kann man nur durch mehr Hygiene vermeiden. Außerdem haben sich viele Eltern beklagt, weil sich ihre Kinder vor den schmutzigen Schultoiletten geekelt haben. Manche Kinder zum Beispiel haben morgens nichts getrunken, damit sie in der Schule ja nicht zur Toilette mussten. Das ist jetzt anders.“

Viele Schulleiter sind daher froh über die neue Regelung. Auch Volker W. von der Max-Liebermann-Schule rechtfertigt die kostenpflichtigen Toiletten: „Die Toilettengebühr ist so gering, dass sie sich alle Schüler leisten können. Für einen Euro pro Monat zum Beispiel müssen die Schüler nur auf ein Päckchen Kaugummi verzichten. Das ist ja wohl nicht zu viel verlangt.“ Aber die Regelung findet nicht nur Zustimmung. Horst W. von der GEW (Gewerkschaft Bildung und Wissenschaft) protestiert: „Die Kinder lernen damit, dass alles übers Geld geregelt wird. Wer nicht zahlen kann, geht auf die kostenlose schmutzige Toilette.“ Und Elternvertreterin A. Demmer meint: „Die Kinder unterliegen der Schulpflicht und haben daher ein Recht auf kostenlose Toiletten, die in Ordnung sind. Kein Mensch käme zum Beispiel auf die Idee, im Finanzamt eine Toilettengebühr abzukassieren.“ Thomas W., Schüler einer Schule mit Toilettengebühr, erklärt: „Ich würde die Gebühr ja zahlen, wenn die Toiletten zwischen den Pausen gereinigt würden. Aber unsere Toilettenfrau zum Beispiel bewacht nur die WCs, damit niemand Unsinn macht.“ Sein Mitschüler Ahmet meint: „Die Gebühr ist keine gute Lösung. Man könnte auch einfach für mehr Sauberkeit werben, zum Beispiel mit Plakaten.“

2 Zu welchem Thema wird im Text auf Seite 30 argumentiert?
Beschreibe dieses Thema in einem Satz. Schreibe in dein Heft.

3 a. Markiere im Text drei Pro-Argumente (für die Toilettengebühr) grün.
b. Markiere drei Kontra-Argumente (gegen die Toilettengebühr) rot.

4 Bist du für oder gegen die Einführung der Toilettengebühr an deiner Schule?
Schreibe deinen Standpunkt in einem Satz auf.

____

____

5 a. Schreibe drei geeignete Argumente für deinen Standpunkt in dein Heft.
Schreibe in Stichworten.
b. Ergänze ein weiteres Argument aus deiner eigenen Erfahrung.

6 Schreibe zu drei Argumenten in deinem Heft je ein Beispiel auf.
Du kannst Beispiele aus dem Text oder aus deiner Erfahrung verwenden.

Mithilfe deiner Ergebnisse bearbeitest du den Arbeitsauftrag.

7 a. Lies den Arbeitsauftrag auf Seite 30 genau, bevor du anfängst zu arbeiten.
b. Bearbeite den Arbeitsauftrag.
- Beachte die Bestandteile eines offiziellen Briefs.
- Adressiere den Brief an die Schülervertretung deiner Schule.
- Schreibe auf ein extra Blatt.

Du überarbeitest Alessandros Brief an die Schülervertretung.

Alessandro Battaglini
Klasse 8 b der Gesamtschule Hamm
Lindenstr. 15
59071 Hamm

Hallo,

ich bin auch gegen eine fette Toilettengebühr. Ich kaufe dafür auch lieber was am Kiosk. Richtig bäh sind unsere Toiletten auch gar nicht. Man kann auch zu Hause vor der Schule auf die Toilette gehen.

Alessandro

Achtung: Fehler!

8 Überprüfe den Brief mithilfe der Checkliste von Seite 29.
Schreibe in dein Heft, welche vier Angaben fehlen.

9 a. Markiere in dem Brief die Argumente rot.
b. Ein Wort wird oft wiederholt, obwohl es ganz unnötig ist.
Streiche dieses Wort an allen Stellen durch.
c. Überarbeite die Argumente in deinem Heft.
- Verwende keine Umgangssprache.
- Verwende geeignete Satzanfänge.
- Ergänze zwei eigene Argumente mit Beispielen.

10 Schreibe den vollständigen Brief auf einen Briefbogen.
Verwende dazu deine Ergebnisse aus den Aufgaben 8 und 9.

Punkte	
2	/3 Punkte
3a	/3 Punkte
3b	/3 Punkte
4	/2 Punkte
5a	/6 Punkte
5b	/3 Punkte
6	/6 Punkte
7b	/26 Punkte
8	/4 Punkte
9a	/2 Punkte
9b	/4 Punkte
9c	/12 Punkte
10	/11 Punkte
Gesamtpunktzahl:	/85 Punkte

Zu Prosatexten schreiben

Zu der folgenden Kurzgeschichte schreibst du eine Inhaltsangabe und du schreibst einen Brief aus der Sicht einer Figur.

dein Arbeitsauftrag zu der Erzählung ➤ S. 35

1 **a.** Lies den Text mithilfe der Schritte 1 und 2 des Textknackers.
b. Schreibe in dein Heft, worum es in der Kurzgeschichte geht.

➤ Die Arbeitstechnik „Der Textknacker für literarische Texte“ findest du in der vorderen Klappe.

Schüleraustausch – Annette Weber

„Attention! Ici Sens, gare du nord!“[1]

Dumpf tönte die Stimme aus dem Lautsprecher. „Sens[2]! Wir sind da! Endlich!“ Stefan und Sandra umarmten einander. Sie zerrten ihre Reisetaschen aus den Gepäcknetzen und stiegen mit den anderen aus. „Sandra, guck mal. Unsere Partnerklasse!“ Stefan, der schon im Jahr zuvor in Frankreich gewesen war, umarmte einen nach dem anderen. Dagegen kam sich Sandra zwischen diesem französisch sprechenden Gewusel ziemlich hilflos vor. Hektisch kramte sie den Zettel hervor, auf dem der Name ihrer Austauschschülerin stand.

Stefan legte seinen Arm um ihre Schulter. „Keine Panik!“

„Wenn ich wenigstens was verstehen würde!“

„Lernst du alles. Und wenn nicht, bin ich ja auch noch da.“ Er lächelte. Sofort war Sandras Aufregung verschwunden.

„Wenn ich dich nicht hätte!“ Sie küsste Stefan sanft auf die Wange.

„Bei wem sollst du untergebracht werden?“ Stefan lugte auf ihren Zettel.

„Chantal Deneuve, 15 rue Bonaparte.[3] Hört sich gut an.“ Er sah sich neugierig um und pfiff anerkennend durch die Zähne. „Sind ja tolle Frauen dabei. Guck mal, die mit den schwarzen Haaren! Oder die da hinten. Wow! Echt super! So habe ich mir Französinnen immer vorgestellt.“

Sehr taktvoll fand Sandra die Kommentare nicht. Sie war schließlich auch noch da. Und so übel sah sie auch nicht aus. In diesem Moment rannte die schwarzhaarige Französin durch die Schülergruppe. „Allo! Allo[4]! Isch bin Chantal Deneuve!“, schrie sie und fuchtelte mit den Armen temperamentvoll in der Luft herum. Der Name ließ Sandra aufhorchen. Sie starrte auf ihren Zettel. „Mensch, Stefan!“, rief sie, „das ist ja meine ...!“

Weiter kam sie nicht. Denn Stefan hatte ihr plötzlich den Zettel aus der Hand gerissen und ihr seinen zwischen die Finger gesteckt. „Chantal Deneuve, wer ist das?“, schrie er laut. „Chantal Deneuve, ich soll zu Chantal Deneuve!“

Die Französin rannte auf ihn zu, legte ihre schmalen Hände auf seine Schultern und küsste ihn auf beide Wangen. Stefan lachte über sein ganzes Gesicht. Sandra stand wie angewurzelt auf dem Bahnsteig und starrte die beiden an. Jetzt kam Stefan zu ihr zurück, um seine Reisetasche zu holen.

„Guck doch nicht so sauer!“, versuchte er zu beschwichtigen. Er nahm seine Tasche. „Wir sehen uns in den nächsten Tagen.“

Sandra hielt ihn am T-Shirt fest. „Stefan? Was soll das?“ Vor Angst bekam sie kaum noch Luft.

Stefan schob sie zur Seite. „Weißt du“, er setzte ein überlegenes Gesicht auf, „unsere Beziehung ist sowieso zu eng. Wir sollten uns ein bisschen mehr an den Franzosen orientieren. Offene Beziehungen sind hier total in!“

Er riss sich los und verdrückte sich schnell.

1 Attention! Ici Sens, gare du nord: Achtung! Hier Sens, Nordbahnhof! Aussprache: Ato(n)sio(n)! Isih So(n), gar dü nor!
2 Sens: eine Stadt in Frankreich, ca. 100 km südöstlich von Paris.
3 rue: Straße; Aussprache: Schantal Denöff, kähns (= 15) rüh bonnapar
4 allo: hallo. Das Wort wird auf Französisch ohne „h“ geschrieben.

Sandra hätte sich in den Hintern treten können, weil sie nicht den Mut fand, ihm hier auf dem Bahnsteig in diesem verdammten, kleinen französischen Kaff den Hals umzudrehen. Jetzt war es zu spät. Stefan verschwand mit dieser schwarzhaarigen Französin Richtung Ausgang.

„Allo!" Jemand tippte ihr auf die Schulter. Sandra drehte sich um und sah einen Wuschelkopf vor sich stehen.

„Bonjour[1]", sagte der Wuschelkopf. „Je suis[2] Jean-Pascal Lebrun[3]. Tu as mon adresse[4]!"

Sandra starrte den Zettel an. Sie wusste nicht, was sie sagen sollte.

„Verstehst du nischt? Isch bin also dein Austauschschüler! Komm mit. Meine Eltern warten auf dir!" Willenlos ging Sandra mit.

„... wurde im Jahre 1258 erbaut. Der typische Gotikbau ist besonders an der spitzen Formgebung zu erkennen."

Die Stimme des Reiseleiters dröhnte durch die Kathedrale. Sandra bemühte sich zuzuhören. Doch immer wieder ging ihr Blick zu Stefan hinüber. Er stand neben Chantal und sah andächtig an dem bunten Kirchenfenster hoch. Und so ganz nebenbei berührte er dabei Chantals Arm. Die sah ihn an und für einen Augenblick begegneten sich ihre Augen. Dann lächelte Stefan und schaute wieder zum Kirchenfenster hoch.

Sandras Magen zog sich zusammen. Sie war dem Weinen nahe. Genauso hatte es Stefan damals bei ihr gemacht, als sie sich kennen lernten. Diese Blicke. Diese vorsichtigen Berührungen! Das war alles nur ein Spiel gewesen, bei dem die Partner jederzeit ausgewechselt werden konnten. Jetzt also war Chantal an der Reihe! Eine Träne lief Sandra über das Gesicht. Verärgert wischte sie sie mit dem Ärmel ihres Sweatshirts fort. Sie war froh, als sie wieder im Freien waren. Ein frischer Herbstwind wehte. Sandra atmete tief ein und aus. Ihr war klar: Stefan konnte sie abhaken. Schrecklich daran war nur, dass es so wehtat.

„Mir reicht's jetzt!", flüsterte ihr plötzlich Jean-Pascal ins Ohr. „Isch langweile misch fürchterbar!"

„Furchtbar!", verbesserte Sandra und musste lächeln. „Ich mich auch."

„Weißt du was? Wir verdrücken uns, tu comprends[5]? Isch zeige dir lieber die Straßencafés von Sens."

„Keine schlechte Idee", musste Sandra zugeben. Und insgeheim war sie froh, dass sie sich Stefans Anmache nicht länger anschauen musste.

An der nächsten Straßenecke ließen Jean-Pascal und Sandra die anderen an sich vorbeiziehen, drehten sich dann um und flüchteten Richtung Innenstadt. In der Fußgängerzone fanden sie ein kleines Café. Sandra ließ sich auf einen Stuhl fallen. Jean-Pascal setzte sich neben sie. „Wie hat dir die Kirche gefallen?"

„Ganz gut." Sandra wunderte sich über die Frage.

„Du -ast[6] überhaupt nischt[7] zugehört, was der Reiseleiter erzählt -at."

„Wie kommst du darauf?" Sandra war echt empört. „Ich verstehe dich nicht!"

„Du verstehst très bon. Sehr gut." Er sagte das wieder mit diesem witzigen Akzent und Sandra musste erneut lachen. „Bon. Isch -abe disch – wie sagt man – beobachtet. Und du -ast immer nur zu diesem einen Typen geguckt. Und der -at immer nur zu Chantal geguckt. Und da bist du ganz ganz traurig geworden."

1 bonjour: guten Tag/guten Morgen; Aussprache: bonjuhr (das „j" wie in Journal)
2 je suis: ich bin; Aussprache: jä swi (das „j" wie in Journal)
3 Aussprache: Jon Paskal Lebrä (das „j" wie in Journal)
4 tu as mon adresse: du hast meine Adresse; Aussprache: tü a monadräs
5 Tu comprends?: verstehst du?; Aussprache: tü kompro(n)
6 ast: hast; im Französischen wird „h" nicht gesprochen. Für Franzosen ist es deshalb sehr schwierig, in englischen oder deutschen Wörtern das „h" zu sprechen.
7 nischt: nicht; Franzosen sprechen das deutsche „ch" meist als „sch", weil im Französischen „ch" immer als „sch" gesprochen wird.

Sandra schluckte. „Was geht dich das an?", fauchte sie.
„Gar nichts." Jean-Pascal rührte in seiner Tasse. „Ich will nur nischt, dass du wegen Chantal traurig bist."
„Das bin ich wirklich", gab sie dann zu. „Weißt du, ich bin seit drei Wochen mit Stefan zusammen und habe mich so furchtbar auf die Zeit mit ihm gefreut. Und jetzt verliebt er sich in diese attraktive Chantal."
Jean-Pascal lächelte. „Du brauchst gar nischt eifersüchtig zu sein. Weil sie nämlich jedem den Kopf verdreht. Warte ein bisschen. In drei Tagen ge-ört Stefan wieder dir. Isch schwöre!"
„Bist du sicher?"
„Ganz sicher." Er überlegte eine Weile. „Isch -abe eine Idee", sagte er dann. „Wenn Stefan morgen auf der Fete noch immer mit ihr zusammen ist, werde isch sie ihm – wie sagt man? … wegnehmen?"

Die Fete war schon im vollen Gang, als Sandra und Jean-Pascal in den Raum kamen. Jean-Pascal hatte sich schick zurechtgemacht, mit schwarzem Hemd und enger Jeans.
Stefan tanzte mit Chantal und schien dabei nur sie zu sehen. „Da sind sie", flüsterte Sandra Jean-Pascal zu. „Meinst du, du schaffst es?"
Er sah auf seine Fußspitzen. Sandra musterte ihn verwundert. Es schien etwas zu geben, das er ihr nicht sagen mochte. Dann gab er sich einen Ruck und ging auf Chantal zu. Gut sah er aus, als er über die Tanzfläche ging. Einen Moment lang tat es Sandra leid, dass sie ihn gedrängt hatte.
Er verbeugte sich vor Stefan, sagte einige Worte zu ihm, wandte sich dann Chantal zu und tanzte mit ihr. Chantal lächelte ihn an und für einen Moment spürte Sandra einen Stich in der Magengegend. Stefan verließ mit wütendem Gesicht die Tanzfläche und ging nach draußen. Sandra überlegte, ihm nachzulaufen, doch wenn sie ehrlich war, hatte sie keine Lust dazu. Lieber setzte sie sich auf einen Stuhl und beobachtete die Tanzenden.
Chantal schmiegte sich eng an Jean-Pascal. Der dagegen hatte immer noch dieses unglückliche Gesicht. Als der Tanz beendet war, riss er sich plötzlich los und lief aus dem Raum. Sandra rannte ihm nach. Erst auf dem Hof der Diskothek hatte sie ihn eingeholt. „Jean-Pascal!" Sie zupfte ihn am Ärmel.
Da drehte er sich zu ihr um und lächelte. „Du bist es", sagte er. „Und isch dachte, du stehst -ier draußen mit diesem Typen und feierst Versöhnung."
„Aber nein. Ich habe noch gar nicht mit Stefan gesprochen. Aber was ist mit dir?"
Jean-Pascal sah zu Boden. „Isch kann nischt", sagte er leise. „Isch kann nischt mit dieser doofen Kuh tanzen, weil isch immer an disch denken muss!"
Sandra wurde ganz warm. Er sah in ihr Gesicht. „Du -ast wunderschöne Augen", sagte er leise. Da legte Sandra ihre Arme um seinen Hals und küsste ihn.
Drei Tage später traf sie Stefan in der Stadt.
„Lange nicht gesehen", sagte er. „Kommst du heute Abend ins Bistro?" Dabei hatte er dieses weltmännische Gesicht.
„Tut mir leid", lächelte Sandra. „Ich habe heute ein Rendezvous[8]."
„Was soll das denn heißen", fuhr Stefan sie an und sah plötzlich gar nicht mehr cool aus. „Ich denke, du gehst mit mir!"
„Oh, klar", grinste Sandra. „Ich finde nur, dass unsere Beziehung in der letzten Zeit etwas eng geworden ist. Wir sind hier in Frankreich, weißt du. Offene Beziehungen sind hier mega-in."
Und dann ließ sie den verdutzten Stefan einfach stehen.

8 das Rendezvous: auf Französisch: ein Termin – im deutschen Verständnis eher eine romantische Verabredung; Aussprache: rondewu

Bevor du arbeitest, musst du deinen Arbeitsauftrag genau verstehen.

Dein Arbeitsauftrag

Untersuche die Kurzgeschichte „Schüleraustausch“ von Annette Weber und löse folgende Teilaufgaben:
- Schreibe eine Inhaltsangabe mithilfe der Handlungsbausteine. Beachte dabei, aus welcher Sicht erzählt wird – also die Erzählperspektive. Gib Teile aus Gesprächen nur in indirekter Rede wieder.
- **Zusatzaufgabe:** Sandra und Stefan berichten ihren besten Freunden jeweils in einem Brief von ihren Erlebnissen, Gefühlen und Gedanken in Sens. Versetze dich in Sandras **oder** Stefans Situation und schreibe einen Brief.

2 **a.** Lies den Arbeitsauftrag genau und markiere die Aufforderungsverben.
b. Welche der folgenden Aussagen ist richtig? Kreuze an.
- ☐ Ich schreibe einen Brief aus meiner Erzählperspektive an Sandra.
- ☐ Ich untersuche den Text und schreibe auf jeden Fall eine Inhaltsangabe.
- ☐ Ich löse die Zusatzaufgaben oder schreibe Gespräche in indirekter Rede.

3 Schreibe für alle Aufgaben des Arbeitsauftrags in dein Heft, was genau du tun sollst. Verwende dabei Satzanfänge, die die Reihenfolge verdeutlichen.

Starthilfe
Ich untersuche die Kurzgeschichte „Schüleraustausch“ von Annette Weber. Danach schreibe ich …

Mithilfe der Handlungsbausteine erfasst du den Inhalt genau.

Hauptfigur und Situation	Wunsch	Hindernis	Reaktion	Ende

4 Stelle fünf Fragen nach den Handlungsbausteinen an den Text. Schreibe die Fragen auf. Du kannst die Wörter vom Rand verwenden.

Wer ist mit der Situation am Anfang ______________________

____

____

____

____

Wer? Welche Figur? Situation, Schwierigkeiten, überwinden, erreichen, Ziel, unzufrieden, am Anfang, am Ende

5 **a.** Welche Person ist die Hauptfigur? Kreuze an.
☐ Stefan ☐ Sandra ☐ Jean-Pascal ☐ Chantal
b. Begründe deine Wahl in ganzen Sätzen. Schreibe in dein Heft.

6 **a.** Wo spielt die Handlung? Markiere im Text alle Hinweise auf das Land.
b. Fülle den folgenden Steckbrief für den Ort der Handlung in Stichworten aus.
Tipp: Der Name der Stadt mit vier Buchstaben kommt dreimal im Text vor.

Land: ______________ Sprache: ______________ Stadt: ______________

Namen von Personen in der Landessprache: ______________________

____

Ort(e) in der Landessprache: ______________________

Wörter in der Landessprache: ______________________

____

Eine Inhaltsangabe schreiben

Arbeitstechnik

Eine Inhaltsangabe schreiben
Eine **Inhaltsangabe** informiert **kurz** über den wesentlichen Inhalt eines Textes.
- In der **Einleitung** nennst du Autor, Titel, Textart und Thema.
- Im **Hauptteil** fasst du die wichtigsten Ereignisse der Handlung mithilfe der Handlungsbausteine zusammen.

Schreibe **sachlich** (ohne ausschmückende Elemente) und ersetze wörtliche Rede durch **indirekte Rede** mit dem Konjunktiv.
Schreibe im **Präsens**. Wenn Geschehnisse vor anderen stattgefunden haben, verwendest du das **Perfekt**.

1 **a.** Lies die Arbeitstechnik „Eine Inhaltsangabe schreiben".
b. Was musst du bei einer Inhaltsangabe beachten? Schreibe in dein Heft. Verwende dazu die Satzanfänge vom Rand.

In der Einleitung nenne ich … ,
Ich gebe nur … ,
Ich schreibe im … ,
Ich verwende … ,
Ich vermeide …

Mithilfe der Handlungsbausteine planst du die Inhaltsangabe.

2 Ergänze Stichworte zu den Handlungsbausteinen in der Tabelle.
- Beantworte dabei deine Fragen aus Aufgabe 4 auf Seite 35.
- Verwende auch deine Ergebnisse aus den Aufgaben 5 und 6 auf Seite 35.
- Gib die Zeilenangaben der entsprechenden Textstellen an.

Handlungsbausteine	Stichworte
Hauptperson und Situation	*Sandra, vermutlich zwischen 13 und 16 Jahre alt …* *(Zeilen 4-13, 19-20, 23-24, 34-35, 40-42, 59-66)*
Wunsch	*möchte Stefan nicht verlieren (Zeilen 88-90)*
Hindernis	
Reaktion	
Ende	

Du findest heraus, aus welcher Perspektive erzählt wird.

3 Lies die Information am Rand.

4 **a.** Untersuche die Erzählperspektive.
Markiere dazu in den blau gedruckten Textteilen die Personalpronomen.
b. Welche Erzählperspektive liegt in „Schüleraustausch“ vor?
Ergänze den folgenden Satz.

Das Geschehen wird in der ___________-Form erzählt und dabei aus

der Sicht der Hauptfigur ___________.

Die Erzählperspektive
Beim Erzählen unterscheidet man die **Er/Sie-Form** und die **Ich-Form**. Meist erkennt man diese Formen an den Personalpronomen im Text.

mehr zu Pronomen
➤ **S. 66** und **S. 96**

In deiner Inhaltsangabe kannst du zum Beispiel das Gespräch aus den Zeilen 92–98 in der indirekten Rede wiedergeben.

Jean-Pascal sagt lächelnd zu Sandra, sie brauche gar nicht eifersüchtig zu sein, weil Chantal nämlich jedem den Kopf verdrehe. ...

mehr zum Konjunktiv und zur indirekten Rede
➤ **S. 38** und **S. 71–75**

5 **a.** Vergleiche den Anfang dieser indirekten Rede mit den Zeilen 91–92.
b. Für welches Personalpronomen musst du einen Namen einsetzen?
Markiere es.
c. Welcher Name muss für das Personalpronomen eingesetzt werden?
Schreibe den Namen auf die Linie.

____

6 Schreibe das Gespräch der Zeilen 91–97 in indirekter Rede in dein Heft.
- Ersetze Personalpronomen durch die richtigen Namen, wenn nicht klar ist, um welche Person es sich handelt.
- Schreibe im Präsens und ergänze fehlende Verben.
- Verwende die Wörter und Wortgruppen vom Rand.

Starthilfe
Jean-Pascal sagt lächelnd zu Sandra, sie brauche gar nicht eifersüchtig zu sein, ...

würde, fragt ihn, erwidert, fährt fort, am nächsten Tag, er selbst

7 Schreibe einen Einleitungssatz für die Inhaltsangabe in dein Heft.
- Gib darin kurz und prägnant an, wovon die Kurzgeschichte handelt.
- Du kannst die Wörter und Wortgruppen vom Rand verwenden.

Starthilfe
Die Kurzgeschichte „Schüleraustausch“ von Annette Weber handelt von ...

das Zerbrechen, die Liebesbeziehung, Jugendliche, unerwartete Wendung, die Kurzgeschichte

Mithilfe deiner Ergebnisse schreibst du die Inhaltsangabe.

8 **a.** Schreibe eine Inhaltsangabe zu der Kurzgeschichte in dein Heft.
- Beachte dabei deinen Arbeitsauftrag auf Seite 35.
- Beachte die Arbeitstechnik „Eine Inhaltsangabe schreiben“.
- Verwende mindestens einen Satz in indirekter Rede aus Aufgabe 6.

b. Überarbeite dein Ergebnis mit der folgenden Checkliste.

Checkliste: Inhaltsangabe	ja	nein
Habe ich in der **Einleitung** Autor, Titel, Textsorte und Thema genannt?	☐	☐
Habe ich im **Hauptteil** die wichtigsten Ereignisse der Handlung mithilfe der Handlungsbausteine zusammengefasst?	☐	☐
Habe ich **wörtliche Rede** durch **indirekte Rede** oder eigene Worte ersetzt?	☐	☐
Habe ich im **Präsens** geschrieben?	☐	☐

Eine Inhaltsangabe überarbeiten

Du überarbeitest eine Inhaltsangabe zu der Kurzgeschichte.

Achtung: Fehler!

1 Lies die folgende Inhaltsangabe genau.

Inhaltsangabe

In der Kurzgeschichte von Annette Weber geht es um Sandra und ihre Liebe zu Stefan. Beide reisten von der Schule aus nach Sens in Frankreich. Sandra freute sich auf die Zeit mit ihrem Freund. Am Bahnhof sah Stefan eine hübsche Französin und vertauschte einfach die Adressen der Gastschüler, damit er zu dieser Chantal kommt. Sandra ist wütend. Sie wohnt jetzt bei Jean-Pascal. Während der Besichtigung einer Kathedrale sieht Sandra, dass sich Stefan mit derselben Masche an Chantal heranmacht wie zuvor an Sandra. Der ist doch das Allerletzte, denn er lässt seine Freundin einfach sitzen. Jean-Pascal und Sandra flüchten in ein Café. Dort will er sie trösten und hat gesagt: „Du brauchst gar nischt eifersüchtig zu sein. Weil sie nämlich jedem den Kopf verdreht …"

reisen ____________
____
____
____
____
____

2 Überprüfe den Einleitungssatz. Welche wichtige Information fehlt? Schreibe die fehlende Information auf.

____

3 Fünfmal stimmt die Zeitform nicht. Streiche die falschen Zeitformen durch. Schreibe die richtigen Zeitformen am Rand auf.

4 Ein Satz gibt eine persönliche Meinung wieder. Streiche diesen Satz.

5 In der Inhaltsangabe gibt es wörtliche Rede. Streiche diese Stelle durch.
- Schreibe diese Stelle einmal in indirekter Rede auf.
- Gib diese Stelle ein zweites Mal mit eigenen Worten wieder.

Indirekte Rede: *Dort will er sie trösten und sagt, sie* ____________

____

In eigenen Worten: *Dort will er sie trösten. Sandra muss nicht* ____________

____

6 In der Inhaltsangabe fehlen wichtige Teile der Kurzgeschichte. Welche? Schreibe die fehlenden Informationen in Stichworten auf die Linien.
Tipp: Stelle Fragen zu den Handlungsbausteinen, um Ideen zu bekommen.

der Plan von Jean-Pascal, ____________

____

____

____

____

Wunsch

Hindernis

Reaktion

Ende

7 Schreibe die Inhaltsangabe verbessert in dein Heft.
- Verzichte auf Umgangssprache.
- Verwende deine Ergebnisse aus den Aufgaben 2 bis 6.

Starthilfe

In der Kurzgeschichte „Schüleraustausch" von Annette Weber geht es um Sandra …

8 Überprüfe dein Ergebnis mit der Checkliste von Seite 37.

Z Weiterführendes: Einen Brief aus der Sicht einer Figur schreiben

Dein Arbeitsauftrag

- **Zusatzaufgabe:** Sandra und Stefan berichten ihren besten Freunden jeweils in einem Brief von ihren Erlebnissen, Gefühlen und Gedanken in Sens. Versetze dich in Sandras **oder** Stefans Situation und schreibe einen Brief.

1 Überprüfe zuerst, ob du die Aufgabe richtig verstanden hast.
Kreuze nur die zwei richtigen Aussagen an.

- ☐ Ich soll aus Sandras und Stefans Sicht jeweils einen Brief schreiben.
- ☐ Ich soll die Geschichte mit allen Details in einem Brief nacherzählen.
- ☐ Ich soll mich in Stefan oder Sandra hineinversetzen.
- ☐ Ich soll einen Brief an Sandra von ihrer besten Freundin schreiben.
- ☐ Ich soll in dem Brief von Erlebnissen, Gedanken und Gefühlen berichten.

2 Wie schreibst du diesen Brief aus Sicht einer Figur aus der Geschichte?
Ergänze die Lücken mit den Wörtern vom Rand.

Ein persönlicher Brief beginnt mit einer freundlichen ____________. Einen Brief an gleichaltrige Jugendliche darf man in der ______________________ schreiben. Man kann __________________ und __________________ äußern. Damit der Brief für den ______________________ interessant ist, sollte man sie oder ihn ansprechen. Das kann man zum Beispiel durch ___________ tun. Man sollte so schreiben, dass der Empfänger alles ______________________ kann. Das Wichtigste ist aber, dass alle ______________________ in dem Brief genau zu der ______________________ und der ___________ passen.

Informationen, Anrede, Fragen, Figur, Gefühle, Geschichte, Gedanken, Empfänger, Umgangssprache, nachvollziehen

3 Schreibe die Lösung der Zusatzaufgabe in dein Heft.

Du überarbeitest einen Brief, der aus Sandras Sicht geschrieben wurde.

Liebe Sandra,

wie geht es dir? Bestimmt nicht so toll wie mir hier in Frankreich. Ich habe dir viele Neuigkeiten zu berichten. Stell dir mal vor, Stefan hat sich gleich am ersten Tag an eine Französin rangemacht. Er hat einfach die Adressen vertauscht, um bei Chantal zu wohnen. Eigentlich war sie meine Austauschschülerin. Dann hat er was von offenen Beziehungen gelabert und mich vor der Kirche stehen lassen. So bin ich zur Familie Lebrun gekommen und habe Jean-Pascal kennen gelernt. Der hat keine gute Meinung von Chantal, weil sie wohl jedem Mann den Kopf verdreht. Bis bald dann, Sandra.

Achtung: Fehler!

4 Überarbeite und ergänze den Brief. Berichtige dabei zwei klare Fehler.
- Ergänze passende Äußerungen von Gefühlen und Gedanken.
  Tipp: Lies dazu die Zeilen 34–35, 40–42, 59–66, 85–90, 110–112, 122.
- Verwende Formulierungen vom Rand, um den Empfänger anzusprechen.
- Berichte auch über das Ende der Ereignisse in Sens.

Du kannst dir vielleicht denken, wie ich mich …
Der ist bei mir …
das kannst du mir glauben.
In dem Moment hätte ich dich am liebsten …

Das kann ich! – Zu Prosatexten schreiben

Dein Arbeitsauftrag

Untersuche die Kurzgeschichte „Sonntag“ mithilfe folgender Teilaufgaben:
- Schreibe eine Inhaltsangabe. Berücksichtige die Erzählperspektive. Gib Teile aus Gesprächen nur in indirekter Rede wieder.
- **Zusatzaufgabe:** „Daniela wusste genau, dass ihre Noten weder in Mathematik noch in Französisch genügten.“ (Zeile 13) Daniela fordert in einem Brief an ihren Vater seine Hilfe in Mathematik. Schreibe diesen Brief. Äußere dabei Danielas Ziele, Gedanken und Gefühle.

Sonntag – Max Bolliger

„Was möchtest du?“, fragte der Vater.

Daniela studierte die Karte und entschied sich für Riz colonial.

„Gern!“, sagte der Kellner. Er behandelte Daniela wie eine Dame.

Das Restaurant war bis auf den letzten Platz besetzt. Am Nebentisch saß ein Ehepaar mit zwei Kindern. Die beiden stritten sich wegen einer kleinen Puppe aus Plastik. Die Mutter versuchte, den Streit zu schlichten. Daniela sah, wie der Junge seine Schwester unter dem Tisch dauernd mit den Füßen stieß.

Das Dessert machte dem Gezanke ein Ende.

Daniela erinnerte sich, wie sehnlichst sie sich einmal ein Schwesterchen gewünscht hatte.

„Wie geht es in der Schule?“, fragte der Vater.

„Wie immer“, antwortete Daniela.

„Wird es fürs Gymnasium reichen?“

„Ja, ich hoffe es.“

Daniela wusste genau, dass ihre Noten weder in Mathematik noch in Französisch genügten. Dann eben eine kaufmännische Lehre ... oder Arztgehilfin ... Sie wollte jetzt nicht daran denken.

„Für mich waren Prüfungen nie ein Problem“, sagte der Vater.

Daniela war froh, als der Kellner das Essen brachte. Der Reis mit Fleisch und Früchten schmeckte ihr.

„Deine Mutter konnte nie richtig kochen“, sagte der Vater. Daniela gab darauf keine Antwort.

„Ich brauche einen neuen Wintermantel“, sagte sie.

„Schon wieder?“

„Ich bin seit dem letzten Jahr zehn Zentimeter gewachsen.“

„Wofür bezahl ich eigentlich Alimente?“

„Mutter sagt, das Geld reiche nur für das Nötigste.“

„Gut! Aber ich will die Rechnung sehen.“

„Wünschen die Herrschaften ein Dessert?“

Der Kellner versuchte, mit Daniela zu flirten.

„Nein, danke!“, sagte sie, obwohl sie sich heute früh in der Kirche ausgedacht hatte, Vanilleeis mit heißer Schokoladensoße zu essen. Nach dem Essen fuhren sie am See entlang.

Der Vater hatte ein neues Auto. Er sprach über Autos wie die Jungen in der Schule. Daniela verstand nicht, warum man sich über ein Auto freuen konnte, nur weil es einen starken Motor hatte. Aus dem Radio erklang Volksmusik. Sie fiel Daniela auf die Nerven. Aber sie stellte sie trotzdem lauter.

„Hast du viel Arbeit?“, fragte sie.

„Wir bauen eine neue Fabrik.“ Der Vater war Ingenieur. Daniela betrachtete ihn von der Seite, neugierig, wie einen Gegenstand. Sein Gesicht war braun gebrannt, sportlich. Der Schnurrbart stand ihm gut. Hatte er ihre Gedanken erraten?

„In zwei Wochen werde ich vierzig! Aber alle schätzen mich jünger.“ Daniela lachte. Ihr schien er älter.

„Wie alt bist du eigentlich?“

„Hundert!“, sagte Daniela.

„Nein, ehrlich ...!“

„Das solltest du doch wissen. Du fragst mich jedes Mal ... Im Februar dreizehn.“

„Dreizehn! Hast du einen Freund?“

„Nein!", sagte Daniela.
„Das wundert mich. Du siehst hübsch aus!"
„Findest du?"
„So … erwachsen!"
Auf einer Terrasse am See tranken sie Kaffee. Daniela beobachtete die Segelschiffe. Der schöne Herbstsonntag hatte unzählige Boote aufs Wasser hinausgelockt. Der Vater war verstummt und schaute alle fünf Minuten auf seine Uhr.
„Ich habe um vier Uhr eine Verabredung."
„Also, gehen wir doch", sagte Daniela und erhob sich.
Der Vater schien erleichtert. „Ich bringe dich nach Hause", sagte er.
„Ach, du bist schon wieder da?", sagte die Mutter. Sie war noch immer im Morgenrock. Während der Woche arbeitete sie halbtags in einer Modeboutique.
„Sonntags lasse ich mich gehen", sagte sie zu ihren Freunden, „sonntags bin ich nicht zu sprechen."
„Er hatte eine Verabredung", erzählte Daniela.
Die Mutter lachte.
„Ich möchte wissen, warum er eigentlich darauf besteht, dich zu sehen. Im Grunde liegt ihm doch nichts daran. Nur weil es das Gericht so entschieden hat und um mich zu ärgern."
Daniela wurde wütend.
„Es geht ihm ausgezeichnet", sagte sie. „Er hat sich ein neues Auto gekauft und sieht prima aus."
Die Mutter zuckte bei ihren Worten zusammen.
„Und den Wintermantel?", fragte sie.
„Bewilligt!"
Die Mutter griff sich mit der Hand an die Stirne.
„Diese Kopfschmerzen!", stöhnte sie. „Hol mir eine Tablette im Badezimmer!"
Daniela gehorchte.
„Ich gehe jetzt", sagte sie nachher.
„Hast du keine Aufgaben?"
„Nein!"
„Aber komm nicht zu spät zurück!"
„Ich esse bei Brigitte."
„Gut, bis neun Uhr. Ich lege mich wieder hin."
Als Daniela die Tür des Lokals öffnete, schlug ihr eine Welle von Rauch- und Kaffeegeruch entgegen. An den niederen Tischen saßen junge Leute, die meisten in Gespräche vertieft. Die Wände waren mit Postern tapeziert. Danielas Augen gewöhnten sich allmählich an das Halbdunkel. Suchend schaute sie sich um. Der Diskjockey nickte Daniela zu.
„Well, I left my happy home to see what I could find out", sang Cat Stevens.
Ja, er hatte recht. Um herauszufinden, wie die Welt wirklich war, musste man sein Zuhause verlassen. Heinz hatte Daniela den Text übersetzt. Heinz war schon sechzehn Jahre alt. Sie war stolz darauf. Er saß in einer Ecke und winkte.
Aufatmend setzte sich Daniela neben ihn. Er legte einen Arm um ihre Schultern.
„Hast du den Sonntag überstanden?", fragte er.
„Ja, Gott sei Dank!"
„War es schlimm?"
„Es geht … wie immer."
„Mach dir nichts draus."
Daniela kuschelte sich an ihn.
„Was meinst du, werden wir es besser machen?", fragte sie. „Wenn wir einmal erwachsen sind?" In ihrer Stimme klangen Zweifel.
„Natürlich", sagte Heinz, „natürlich werden wir es besser machen."

1 Lies den Arbeitsauftrag genau und bearbeite ihn.

Z **2** Was willst du machen wie deine Eltern? Was willst du anders machen? Schreibe einen Tagebucheintrag über deine Zukunftspläne.

Punkte

Aufgabe 1: ___ /50 Punkte
Aufgabe 2: ___ /30 Punkte

Gesamtpunktzahl: ___ /80 Punkte

Zu einer Ballade schreiben

Du erkennst Merkmale der Ballade und schreibst eine Inhaltsangabe.

1 Lies die Ballade mithilfe des Textknackers.
Achte dabei auf die Handlung, die Gedichtform und auf Dialoge.

➤ Die Arbeitstechnik „Der Textknacker für literarische Texte“ findest du in der vorderen Klappe.

Die Goldgräber

Emanuel Geibel (1815–1884)

Sie waren gezogen über das Meer,
Nach Glück und Gold stand ihr Begehr,
Drei wilde Gesellen, vom Wetter gebräunt,
Und kannten sich wohl und waren sich freund.

Sie hatten gegraben Tag und Nacht,
Am Flusse die Grube, im Berge den Schacht,
In Sonnengluten und Regengebraus,
Bei Durst und Hunger hielten sie aus.

Und endlich, endlich, nach Monden voll Schweiß,
Da sahn aus der Tiefe sie winken den Preis,
Da glüht es sie an durch das Dunkel so hold,
Mit Blicken der Schlange, das feurige Gold.

Sie brachen es los aus dem finsteren Raum,
Und als sie 's fassten, sie hoben es kaum,
Und als sie 's wogen, sie jauchzten zugleich:
„Nun sind wir geborgen, nun sind wir reich!“

Sie lachten und kreischten mit jubelndem Schall,
Sie tanzten im Kreis um das blanke Metall,
Und hätte der Stolz nicht bezähmt ihr Gelüst,
Sie hätten 's mit brünstiger Lippe geküsst.

Sprach Tom, der Jäger: „Nun lasst uns ruhn!
Zeit ist 's, auf das Mühsal uns gütlich zu tun.
Geh, Sam, und hol uns Speisen und Wein,
Ein lustiges Fest muss gefeiert sein.“

Wie trunken schlenderte Sam dahin
Zum Flecken hinab mit bezaubertem Sinn;
Sein Haupt umnebelnd beschlichen ihn sacht
Gedanken, wie er sie nimmer gedacht.

Die andern saßen am Bergeshang,
Sie prüften das Erz und es blitzt' und es klang.
Sprach Will, der Rote: „Das Gold ist fein;
Nur schade, dass wir es teilen zu drei'n!“

„Du meinst?“– „Je nun, ich meine nur so.
Zwei würden des Schatzes besser froh“ –
„Doch wenn –“ – „Wenn was?“ „Nun, nehmen wir an,
Sam wäre nicht da“ – „Ja, freilich, dann –“ –

Sie schwiegen lang; die Sonne glomm
Und gleißt' um das Gold; da murmelte Tom:
„Siehst du die Schlucht dort unten?“ – „Warum?“
„Ihr Schatten ist tief und die Felsen sind stumm.“ –

„Versteh ich dich recht?“ – „Was fragst du noch viel!
Wir dachten es beide und führen 's ans Ziel.
Ein tüchtiger Stoß und ein Grab im Gestein,
So ist es getan und wir teilen allein.“

Sie schwiegen aufs neu. Es verglühte der Tag,
Wie Blut auf dem Golde das Spätrot lag;
Da kam er zurück, ihr junger Genoss,
Von bleicher Stirne der Schweiß ihm floss.

„Nun her mit dem Korb und dem bauchigen Krug!“
Und sie aßen und tranken mit tiefem Zug.
„Hei lustig, Bruder! Dein Wein ist stark;
Er rollt wie Feuer durch Bein und Mark.

Komm, tu uns Bescheid!“ – „Ich trank schon vorher;
Nun sind vom Schlafe die Augen mir schwer.
Ich streck ins Geklüft mich.“ – „Nun, gute Ruh!
Und nimm den Stoß, und den dazu!“

Sie trafen ihn mit den Messern gut;
Er schwankt' und glitt im rauchenden Blut.
Noch einmal hub er sein blass Gesicht:
„Herr Gott im Himmel, du hältst Gericht!

Wohl um das Gold erschluget ihr mich;
Weh euch! Ihr seid verloren, wie ich.
Auch ich, ich wollte den Schatz allein,
Und mischt' euch tödliches Gift an den Wein.“

Den Inhalt erschließen

In der Ballade entdeckst du seltene und veraltete Wörter.

1 **a.** Finde und unterstreiche die folgenden Wörter in der Ballade.
b. Kreuze jeweils die für diesen Text richtige Bedeutung an.

das Begehr	☐ der Weg	☐ der Wunsch	☐ das Ziel
der Flecken	☐ ein Feld	☐ ein Fleck	☐ eine Siedlung
sacht	☐ langsam	☐ unvorsichtig	☐ stark
gleißt'/gleißte	☐ glänzen	☐ schleichen	☐ geistern
tu uns Bescheid	☐ gib den Brief	☐ trink mit uns	☐ gib uns Nachricht
das Geklüft	☐ das Bett	☐ die Felsen	☐ das Nachtzeug

Die Ballade erzählt eine Geschichte.

2 Worum geht es in der Ballade? Schreibe zwei bis drei Sätze auf.

____

____

____

3 Beantworte die folgenden Fragen zu den **Handlungsbausteinen** in ganzen Sätzen, durch passende Zitate oder durch Ankreuzen.

a) Wer sind die **Hauptfiguren** in der Ballade und wie heißen sie?

____

b) In welcher **Situation** befinden sich die Hauptfiguren am Anfang des Textes?

____

c) Welchen **Wunsch** haben die Hauptfiguren? Zitiere eine Zeile aus dem Text.

____

d) Welches **Hindernis** steht der Erfüllung des Wunsches entgegen? Kreuze an.

☐ Das Gold reicht nicht für drei. ☐ Die Gier der Männer.
☐ Das Gold ist verflucht. ☐ Durch den Alkohol gibt es Streit.

e) Was ist das **Ende** der Ballade?

____

Als Merkmal einer Ballade erkennst du Dialoge, wie in den Zeilen 51–56.
Den Dialog könntest du wie in einem Theatertext (Drama) aufschreiben:

Will und Tom: „Hei lustig, Bruder! (...) Komm, tu uns Bescheid!"
Sam: „ Ich trank schon vorher; nun sind vom Schlafe die Augen mir schwer.
Ich streck ins Geklüft mich."
Will und Tom: „Nun, gute Ruh! Und nimm den Stoß, und den dazu!"

4 Schreibe den Dialog aus den Strophen 8–11 (Zeilen 31–44) genauso auf.
Achte dabei auf die Wechsel der Sprecher. Schreibe in dein Heft.

Starthilfe

Will: „Das Gold ist fein; nur schade, dass wir es teilen zu drei'n!"
Tom: „Du meinst?"
Will: „..."

Die Form erschließen

Du findest in der Ballade Merkmale von Gedichten.

1 Aus wie vielen Strophen besteht die Ballade?
Und wie viele Zeilen hat eine Strophe? Schreibe einen Satz auf.

____

____

2 **a.** Welche Reime gibt es? Nummeriere die Strophen im folgenden Schema und bezeichne jeden neuen Reim mit einem neuen Buchstaben.
Tipp: Du benötigst das ganze Alphabet und zusätzlich das **ä**.
b. Welche Reime wiederholen sich? Markiere gleiche Reime in einer Farbe.

Strophe 1	**Strophe** ___	**Strophe** ___	**Strophe** ___	**Strophe** ___	**Strophe** ___
Meer a Begehr a gebräunt b freund b	Raum ___ kaum ___ zugleich ___ reich ___	dahin ___ Sinn ___ sacht c gedacht ___	glomm ___ Tom ___ Warum ___ stumm ___	Krug ___ Zug ___ stark ___ Mark ___	mich ___ ich ___ allein l Wein ___
Strophe 2	**Strophe** ___	**Strophe** ___	**Strophe** ___	**Strophe** ___	
Nacht c Schacht ___ -gebraus ___ aus ___	Schall ___ Metall ___ Gelüst ___ geküsst ___	Bergeshang ___ klang ___ fein l drei'n ___	viel ___ Ziel ___ Gestein l allein ___	vorher ___ schwer ___ Ruh ___ dazu ___	
Strophe ___	**Strophe** ___	**Strophe** ___	**Strophe** ___	**Strophe** ___	
Schweiß ___ Preis ___ hold ___ Gold ___	ruhn ___ tun ___ Wein l sein ___	so ___ froh ___ an ___ dann ___	Tag ___ lag ___ Genoss ___ floss ___	gut ___ Blut ___ Gesicht ___ Gericht ___	

c. Welches Reimschema hat die Ballade? Kreuze es an.

Das Reimschema der Ballade „Die Goldgräber" ist ein …
☐ … Kreuzreim. ☐ … Paarreim. ☐ … umarmender Reim.

Die Überschrift enthält zwei für diese Ballade wichtige Wörter.

3 Aus welchen zwei Wörtern besteht das Nomen in der Überschrift?
a. Zerlege das Nomen aus der Überschrift in seine beiden Bestandteile.
b. Welche anderen Wörter in der Ballade passen zu diesen zwei Wörtern? Markiere alle diese Wörter in zwei verschiedenen Farben.
c. Schreibe die markierten Wörter geordnet auf. Gib in Klammern die Zeile an.

Goldgräber = ________________ + ________________

den Preis (Zeile 10) — die Grube (Zeile 6)

________________ ________________

________________ ________________

Z **4** Welche zweite Bedeutung könnte die Überschrift „Goldgräber" haben?

1. Leute, die nach Gold graben. 2. ____________________________

Zu Inhalt und Form einer Ballade schreiben

In einer Inhaltsangabe beschreibst du die Ballade möglichst sachlich.

1 Ergänze die Einleitung. Schreibe ein bis zwei Sätze.

In der Ballade „______________________“ von ______________________

geht es um ____

____

____

2 Fasse die Handlung der Ballade in eigenen Worten zusammen.
Du kannst dafür dein Ergebnis aus Aufgabe 3 von Seite 43 verwenden.
Schreibe in ganzen Sätzen in dein Heft.
- Nutze dabei die Arbeitstechnik „Eine Inhaltsangabe schreiben“.
- Schreibe im Präsens und vermeide wörtliche Rede.

➤ Die Arbeitstechnik „Eine Inhaltsangabe schreiben“ findest du vorne auf der inneren Umschlagseite.

Starthilfe

Die drei Goldgräber Tom, Will und Sam suchen gemeinsam nach Gold. Nach monatelangen Mühen ...

3 Schreibe die Inhaltsangabe vollständig in dein Heft.
Verwende dabei die Ergebnisse aus den Aufgaben 1 und 2.

4 Bewerte das Verhalten der Figuren in der Ballade.
Schreibe dazu zwei bis drei Sätze in dein Heft.

5 Ergänze die folgende Beschreibung der Form und Merkmale der Ballade.
Du kannst dafür deine Ergebnisse von Seite 43 unten und Seite 44 verwenden.

Die Ballade besteht aus __________ Strophen mit jeweils __________ Zeilen.

Das Reimschema ist der ______________ . Bereits die Überschrift nennt

zwei für den Text wichtige Dinge: ___________ und ___________. Es gibt

mehrere Dialoge, zum Beispiel in den Zeilen _____ – _____ und _____– _____.

Z **Balladen handeln oft von Ergeignissen, die wirklich geschehen sind.**

Hintergrundwissen: 1848 entdeckte ein Arbeiter in der Nähe von San Francisco in den USA das erste „nugget“ (einen Goldklumpen). Emanuel Geibel schrieb die Ballade „Die Goldgräber“ im Jahr 1870.

6 **a.** Lies das Hintergrundwissen.
b. Wie könnte eine kurze Zeitungsnotiz in einer Rubrik „Aus aller Welt“ lauten, die Geibel zu seiner Ballade veranlasst hat? Schreibe drei Sätze auf.
Du kannst die Wörter und Wortgruppen vom Rand verwenden.

San Francisco: ____

____

____

____

____

entdeckt,
drei Goldgräber, Leichen,
großer Goldklumpen,
gefunden, offenbar,
Streit, getötet,
gegenseitig

Rechtschreibhilfen

Rechtschreibhilfen helfen dir, richtige Entscheidungen zu treffen.
Die drei wichtigsten Rechtschreibhilfen sind das Gliedern, das Verlängern und das Ableiten.

Gliedern – verlängern – ableiten

Merkwissen

Beim **Gliedern** zerlegst du mehrsilbige Wörter in Sprechsilben, z. B.: **Er | eig | nis | se**.

gliedern

Mein erster Tag im Praktikum

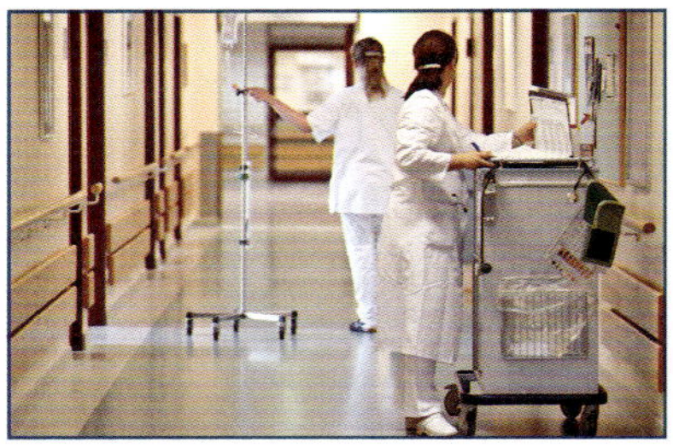

Irgendetwas geht immer schief. An meinem ersten **Praktikumstag** waren es gleich mehrere Dinge. Erst wollte ich **hinübergehen** zur **Bushaltestelle**, aber dort standen schon keine **Fahrgäste** mehr. **Höchstwahrscheinlich** hatte ich den Bus verpasst. Ich musste zu Fuß den Berg **hinunterlaufen**. Jedenfalls kam ich zu spät in das Krankenhaus, in dem ich mein **Betriebspraktikum** mache. Aber niemand **erwartete** mich. **Irgendwann** fand ich trotzdem die Station und das Praktikum begann, wenn auch **verspätet**.

1 a. Zerlege die blau gedruckten Wörter in Sprechsilben. Schreibe in dein Heft.
b. Ordne die Wörter nach der Anzahl ihrer Silben in die Tabelle.
Ergänze bei den Nomen die Artikel.

Starthilfe

das Prak | ti | kum, ...

drei Silben	vier Silben	fünf Silben
das Praktikum,		

2 Schreibe den Text „Mein erster Tag im Praktikum“ in dein Heft ab.

Merkwissen

Durch **Verlängern** kannst du Endbuchstaben hörbar machen, z. B.: **Pferd – Pferde, er siegt – siegen, wütend – wütende.**

verlängern

3 a. Lies das Merkwissen über der Aufgabe.
b. Verlängere die Verbformen: Bilde den Infinitiv.
Schreibe den Infinitiv und die Verbform richtig auf die Linien.

er ke ▢ t **(n/nn)** kennen also er kennt

sie sie ▢ t **(g/k)** ______ also ______

sie su ▢ t **(m/mm)** ______ also ______

er lie ▢ t **(b/p)** ______ also ______

er bie ▢ t **(g/k)** ______ also ______

es stau ▢ t **(b/p)** ______ also ______

4 Verlängere die Adjektive. Bilde dazu die Steigerungsformen
Schreibe die Steigerungsformen und die Grundform richtig auf die Linien.

ruh _ **(g/k)** ruhiger ________ also ruhig ________

mil _ **(d/t)** ________________ also ________________

lie _ **(b/p)** ________________ also ________________

fähi _ **(g/k)** ________________ also ________________

5 Verlängere die folgenden Nomen: Bilde dazu den Plural.
Schreibe den Plural und den Singular richtig in dein Heft.

> **Starthilfe**
> die Herde – also: der Herd, …

der Her _ (d/t), der Betrie _ (b/p), die Fabr _ (g/k), das Lie _ (d/t), die Wan _ (d/t), die Bur _ (g/k), der Vertra _ (g/k), der Schu _ (b/p)

> **Merkwissen**
> **ä/äu oder e/eu?** Wenn du nicht sicher bist, kannst du das Wort **ableiten**.
> Findest du ein verwandtes Wort mit **a/au**, dann schreibe **ä/äu**,
> z. B.: die W**ä**lder – der W**a**ld die B**äu**me – der B**au**m.

ableiten

6 Leite die Wörter ab. Finde jeweils ein verwandtes Wort mit **a/au** oder **ä/äu**.
Schreibe die Wortpaare richtig in dein Heft.

> **Starthilfe**
> der Verdacht – also: verdächtig, …

verd _ chtig, _ ßerlich, kr _ ftig, h _ fig, der Verk _ fer, das Gep _ ck, aufr _ men, m _ chtig

7 Entscheide die Schreibung der im Text blau gedruckten Wörter.
Verfahre wie in Aufgabe 6. Schreibe in dein Heft.

> **Starthilfe**
> die Sprache – also: das Gespräch,

Ein ernstes **Gespr _ ch**

„Nächstes Jahr werde ich ein Praktikum machen", **erkl _ rt** Sarah ihren Eltern, „ich dachte an eine Tischlerei." „Wie kommst du denn darauf?", fragt Sarahs Vater **ungl _ big**, „in Mathe bist du doch nur **mittelm _ ßig**." „Aber sonst **f _ llt** mir nichts ein", antwortet Sarah. „Wo sind denn deine schulischen **St _ rken**?", fragt ihre Mutter. „Ich kann gut argumentieren." „Mach dein Praktikum doch in einem Geschäft und probier aus, ob du **Verk _ ferin** werden möchtest", **schl _ gt** Sarahs Vater vor.

8 Schreibe den Text vollständig in dein Heft ab.

Einige Wörter kannst du nicht ableiten. Es sind **Merkwörter**.

9 **a.** Schreibe die Wörter aus dem Kasten einmal auf die Linien.
b. Wähle drei Wörter aus. Schreibe eigene Sätze.

sich sträuben, die Gräte, vorwärts, das Gerät, gähnen, sägen, ähnlich, schräg, fähig, die Säule, sich räuspern, träge, grässlich, erwähnen

sich sträuben, ________________________________

____

Mit Wortfamilien üben

Merkwissen

Manche Wörter sind miteinander verwandt und bilden **Familien**.
Die Mitglieder einer Wortfamilie haben denselben **Wortstamm**.
Gleiche Wortstämme schreibt man meist gleich,
z. B.: be**sitz**en, er **sitz**t, die **Sitz**ung.

1 **a.** Markiere im Kasten die Wortstämme der Wortfamilien **halten** und **stürzen** mit zwei unterschiedlichen Farben.
b. Ordne die Wörter der Wortfamilien in eine Tabelle im Heft ein.

haltbar, der Sturzflug, überstürzen, der Absturz, die Haltbarkeit, haltlos, losstürzen, die Haltestelle, umstürzen, das Halteverbot, das Verhalten, einstürzen, die Haltung, der Sturzregen, abhalten, der Sturzhelm, herunterstürzen, der Aufenthalt

Starthilfe

Wortfamilien	
halten	stürzen
haltbar, ...	der Sturzflug, ...

2 **a.** Markiere im Text alle Mitglieder der Wortfamilien **nehmen** mit Blau.
b. Markiere im Text Wörter aus der Wortfamilie **binden** mit Gelb.

Teamarbeiter gesucht

Immer mehr Arbeitgeber nehmen nur Bewerberinnen und Bewerber, die teamfähig sind. Sie binden diese gern an ihre Firma, wenn sie außerdem über eine einnehmende Persönlichkeit verfügen. Die Verbindung von gutem Benehmen und Teamfähigkeit ist dabei entscheidend. Wenn die Bewerber die Stelle annehmen und ihre verbindliche Zusage geben, kommt es zur Bindung der neuen Mitarbeiter durch einen Arbeitsvertrag.

3 **a.** Ordne die markierten Wörter der Wortfamilien in eine Tabelle im Heft ein.
b. Ergänze in deiner Tabelle je fünf Wörter zu den Wortfamilien **nehmen** und **binden**. Verwende dazu die folgenden Bausteine.

ver- unter- ent- binden auf- nehmen zu- ein- an-

Starthilfe

nehmen	binden
die Vernehmung, ...	unterbinden, ...

4 **a.** Markiere im Kasten die Wortstämme -**bind**-, -**band**-, -**bund**- (-**bünd**-).
b. Lege eine Tabelle in deinem Heft an. Schreibe die Wörter nach Wortstämmen geordnet in die Tabelle.

abbinden, verbündet, der Verbund, der Einband, zubinden, unterbinden, das Halsband, linksbündig, das Fließband, zeitgebunden, das Gummiband

Starthilfe

-bind-	-band-	-bund- (-bünd-)
abbinden, ...	der Einband	verbündet, ...

5 Schreibe den Text „Teamarbeiter gesucht" in dein Heft ab.

Das kann ich! – Rechtschreibhilfen nutzen

Punkte

1 Verlängere die Wörter und schreibe beide Wörter auf die Linien.

/8 Punkte

der Erfol■ (g/k) ________________ also ________________

sie su■t (m/mm) ________________ also ________________

das Schil■ (d/t) ________________ also ________________

es kli■t (r/rr) ________________ also ________________

2 Leite die Wörter jeweils von einem verwandten Wort mit **a/au** oder **ä/äu** ab.
Schreibe beide Wörter auf die Linien.

/8 Punkte

abr■men ________________ also ________________

regelm■ßig ________________ also ________________

die S■re ________________ also ________________

das Gep■ck ________________ also ________________

3 Welche Rechtschreibhilfe kannst du anwenden?
Ordne die Buchstaben richtig zu.

/3 Punkte

es brennt ____________ A Ich suche nach einem verwandten Wort.

der Rand ____________ B Ich verlängere, ich bilde den Infinitiv.

der Verkäufer ____________ C Ich verlängere und bilde den Plural.

4 a. Ordne die Wörter in die Tabelle ein. Achte auf die richtige Schreibung.
b. Markiere in den Wörtern die Wortstämme -**bind**-, -**band**-, -**bund**- und -**nehm**-, -**nahm**-, -**nomm**-.

/10 Punkte

unverbindlich,
die Annahme,
vernehmen,
die Anbindung,
ungebunden,
das Maßband,
benommen (sein),
verbinden,
das Unternehmen,
entnehmen

Wortfamilie **binden**	Wortfamilie **nehmen**

5 a. Markiere im Text alle Wörter der Wortfamilien **ziehen**, **zog**, **gezogen** und **laufen**, **lief**, **gelaufen**.
b. Schreibe sie in dein Heft.

/8 Punkte

/8 Punkte

In der letzten langgezogenen Kurve der Laufbahn überholte sie ihre Konkurrentinnen und gewann. Für den Staffellauf musste sie sich nun schnell das Teamtrikot anziehen. Umgezogen nahm sie die vierte Position der Staffel ein. Nach der dritten Läuferin belief sich der Rückstand ihres Teams auf fast drei Sekunden, aber sie zog trotzdem noch an allen vorbei.

Gesamtpunktzahl: /45 Punkte

Großschreibung

Merkwissen

Aus Adjektiven können Nomen werden.
Die starken Wörter **alles**, **allerlei**, **etwas**, **genug**, **nichts**, **viel** und **wenig** machen's, z. B.:
gut - **alles Gute**, **schön** - **allerlei Schönes**.

1 Bilde Nomen aus den Adjektiven vom Rand.
Verwende dazu die starken Wörter aus dem Merkwissen.

nichts Gutes, ______________________________

____

~~gut~~, besonders, neu, bunt, hübsch, schlecht, falsch

2 Ergänze die Sätze mit passenden Wortgruppen.
Bilde Nomen aus den Adjektiven vom Rand.
Verwende dazu die starken Wörter aus dem Merkwissen.

Ich wünsche dir zum Geburtstag *alles* *Gute*.

Im Fernsehen kommt heute Abend __________ ______________.

In der Boutique fand Karla __________ ______________.

In der Zeitung stand __________ ______________.

Unsere Nachbarin erzählte mir __________ ______________.

~~gut~~, schön, neu, interessant, wichtig

Merkwissen

Zusammensetzungen aus **Wochentag** und **Tageszeit** werden zusammen- und großgeschrieben, z. B.: der **Montagabend**.
Nach **gestern**, **heute** und **morgen** werden Tageszeiten großgeschrieben, z. B.: morgen **Mittag**.

3 Bilde mit Wochentagen und Tageszeiten Zusammensetzungen.
Schreibe in dein Heft.

Montag, Dienstag, Mittwoch, Donnerstag, Freitag, Samstag, Sonntag,
der Morgen, der Vormittag, der Mittag, der Nachmittag, der Abend, die Nacht

Starthilfe

der Montagvormittag, ...

4 **a.** Markiere im Text alle Wortgruppen mit Tageszeiten.
b. Schreibe den Text in dein Heft ab.
Achte auf die Wortgruppen mit den Tageszeiten.

Was für eine verflixte Woche!

Gestern Abend wollte ich eigentlich ins Kino. Doch gestern Nachmittag war ich beim Sport und danach so müde, dass ich gestern Abend nur noch schlafen wollte. Dafür war ich heute Morgen richtig munter. Trotzdem kann ich erst morgen Nachmittag ins Kino gehen. Der Film, den ich sehen will, läuft nämlich heute Abend nicht. Und heute Nachmittag bin ich schon verabredet. Und morgen Abend will ich das Fußballländerspiel auf keinen Fall verpassen!

5 **a.** Schreibe den Text ab. Entscheide dabei die Schreibung der Zeitangaben.
b. Markiere alle Zeitangaben in deinem Heft.

Heute MITTAG erhielt ich eine E-Mail von meiner Cousine. Sie schreibt: „Hallo, Malik, ich komme am MITTWOCHABEND mit dem Zug an. Gestern NACHMITTAG habe ich mir noch einen Koffer gekauft. Heute ABEND packe ich und gehe früh ins Bett. Der Zug fährt morgen MITTAG und dann bin ich früh am ABEND schon bei dir. Ich freue mich. Nastasia."

Starthilfe
Heute Mittag erhielt ich eine E-Mail von meiner Cousine.
...

Merkwissen
Wörter mit den Endungen **-ung**, **-heit**, **-keit** und **-nis** sind Nomen. Sie werden großgeschrieben.

6 Schreibe die Nomen mit **-nis** und **-ung** vom Rand zu den passenden Verben. Ergänze die Artikel.

kleiden *die Kleidung* ________ entfernen ________
beschreiben ________ kreuzen ________
heizen ________ wohnen ________
ergeben ________ erleben ________

~~Kleidung~~, Wohnung, Ergebnis, Kreuzung, Entfernung, Erlebnis, Beschreibung, Heizung

7 Schreibe die Nomen mit **-heit** oder **-keit** vom Rand auf die passenden Linien. Ergänze die Artikel.

-heit: *die Wahrheit,* ________
____
-keit: ________
____

~~Wahrheit~~, Freiheit, Sauberkeit, Krankheit, Gesundheit, Sparsamkeit, Klugheit, Flüssigkeit

Merkwissen
Aus Verben können Nomen werden. Der Artikel **das** und die starken Wörter **beim**, **zum**, **im**, **am** und **vom** machen's, z. B.:
arbeiten – **das** Arbeiten / **beim** Arbeiten / **zum** Arbeiten.

8 **a.** Markiere im Text die nominalisierten Verben mit ihren Begleitern.
b. Schreibe den Text in dein Heft ab.

Meine Sneakers trage ich beim Skaten, beim Tanzen und beim Einkaufen. Zum Arbeiten, zum Wandern und zum Laufen ziehe ich lieber feste Stiefel an. Ich will schließlich vom Gehen, vom Laufen und vom Rennen keine kaputten Füße bekommen.

9 Entscheide die Groß- oder Kleinschreibung der Wörter in Großbuchstaben. Schreibe den Text richtig in dein Heft.

Das STÖBERN in der Bibliothek MACHT mir großen Spaß. Beim DURCHSEHEN der Regale kann man lustige Bücher ENTDECKEN. Wenn man sich in der Bibliothek AUSKENNT, ist das eine Hilfe beim ARBEITEN. Wenn ich z. B. zum VORBEREITEN eines Referats in die Bibliothek GEHE, finde ich immer schnell, was ich SUCHE. Das LESEN wird mir nie langweilig, ich kann im STEHEN und im SITZEN Stunden damit VERBRINGEN.

Starthilfe
Das Stöbern in der Bibliothek macht mir großen Spaß. ...

Das kann ich! – Großschreibung

Punkte

1 Ergänze die Merksätze. /9 Punkte

Wörter mit den Endungen **-ung**, -________, -______ und -______ sind Nomen.

Sie werden ________geschrieben.

Aus ________________ können Nomen werden. Die starken Wörter **alles**, **nichts**, **allerlei**, **etwas**, **genug**, **viel** und **wenig** machen's!

Aus ________________ können Nomen werden. Der Artikel ______ und die starken Wörter **beim**, **zum**, **im**, **am** und **vom** machen's!

Nach **gestern**, ____________ und ____________ werden Tageszeiten großgeschrieben.

2 Ergänze den Lückentext. /4 Punkte
Bilde dazu Nomen aus den Verben und Adjektiven in Klammern.

Peters ________________ (beschreiben) des Unfalls war spannend.

Als die ________________ (flüssig) aus dem umgestürzten Tank lief, war die ________________ (gesund) der Beteiligten durch ätzende Gase gefährdet. Es war wohl ein schlimmes ________________ (erleben).

3 **a.** Groß- oder Kleinschreibung? Entscheide die Schreibung. /9 Punkte
Ergänze die Lücken mit den Wörtern aus den Klammern.
b. Markiere nur die nominalisierten Verben. /3 Punkte
c. Unterstreiche die starken Wörter, die aus Adjektiven Nomen machen. /2 Punkte

Gestern ________________ bin ich beim ________________ fast eingeschlafen. Das ________________ heute ________________ war qualvoll. Zum ________________ gab es heute ________________ auch nichts ________________.
Aber am ________________ gibt es meine Lieblingsspeise: Spagetti!
Etwas ________________ kann ich mir gar nicht vorstellen.

ABEND,
LESEN,
AUFSTEHEN,
MORGEN,
ESSEN,
MITTAG,
LECKERES,
MITTWOCH-
MITTAG,
KÖSTLICHERES

4 Bilde Nomen mit den Adjektiven in Klammern. /8 Punkte
Ergänze passende starke Wörter vom Rand.

Bei dem Unfall ist ________ ________________ vorgefallen. (schlimm)

In letzter Zeit ist mir ________ ________________ passiert. (gut)

Beim Praktikum lernt man ________ ________________. (nützlich)

Sie möchten ________ ________________ zum Anziehen kaufen. (hübsch)

viel,
etwas,
allerlei,
nichts,
wenig

Gesamtpunktzahl: /35 Punkte

Fremdwörter

Merkwissen

Fremdwörter kann man oft an ihren **Endungen (Suffixen)** erkennen.
Viele Nomen haben die Endungen **-ie** oder **-ität**.
Viele Adjektive haben die Endung **-(i)ell**.

1 Markiere in den Fremdwörtern die Endungen.
Du kannst unterschiedliche Farben verwenden.

die Chemie, offiziell, die Qualität, die Theorie, generell, die Universität, die Spezialität, speziell, die Demokratie, die Realität, die Biologie, finanziell, die Fantasie, die Aktivität, aktuell

2 **a.** Ordne die Fremdwörter in die folgende Tabelle.
Denke bei den Nomen an die Artikel.
b. Ergänze in jeder Tabellenspalte ein weiteres Fremdwort.

Nomen auf **-ie**	Nomen auf **-ität**	Adjektive auf **–(i)ell**
die Chemie, ______	______	______
______	______	______
______	______	______
______	______	______
______	______	______
______	______	______

3 Ergänze die Sätze mit passenden Fremdwörtern vom Rand.
Manchmal musst du die Endungen anpassen oder die Artikel weglassen.

die Qualität,
die Fantasie,
die Biologie,
die Demokratie,
industriell,
finanziell

Bei einer Ware ist die ______ besonders wichtig.

Der ______ sind keine Grenzen gesetzt.

Das Fach ______ beschäftigt sich mit dem Aufbau, den Funktionen und dem Verhalten von Lebewesen, zum Beispiel von Pflanzen.

Deutschland ist keine Diktatur, sondern eine ______.

Viele Produkte werden in Fabriken ______ hergestellt.

Meist suchen beide Geschäftspartner ______ Vorteile bei einem Geschäft. Im Idealfall glauben beide, dass sie Gewinn gemacht haben.

Z **4** Erkläre die folgenden drei Fremdwörter. Schreibe in dein Heft.
- Verwende für die Erklärungen keine Fremdwörter.
- Du kannst Wörterbücher, Lexika oder das Internet nutzen.

die Theorie, generell, die Realität

Merkwissen

Fremdwörter mit v: Viele Wörter, die mit **v** beginnen, sind Fremdwörter, z. B.: **die Violine** = die Geige.

5 Welche Bedeutung haben die Fremdwörter mit **v** am Rand? Schreibe sie mit Artikeln zu den passenden Bedeutungen auf die Linien. Bei Zweifeln kannst du ein Lexikon verwenden.

der Pflanzenwuchs – ______

ein Blutgefäß – ______

eine Absperrvorrichtung – ______

ein Lüfter – ______

lebenswichtige Nahrungsbestandteile – ______

veränderlich – ______

luftleerer Raum – ______

Selbstlaut – ______

ein Feuerberg – ______

Erscheinung – ______

Tätigkeitswort – ______

Rauminhalt – ______

das Ventil,
die Vegetation,
die Vene,
variabel,
die Vitamine,
der Ventilator,
das Verb,
das Vakuum,
der Vulkan,
der Vokal,
das Volumen,
die Vision

6 Schreibe alle Fremdwörter aus der Aufgabe noch einmal auf.

die Vegetation, ______

______

______

______

7 Ergänze die Sätze mit passenden Fremdwörtern aus den Aufgaben 5 und 6.

Der Regenwald zeichnet sich durch eine üppige ______ aus.

Der Feuerberg Vesuv in der Nähe der Stadt Neapel ist ein ______.

Bei sommerlicher Hitze verschafft ein ______ Kühlung.

Wenn der Reifen am Fahrrad platt ist, kann das ______ kaputt sein.

Unsere Ernährung sollte ausreichend viele ______ enthalten.

Der Fachausdruck für den Rauminhalt eines Körpers ist ______.

Ein zum Herzen führendes Blutgefäß wird ______ genannt.

Die Buchstaben a, e, i, o und u sind ______.

Manche Menschen haben nachts Träume und tagsüber ______.

Die Teile einer Einbauküche können ______ zusammengesetzt werden.

Im Nebensatz steht das gebeugte ______ am Ende.

Ein luftleerer Raum ist ein ______.

Der Vulkan Vesuv bei Neapel in Italien

Merkwissen

Verben auf -ieren: Viele von Fremdwörtern abgeleitete Verben enden auf **-ieren**, z. B.: **transportieren** (von: der **Transport**).

8 Schreibe jedes Verb mit **-ieren** zusammen mit dem passenden Nomen aus dem unteren Kasten in dein Heft.

Starthilfe
produzieren – die Produktion,
organisieren – ...

produzieren, organisieren, dokumentieren, interpretieren, protestieren, reparieren, rationieren, kritisieren, programmieren, funktionieren, tolerieren, informieren, fantasieren, riskieren

die Fantasie, die Information, die Produktion, das Programm, die Toleranz, das Risiko, das Dokument, die Organisation, der Protest, die Kritik, die Interpretation, die Reparatur, die Ration, die Funktion

9 Ergänze passende Verben mit **-ieren** aus Aufgabe 9.

Berufsberater ____________________ uns regelmäßig in der Schule.

Andere Meinungen seiner Mitmenschen sollte man ________________.

Diesen Computer solltest du neu ____________________ und danach

würde er vermutlich wieder viel besser ______________________.

Fehlentscheidungen sollte man ________________ – aber bitte sachlich.

Z **10** Schreibe mit drei weiteren Verben aus Aufgabe 9 eigene Sätze in dein Heft.

Das kann ich! – Fremdwörter

Punkte

1 Ergänze die Merksätze. /5 Punkte

Viele Fremdwörter, die **Nomen** sind, haben die Endungen _____ und _____.

Viele Fremdwörter, die **Adjektive** sind, haben die Endung ________.

Viele von Fremdwörtern abgeleitete __________ enden auf -__________.

2 **a.** Ergänze zu vier Fremdwörtern passende Verben vom Rand. /4 Punkte
b. Ergänze zu den letzten zwei Nomen selbst passende Verben auf **-ieren**. /4 Punkte

motivieren,
ventilieren,
aktivieren,
protokollieren

aktiv – ____________________ das Ventil – ____________________

das Motiv – ____________________ das Protokoll – ____________________

die Funktion – ____________________ die Station – ____________________

3 Schreibe zu folgenden Verben verwandte Nomen mit Artikeln auf. /4 Punkte

informieren – ____________________ kritisieren – ____________________

4 Ordne den Bedeutungen passende **Fremdwörter mit v** vom Rand zu. /2 Punkte

das Volumen,
die Vegetation

Pflanzenwuchs – ____________________ Rauminhalt – ____________________

Gesamtpunktzahl: ____ / 19 Punkte

Getrenntschreibung

Merkwissen

Die Wortgruppen **Nomen** + **Verb** und **Verb** + **Verb** werden in der Regel **getrennt** geschrieben, z. B.:
Heute wollen wir **Rad fahren**. Ich möchte lieber **spazieren gehen**.

1 Im folgenden Text sind Getrenntschreibungen mit Nomen hervorgehoben.
a. Markiere im Text zusätzlich alle Verbindungen aus zwei Verben blau.
b. Übertrage alle Getrenntschreibungen aus dem Text in die folgende Tabelle.

Bettys Praktikum

Betty machte ihr Praktikum in einem Krankenhaus. Sie konnte auf dem Hin- und Rückweg **Rad fahren**. Während der drei Wochen musste sie den Anordnungen der Schwestern **Folge leisten** und durfte nichts falsch machen. Die Patienten sollten viel spazieren gehen. Betty musste sie begleiten und oft mit ihnen stehen bleiben. Andere wollten der Praktikantin nicht lästig werden und gingen lieber allein. In der letzten Woche durfte Betty die Kinderabteilung kennen lernen. Die Arbeit mit den Kindern fand sie ganz toll. Schade, dass alles so schnell vorbei war.

Nomen + Verb	Verb + Verb
Rad fahren,	

2 Ordne die folgenden Getrenntschreibungen in die Tabelle unter Aufgabe 1.

Ski laufen, sitzen bleiben, Alarm schlagen, stehen bleiben, Maß halten, laufen lassen, Feuer fangen, hängen bleiben, Auto fahren, Schlange stehen, Bus fahren, Not leiden, liegen lassen

3 **a.** Markiere in den folgenden Lückensätzen jeweils eine Getrenntschreibung.
b. Ergänze in jeder Lücke eine passende Getrenntschreibung aus Aufgabe 2.
c. Schreibe selbst zwei Sätze mit je einer Getrenntschreibung auf die Linien.

A Wenn wir Bus fahren, sollten wir beim Aussteigen nichts liegen lassen.

B Wenn wir Auto fahren, müssen wir lange Zeit ______

C Wenn wir Ski laufen, dürfen wir nicht mitten auf der Piste ______

D Wenn wir leicht Brennbares liegen lassen, kann es ______

4 Schreibe den Text „Bettys Praktikum" in dein Heft.

Merkwissen

Wortgruppen aus **Adjektiv + Verb** schreibt man in der Regel **getrennt**, z. B: **ruhig bleiben**.

5 Ergänze passende Wortgruppen aus **Adjektiv + Verb** vom Rand.

richtig machen,
lästig werden,
übrig bleiben,
rückgängig machen

Bei den Hausaufgaben möchte Peter alles ______ ______.

Wie viele Spagetti werden für mich wohl ______ ______?

______ ______ möchte ich durch meinen Besuch auf keinen Fall.

Der Schritt war falsch, den solltest du ______ ______.

Merkwissen

Wortgruppen mit **sein** schreibt man **getrennt**, egal, welches Wort vor **sein** steht, z. B.: **an sein**, **aus sein**.

6 Ergänze im Text passende Wortgruppen mit **sein** vom Rand.

~~dabei sein~~,
vorbei sein,
gut sein,
aus sein,
glücklich sein

Wird Markus weiterhin dabei sein **?**

Nach dem verlorenen Spiel dachte Markus, jetzt würde alles ______ ______.

Wegen des vergebenen Elfmeters könnte er nie wieder ______ ______.

Doch der Trainer tröstete ihn und meinte, gar nichts würde ______ ______

und schon bald würde alles wieder ______ ______.

Z **7** Schreibe mit allen Wortgruppen aus Aufgabe 6 eigene Sätze in dein Heft.

Das kann ich! – Getrenntschreibung

Punkte

1 Welche Wortgruppen mit Verben werden in der Regel **getrennt** geschrieben? Ergänze den Merksatz. /6 Punkte

Wortgruppen aus zwei ______, Wortgruppen aus **Nomen + Verb** und ______ **+ Verb** sowie Wortgruppen **mit** ______ schreibt man meist getrennt.

2 a. Markiere im Text alle Wortgruppen aus **Nomen + Verb** blau. /3 Punkte
b. Markiere alle Wortgruppen aus **zwei Verben** rot. /3 Punkte

„Wollen wir heute Ski fahren?", fragte mich Tina nach der Schule. „Ach, nein", antwortete ich, „am Lift muss man so lange Schlange stehen und während der Fahrt dann auch noch stehen bleiben. Lass uns lieber Schlitten fahren oder spazieren gehen. Da können wir vielleicht auch jemanden kennen lernen."

3 Ergänze in Satz A drei **Wortgruppen aus Adjektiv + Verb** und in den Sätzen B drei **Wortgruppen mit sein** vom Rand. /6 Punkte

aus sein,
richtig machen,
ruhig bleiben,
vorbei sein,
nervös werden,
an sein

A Du solltest in der Prüfung ______ ______ und nicht vor Aufregung ______ ______ – dann wirst du bestimmt alles ______ ______.

B Tagsüber soll das Licht nicht ______ ______, sondern es muss ______ ______.
Merkt euch das, weil es mit der billigen Energie bald ______ ______ wird.

Gesamtpunktzahl: /18 Punkte

Wörter mit h

Merkwissen

Bei einigen Wörtern steht nach einem lang gesprochenen Vokal oder Umlaut ein **h**. Allerdings nur vor den Konsonanten **l**, **m**, **n** und **r**, z. B.:

Stu**h**l — langer Vokal vor l

ä**h**nlich. — langer Umlaut vor n

In den meisten Wörtern folgt nach einem langen Vokal **kein h**.

1 Markiere das **h** nach langem Vokal in den Wörtern im Kasten.

allmählich, die Bahn, belohnen, berühmt, bezahlen, ehrlich, erzählen, fahren, das Fahrrad, der Fehler, fühlen, die Gefahr, das Gefühl, ihm, ihn, ihr, das Jahr, die Lehrerin, mehr, nehmen, ohne, das Ohr, sehr, stehlen, der Stuhl, die Uhr, ungefähr, der Verkehr, wählen, wahr, während, wahrscheinlich, wohl, wohnen, die Wohnung, die Zahl, zählen, der Zahn, zehn, zahm

2 Schreibe die Wörter aus Aufgabe 1 auf die Linien.

allmählich,

3 Schreibe die Wörter aus Aufgabe 1 in die passenden Spalten der Tabelle.

h nach langem Vokal ...

... vor l	... vor m	... vor r
allmählich,		
	... vor n	

4 Wähle fünf Wörter aus. Schreibe eigene Sätze in dein Heft.

5 a. Schreibe vier eigene Sätze in dein Heft.
Verwende in jedem Satz mindestens ein Wort mit **h** nach langem Vokal.
b. Markiere das **h** nach langem Vokal in deinen Sätzen.

Starthilfe
Ich fahre jeden Morgen mit dem Bus in die Stadt. ...

6 a. Ergänze passende Wörter aus der Randspalte.
b. Schreibe den Text in dein Heft ab.
c. Markiere die Wörter mit **h** nach langem Vokal in deinem Heft.

Vor dem Praktikum

Vor der Bewerbung solltest du Folgendes in _Erfahrung_ bringen:

Wo befindet sich der Praktikumsplatz? Muss ich weit __________ ?

Wie komme ich hin, mit öffentlichen __________________, mit dem ______________ oder zu Fuß?

Was wird von mir verlangt? Bei einem ______________ wirst du nicht ______________ dürfen, bei einem ______________ nicht gleich verkaufen.

Mit welchen Arbeitsmitteln oder Werkzeugen werde ich arbeiten?

__________________ kann ich Geräte noch gar nicht bedienen.

Welche Bedingungen finde ich vor? Muss ich __________ viel arbeiten?

Also, sich besser vorher informieren als sich später ärgern!

~~Erfahrung,~~
Zahnarzt,
Uhrmacher,
sehr,
fahren,
wahrscheinlich,
Verkehrsmitteln,
Fahrrad,
bohren

Das kann ich! – Wörter mit h

Punkte

1 Ergänze den Merksatz. — /4 Punkte

Bei einigen Wörtern steht nach einem ________ gesprochenen Vokal oder Umlaut ein **h**. Allerdings nur vor den Konsonanten **l**, ____, ____ und ____.

2 a. Ergänze den Lückentext mit passenden Wörtern vom Rand. — /6 Punkte
b. Markiere im Text ein Wort mit zwei **h** nach jeweils langem Vokal. — /1 Punkt

Kevin Müller, 18 Jahre, erstes Lehrjahr, erzählt:

Nach der Realschule habe ich mit dem __________________ begonnen, weil mein ______________ meinte, ich solle mir die Berufswahl genau überlegen. Ich bin auch zu Hause ausgezogen und habe für meine erste ______________ Möbel gesucht. Weil gute Möbel ________ teuer waren, habe ich selber Möbel gebaut. Das hat mir __________________ gut gefallen und ich habe daraufhin den Beruf des Tischlers ______________.

gewählt,
Lehrer,
Berufsgrundschuljahr,
Wohnung,
sehr,
unwahrscheinlich

Gesamtpunktzahl: /11 Punkte

Wörter mit wider

Merkwissen

Das Wort **wider** hat die Bedeutung „**gegen**“, „**dagegen**“, „**entgegen**“, z. B.: Du sollst mir nicht **widersprechen**.

1 a. Markiere in den folgenden Wörtern **wider**.
b. Ordne die Wörter nach Wortarten in die Tabelle unten ein.
Denke bei den Nomen an die Artikel.

die Widerrede, widerlich, widerfahren, der Widersacher, widerlegen, widerwillig, der Widerstand, widerstandsfähig, widerstehen, anwidern, widersprechen, widerwärtig, der Widerspruch, das Widerwort, die Widerstandskraft, widerstandslos, widerrufen, widersetzen, widersprüchlich, erwidern, widerstreben, widerspenstig, der Widerwille, der Widerruf, widerrechtlich, unwiderstehlich, der Widersinn

Wörter mit wider

Nomen	Verben	Adjektive
die Widerrede,		

2 Schreibe die Wörter vom Rand hinter die passenden Worterklärungen.

die Gegenrede: *die Widerrede*

abscheulich: ______

zustoßen: ______

antworten / entgegnen: ______

der Gegner: ______

gegen das Gesetz: ______

schwer zu bändigen: ______

der Gegensinn: ______

das Gegenteil beweisen: ______

~~die Widerrede,~~
widerfahren,
erwidern,
widerrechtlich,
der Widersacher,
widerlich,
der Widersinn,
widerlegen,
widerspenstig

3 Schreibe mit drei Wörtern mit **wider** je einen Satz in dein Heft.

4 **a.** Ergänze den Text mit passenden Wörtern vom Rand.
b. Schreibe den Text in dein Heft ab.

Gestern ist mir eine komische Geschichte ______________ . Eine maskierte Mickymaus sprang mir in den Weg und rief: „Hände hoch! Jeder ______________ ist zwecklos." Sie hielt eine Banane in der Hand und ihre ______________ Haare flogen im Wind. Zuerst war ich etwas überrumpelt, aber dann konnte ich nicht ______________ und biss in die Banane. Die Mickymaus stieß vor Schreck einen spitzen Schrei aus und versuchte erfolglos, ihre Banane aus meinem Biss zu befreien. ______________ überließ mir die Mickymaus schließlich die Banane. Offensichtlich frustriert verschwand mein ______________ daraufhin sofort, und so hatte ich keine Gelegenheit mehr, etwas zum Dank zu ______________ .

erwidern,
widerspenstigen,
widerstehen,
widerfahren,
Widersacher,
Widerstand,
widerwillig

Das kann ich! – Wörter mit wider

Punkte

1 Ergänze den Merksatz. ☐ /3 Punkte

Das Wort **wider** hat die Bedeutung „________“, „________“, „________“.

2 Schreibe passende Wörter mit **wider** vom Rand hinter die Worterklärungen. ☐ /4 Punkte

die Gegenrede: ______________________________

kampflos: ______________________________

antworten: ______________________________

störrisch: ______________________________

widerspenstig,
widerstandslos,
erwidern,
die Widerrede

3 Ergänze die Sätze mit passenden Wörtern vom Rand. ☐ /7 Punkte

A Der Verbrecher ließ sich ______________ festnehmen. Er hatte erkannt, dass jeder ______________ sinnlos war.

B „Da muss ich dir aber ______________“, sagte Alessandro, der anderer Meinung war.

C „Ich weiß nicht, was ich darauf ______________ soll. Ich bin sprachlos“, sagte sie überrascht.

D „Du glaubst nicht, was mir heute ______________ ist, als ich in den Bus steigen wollte!“, erzählte er seiner Kollegin.

E „Na gut, wenn es unbedingt sein muss“, sagte sie ______________ .

F „Der Kuchen sah so lecker aus, da ich konnte ich einfach nicht ______________“, sagte er mit schuldbewusstem Gesicht.

erwidern,
widerwillig,
Widerstand,
widerstehen,
widerstandslos,
widersprechen,
widerfahren

Gesamtpunktzahl: ☐ /14 Punkte

Komma in Satzgefügen

Merkwissen

In einem **Satzgefüge** werden **Nebensätze** (NS) vom **Hauptsatz** (HS) durch **Komma** abgetrennt. Am Anfang des Nebensatzes steht häufig eine Konjunktion, z. B. **als, weil, dass, obwohl**.
Als ich sie sah, schlug mein Herz schneller.
Konj. NS HS

1 **a.** Setze in den Satzgefügen die fehlenden Kommas.
b. Kreise die Konjunktion ein und markiere das Komma.
c. Unterstreiche die Nebensätze einmal und die Hauptsätze zweimal.

A Als sie mit den Hausaufgaben fertig war, lief Sophie zu ihrer Freundin.

B Wenn der Wecker klingelt ist Kevin meistens schon von selbst aufgewacht.

C Weil ich müde bin werde ich heute im Bett nicht mehr lesen.

D Dass ich heute nicht gut Fußball gespielt habe weiß ich selbst.

E Obwohl ihre Mutter viel arbeitet möchte Maria Industriekauffrau werden.

2 Der folgende Text enthält vier Satzgefüge.
Dreimal steht der Nebensatz vor dem Hauptsatz und einmal dahinter.
a. Kreise die Konjunktionen ein und markiere das Komma.
b. Unterstreiche die Nebensätze einmal und die Hauptsätze zweimal.
c. Schreibe die Satzgefüge in dein Heft ab.

Irinas erster Tag im Praktikum

Weil sie pünktlich um 7:30 Uhr im städtischen Kindergarten sein muss, steht Irina am Montagmorgen sehr früh auf. Sie läuft rasch zur Bushaltestelle. Als sie im Kindergarten ankommt, wird sie von der Leiterin freundlich begrüßt. Dann geht sie in eine Gruppe. Obwohl Irina den Kindern eine Geschichte vorliest, ist es in der Gruppe sehr laut. „Ich zeige dir etwas", sagt die Kindergärtnerin zu ihr. „Heb einfach die Hand und warte. Die Kinder kennen das." Nachdem Irina den Rat befolgt hat, wird es ganz leise im Raum. Da freut sich die Praktikantin.

3 Schreibe eigene Satzgefüge mit den folgenden Konjunktionen auf.
Stelle den Nebensatz immer nach vorne. Denke an die Kommas.

(als) Als ich beim Einkaufen war, habe ich eine Neuigkeit erfahren.

(wenn) ______

(weil) ______

(obwohl) ______

(nachdem) ______

(solange) ______

Komma in Aufzählungen

Merkwissen

Die Teile einer **Aufzählung**, die nicht durch **und/oder** verbunden sind, werden durch **Komma** voneinander getrennt.
Aufzählungen können bestehen aus:
- **Wörtern**: Mathe**,** Deutsch**,** Sport und Bio sind meine Lieblingsfächer.
- **Satzteilen**: Zu einer schriftlichen Bewerbung gehören das Bewerbungsschreiben**,** der Lebenslauf**,** ein Foto und eine Zeugniskopie.
- **Sätzen**: Beim Schulfest führte meine Klasse morgens ein Theaterstück auf**,** nachmittags öffneten wir eine Losbude und abends verkauften wir heiße Würstchen.

1 Markiere die Kommas in den folgenden Aufzählungen.

Ich hätte gern ein Eis mit Erdbeere, Vanille, Schokolade und Nuss.
Sie hat drei Freundinnen, zwei Fahrräder und einen Hund.
Wir lernen morgens in der Schule, du schläfst den ganzen Tag auf dem Sofa und nachts triffst du dich draußen mit den anderen Katzen.

2 Setze die fehlenden Kommas und unterstreiche alle aufgezählten Wörter.

Kartoffeln, Reis Nudeln und Brot sind Nahrungsmittel.

Am liebsten esse ich Bohnen Linsen Artischocken und Möhren.

Jeans Karohemd Sonnenbrille und Sneakers trage ich besonders gerne.

3 Setze die fehlenden Kommas und unterstreiche alle aufgezählten Satzteile.

Für meine Reise packe ich vier T-Shirts, zwei Hosen einen Pullover sechs Unterhosen und fünf Paar Socken in meinen Koffer ein.
Montags haben wir um acht Uhr Englisch um neun Uhr dreißig Mathe um zehn eine Doppelstunde Deutsch und um Viertel vor zwölf Chemie.

4 **a.** Setze die fehlenden Kommas und unterstreiche alle aufgezählten Sätze.
Tipp: Markiere Zeitangaben in den aufgezählten Sätzen.
b. Schreibe die Sätze in dein Heft ab. Denke an die Kommas.

In den Ferien schwamm ich jeden Morgen im Meer, nachmittags spielte ich mit meinen Freunden am Strand Fußball und abends trafen wir uns in einer Disko.

Nachmittags fahre ich oft alleine und sehr schnell Fahrrad manchmal basteln wir auch in der Werkstatt meines Vaters Holzspielzeug für die kleinen Cousins gelegentlich gehe ich mit Freunden Eis essen und langweilen tue ich mich nie.

5 Schreibe drei eigene Sätze mit Aufzählungen auf die Linien.

Komma bei dass-Sätzen

Merkwissen

Nach Verben des Sagens, Denkens und Meinens folgen oft **dass**-Sätze.
Der **dass**-Satz wird durch ein Komma vom Hauptsatz abgetrennt, z. B.:
Sie hofft, **dass** ihr Freund auf sie wartet.

1 a. Unterstreiche in dem Text die **dass**-Sätze.
b. Setze die fehlenden Kommas.
c. Kreise die Konjunktion **dass** ein und markiere die Kommas.

Die Lehrerin sagt, dass die Berufsberaterin bald komme. Sie meint dass die Klasse Beratungsbedarf habe. Wir sollen das Klassenzimmer dafür aufräumen. Tags darauf erfahren wir dass die Berufsberaterin erkrankt ist. Die Schülerinnen und Schüler sind enttäuscht dass die Beratung ausfällt. Dass dafür jetzt Unterricht stattfindet erfahren sie am Schwarzen Brett.

2 Ergänze die Hauptsätze mit passenden dass-Sätzen. Denke an die Kommas.

Ich glaube, dass wir heute noch eine Überraschung erleben werden.

Du ahnst ______.

Er weiß doch ______.

Sie denkt ______.

Es steht doch fest ______.

Wir werden beweisen ______.

Ihr werdet sehen ______.

Sie bezweifeln ______.

3 a. Ergänze die folgenden Satzanfänge mit **dass-Sätzen**.
Tipp: Das gebeugte Verb musst du im **dass-Satz** ans Ende stellen.
b. Markiere das Komma mit Blau, das Verb mit Rot und kreise **dass** ein.

Ira meint ... (Sascha und Mahmut sollen ihren Müll nicht auf den Boden werfen.)

Ira meint, dass Sascha und Mahmut ihren Müll nicht auf den Boden werfen sollen.

Sascha behauptet ... (Sie sammeln das nachher selbst auf.)

______

Mahmut ergänzt ... (Ohne den Müll ist ihr Aufräumdienst nicht sinnvoll.)

______

Ira denkt ... (Die zwei nehmen ihren Strafdienst immerhin mit Humor.)

______

Das kann ich! – Kommas setzen

Punkte

1 Ergänze die folgenden Merksätze. /7 Punkte

Ein Satz, der aus einem ____________ (HS) und einem ____________ (______) besteht, heißt **Satzgefüge**. Der NS wird durch ein ____________ vom HS abgetrennt.

Die Teile einer ____________, die nicht durch **und/oder** verbunden sind, werden durch ____________ voneinander getrennt.

Nach Verben des Sagens, Denkens und Meinens folgen oft ____________.

2 Unterstreiche in dem Satzgefüge den Nebensatz und setze das Komma. /2 Punkte

Weil es im Sommer sehr heiß war bekamen die Schüler an manchen Tagen hitzefrei.

3 Setze in den Sätzen die fehlenden Kommas. /6 Punkte

Zum Abendessen gab es Brot Käse Aufschnitt und Tee.

Gestern Morgen war ich in der Schule nachmittags ging ich zum Schwimmen ins Freibad und abends traf ich mich mit meiner Clique.

Ich kaufe für das Mittagessen eine Packung Nudeln ein Pfund Gehacktes eine Zwiebel ein Stück Parmesankäse und ein Glas Tomatensoße.

4 Unterstreiche in den Satzgefügen die **dass**-Sätze und setze die Kommas. /4 Punkte

Ich will dir gern glauben dass du für den Test gelernt hast.

Bist du mir noch böse dass ich das neue Buch verloren habe?

Unser Lehrer meint dass du heute in Hochform bist.

Dass er dabei gezwinkert hat war zu dumm.

5 a. Setze im Text alle fehlenden Kommas. /9 Punkte
b. Markiere die Konjunktion **dass**. /3 Punkte
c. Kreise die Konjunktionen ein, die Nebensätze einleiten. /3 Punkte
d. Unterstreiche die Aufzählungen. /7 Punkte

Die Erfindung des Heißluftballons

Die Gebrüder Montgolfier aus Frankreich sind die Erfinder des Heißluftballons. Nicht viele Menschen wissen heute dass die ersten Passagiere eines Ballons ein Hammel eine Ente und ein Hahn waren. Nachdem die Tiere das Experiment überlebt hatten erlaubte der König Ludwig XVI. einen Aufstieg mit Menschen. Als dann der Ballon am 21. November 1783 in die Luft stieg brachen alle anwesenden Personen in Jubel aus. Der Ballon wurde mit ölgetränktem Holz Papier feuchtem Stroh und Stoff befeuert. Damals dachte man nämlich fälschlicherweise dass der Rauch für den Auftrieb sorgte. Also verbrannte man stark rauchendes Material. Wenig später entdeckte man jedoch dass die heiße Luft den Ballon aufsteigen lässt. Heute ist das Fliegen selbstverständlich denn die Menschen wollen ohne großen Zeitverlust riesige Entfernungen überwinden.

Gesamtpunktzahl: /45 Punkte

Wortart: Pronomen

Merkwissen

Die **Personalpronomen ich, du, er, sie, es, wir, ihr, sie** kannst du für Personen, Lebewesen und Dinge einsetzen.
Possessivpronomen zeigen an, wem etwas gehört. Sie können im Singular und im Plural stehen, z. B.: **mein/meine, dein/deine, sein/seine, ihr/ihre, ...**
Mit den **Demonstrativpronomen dieser/diese/dieses, jener/jene/jenes** kann man auf etwas zeigen oder hinweisen.

Personalpronomen in der indirekten Rede
➤ S. 37, 71–72

Relativpronomen
➤ S. 80, 95

Mit Pronomen vermeidest du unnötige Wiederholungen.

1 Überarbeite den Text. Schreibe in dein Heft.
a. Ersetze im Teil 1 die markierten Wörter und Wortgruppen durch passende Personalpronomen vom Rand.
b. Ersetze im Teil 2 die markierten Wörter und Wortgruppen durch passende Possessivpronomen vom Rand.
c. Markiere alle Pronomen in deinem Heft.

Starthilfe

Marvin kann in den Sommerferien nicht mit seinen Eltern verreisen. Sie müssen sich um die Großmutter kümmern. ...

Ferien an der Nordsee – Teil 1

Teil 1: Marvin kann in den Sommerferien nicht mit seinen Eltern verreisen. Die Eltern müssen sich um die Großmutter kümmern, denn die Großmutter ist gerade im Krankenhaus. Marvin versteht, dass die Großmutter nun wichtiger ist, aber traurig ist Marvin doch, denn Marvin hatte sich so auf den Urlaub gefreut. Seine Mutter tröstet Marvin. Die Mutter verspricht Marvin, dass Marvin trotzdem Ferien machen darf. Der Mutter ist etwas Tolles eingefallen ...

Teil 2: Marvins Mutter erlaubt ihm, dass er zusammen mit Marvins Cousine Vanessa und Vanessas Eltern in die Ferien fährt. Vanessa und Vanessas Eltern wollen die Ferien im Ferienhaus von Vanessas Eltern an der Nordsee verbringen und viel Fahrrad fahren. Marvin möchte daher unbedingt Marvins Fahrrad mitnehmen. Allerdings muss er Marvins Fahrrad zuvor noch reparieren.

er (3 x),
sie (Singular) (2 x),
sie (Plural),
ihr, ihn, ihm

sein (2 x), seine,
seiner, ihren,
ihre, ihrem

2 **a.** Markiere im folgenden Text die Personal- und die Possessivpronomen.
b. In diesem Text gibt es auch zwei Demonstrativpronomen. Kreise sie ein.
c. Auf welches Nomen beziehen sich die Demonstrativpronomen jeweils? Zeichne einen Pfeil zu den Nomen, auf die sie sich beziehen.

Die Fahrradreparatur

Marvin und sein Onkel schauen sich gemeinsam das Fahrrad an. Dieses ist noch nicht alt, aber es hat oft draußen gestanden. Marvin entfernt den Rost an den Speichen. Sie sind teilweise schon etwas verbogen. Sein Onkel überprüft die Bremsen. Diese funktionieren nicht mehr gut. Deshalb tauscht er sie aus. Marvin ist sehr dankbar, und sein Onkel freut sich, dass er ihm helfen konnte.

Wortart: Verb

Wiederholung: Präteritum, Plusquamperfekt und Futur

In informierenden Texten verwendest du besonders oft die Zeitformen Präteritum, Plusquamperfekt (Vorvergangenheit) und Futur.

1 **a.** Markiere im Text alle Verben.
b. Schreibe die Verben jeweils zu der passenden Zeitform.
Tipp: Drei der Zeitformen bestehen aus jeweils zwei Verben.

Geschichte und Zukunft der Solarenergie – Teil 1

Der französische Physiker Alexandre Edmond Becquerel entdeckte 1839 zusammen mit seinem Vater den fotoelektrischen Effekt oder kurz Fotoeffekt. Damit erkannte er die Voraussetzungen für die Solarzellen von heute. Allerdings hatte es eine passive Nutzung der Sonneneinstrahlung schon viel früher gegeben. So hatten zum Beispiel schon die alten Ägypter den Sonnenstand bei Hausbauten berücksichtigt. In Zukunft wird man mehr Sonnenenergie nutzen.

Alexandre Edmond Becquerel

Präteritum: _entdeckte_, ________________

Plusquamperfekt: ____________ ________________,

__________ ____________ Futur: __________ ____________

2 Wie werden die Zeiten Plusquamperfekt und Futur gebildet?
Ergänze die folgenden Merksätze richtig mit den beiden Begriffen.

Das ________________ bildest du mit dem **Präteritum** von **haben** oder **sein** und dem **Partizip Perfekt (Partizip II)**. Das ________________ bildest du mit dem **Präsens** von **werden** und dem **Infinitiv**.

3 Ergänze die Verben vom Rand in den in Klammern angegebenen Zeitformen.

Geschichte und Zukunft der Solarenergie – Teil 2

Man _begann_ **(Präteritum)** erst im 20. Jahrhundert, Solarzellen aus Silizium herzustellen, obwohl Wissenschaftler das Prinzip der Solarzellen schon im 19. Jahrhundert ____________ __________ **(Plusquamperfekt)**. Im Laufe des 20. Jahrhunderts ____________________ **(Präteritum)** man die Technik zwar immer weiter, aber lange Zeit __________ **(Präteritum)** sie kaum Verbreitung. Damals __________ **(Präteritum)** andere Energieträger noch günstig. Als jedoch mit der Ölkrise das Erdöl immer teurer wurde, ____________ **(Präteritum)** man sich allmählich für Solarenergie. Heute nimmt man an, dass bis zum Jahr 2030 die Solarenergie etwa 10 Prozent des weltweiten Strombedarfs __________ __________ **(Futur)**. Besondere Vorteile __________ diese Entwicklung für solche Gegenden der Welt mit sich ____________ **(Futur)**, die bisher nicht an ein Stromnetz angeschlossen sind.

~~beginnen,~~
entdecken,
entwickeln,
finden,
sein,
(sich) interessieren,
decken,
(mit sich) bringen

Eine mit Solarenergie betriebene Wasserpumpe

Das Passiv

Merkwissen

Das **Passiv** beschreibt, wenn etwas mit einer Person oder einem Gegenstand getan wird. Die Tätigkeit ist wichtig, nicht, wer sie ausführt. Deshalb wird die handelnde Person im Passiv meist nicht genannt.
Das Passiv wird mit einer Form von **werden** und dem **Partizip Perfekt (Partizip II)** gebildet, z. B.: Das Haus **wird abgerissen**.
Form von werden + Partizip Perfekt (Partizip II)

1 a. Markiere im folgenden Text alle Verbformen im Passiv.
b. Schreibe die markierten Verbformen auf die Linien darunter.

Umbau der Bahnhofstraße

Nach langer Diskussion wird seit letzter Woche die viel befahrene Bahnhofstraße endlich in eine Fußgängerzone umgewandelt. Der alte Asphalt wird jetzt durch gepflasterte Wege ersetzt. Seit gestern werden bereits die ersten Bäume gepflanzt und Sitzbänke werden aufgestellt. Auch an die Kinder wird gedacht: An zwei Stellen stehen ihnen bereits Spielgeräte zur Benutzung frei. So wird nicht nur eine Einkaufsmeile, sondern auch ein Platz zum Ausruhen geschaffen.

wird umgewandelt, ______________________

____

____

Wenn die Tätigkeit wichtiger ist als die handelnde Person, verwendest du oft das Passiv.

2 a. Streiche in den Sätzen die handelnde Person oder Personengruppe durch.
Tipp: Frage mit **Wer?** (**Was?**) nach dem **Subjekt** und streiche es durch.
b. Markiere die Verben.
c. Schreibe die Sätze im Passiv auf die Linien.
- Lasse dabei die handelnden Personen weg.
- Verwende die Partizip-Perfekt-Formen vom Rand.
d. Markiere in deinen Sätzen die Verbformen im Passiv.

mehr zu Satzgliedern im Wissenswerten ➤ S. 96

A ~~Der Postbote~~ bringt die Post um 10 Uhr.
Die Post wird um 10 Uhr gebracht.

B Der Hausmeister öffnet die Schule um 7:30 Uhr.
____

C Das Parlament verabschiedet das Gesetz noch vor der Sommerpause.
____

D Alle Anwohner und Besucher feiern am Samstag das Straßenfest.
____

E Die Lehrkräfte verteilen am Freitag in der dritten Stunde die Zeugnisse.
____

F Der Kranke nimmt jeden Abend eine Tablette.
____

Partizip Perfekt
gebracht,
geöffnet,
verabschiedet,
gefeiert,
verteilt,
genommen

Einen Versuch im Passiv beschreiben

Das Passiv verwendest du auch in Versuchsbeschreibungen.

1 **a.** Lies die folgenden Notizen und sieh dir die Bilder am Rand an.
b. Ergänze die Versuchsbeschreibung im Passiv und in ganzen Sätzen. Verwende auch die Partizip-Formen vom Rand.

Partizip Perfekt
~~untersucht~~,
genutzt,
benötigt,
gefüllt,
gestellt (2 x),
abgelesen,
festgestellt

Einleitung: ~~soll untersuchen~~, wie kann man die Wärmestrahlung der Sonne nutzen
Material: benötigen, ein silberner und ein schwarzer Erlenmeyerkolben, zwei lange Thermometer, Wasser
Versuchsaufbau: beide Erlenmeyerkolben mit Wasser füllen, Thermometer in Erlenmeyerkolben stellen
Versuchsdurchführung: Erlenmeyerkolben in Sonne stellen,
nach 30 Minuten: Thermometer ablesen, feststellen, dass die Temperatur des Wassers im schwarzen Kolben höher ist als die im silbernen Kolben

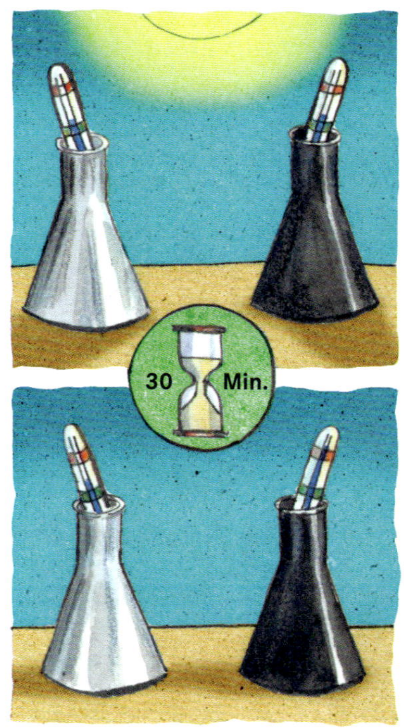

Überschrift: Wie kann man die Wärmestrahlung der Sonne nutzen?

Einleitung: *Jn diesem Versuch soll untersucht werden,* ____________________

Material: *Für den Versuch* ____________________

Versuchsaufbau: *Zuerst* ____________________

Versuchsdurchführung: *Danach* ____________________

Ergebnis: Das Wasser wird in dem schwarzen Kolben stärker erhitzt als in dem silbernen Kolben.
Erklärung: Licht und Wärme werden von der silbernen Oberfläche reflektiert[1] und von der schwarzen Oberfläche absorbiert[2]. Das Wasser im schwarzen Kolben wird daher durch die Sonne erwärmt.

2 Prüfe, ob **Ergebnis** und **Erklärung** auch im Passiv stehen.
a. Markiere die Verben in **Ergebnis** und **Erklärung**.
b. Trifft die folgende Aussage zu? Kreuze an.

	trifft zu	trifft nicht zu
Ergebnis und Erklärung stehen im Passiv.	☐	☐

1 reflektieren: zurückstrahlen
2 absorbieren: in sich aufnehmen

Das kann ich! – Passiv

Punkte

1 Ergänze die folgenden Merksätze. /5 Punkte

Das ____________ beschreibt, wenn etwas mit einer Person oder einem ______________ getan wird. Die ____________________ ist wichtig, nicht, wer sie ausführt. Deshalb wird die handelnde ______________ im Passiv in der Regel nicht genannt. Das Passiv wird mit einer Form von ____________ und dem **Partizip Perfekt (Partizip II)** gebildet.

2 a. Streiche in den folgenden Sätzen die handelnden Personen durch. /2 Punkte
b. Setze die Sätze ins Passiv. Schreibe auf die Linien. /4 Punkte
Du findest die Partizip-Formen am Rand.

Partizip Perfekt
gemischt,
begonnen

Der Koch mischt die Zutaten.

____

Die Lehrerin beginnt den Unterricht um 8 Uhr.

____

3 a. Markiere im folgenden Text alle Verbformen im Passiv. /16 Punkte
b. Schreibe die markierten Passivformen auf die Linien unten. /8 Punkte

Der Helioflex

Im Jahr 1999 erfand Christoph Keller den Helioflex. Er kam auf die Idee, weil er in einer dunklen Hinterhauswohnung lebte, in die kein Licht drang. Er hatte Sonnenblumen beobachtet, die ihre Köpfe immer in Richtung Sonne drehen – das brachte ihn auf die Idee des Helioflex.
Für einen Helioflex wird eine verspiegelte Plexiglasscheibe auf eine Satellitenschüssel montiert. Die Scheibe wird dann durch Schrauben gekrümmt. Die Spiegelfläche wird durch eine Mechanik mit der Sonne gedreht. Nachts wird der Spiegel automatisch nach Osten gerichtet und wartet dann auf die aufgehende Sonne. Der Helioflex wird so auf dem Dach aufgestellt, dass das Sonnenlicht eingefangen wird und in die Fenster der Wohnungen reflektiert wird. Dunkle Wohnungen werden so mit natürlichem Licht beleuchtet.

Passivformen:

__________ ______________, __________ ______________,
__________ ______________, __________ ______________,
__________ ______________, __________ ______________,
__________ ______________, __________ ______________

4 Schreibe aus den folgenden Notizen fünf Sätze im Passiv in dein Heft. /10 Punkte
Du findest die benötigten Partizip-Formen am Rand.

- *zuerst Schmutz vom Leder abbürsten*
- *dann Schuhe mit einem feuchten Lappen reinigen*
- *danach Schuhcreme mit einer Schuhbürste auftragen*
- *danach einige Minuten abwarten*
- *zum Schluss die Schuhe mit einer weichen Bürste polieren*

Partizip Perfekt
abgebürstet,
gereinigt,
aufgetragen,
abgewartet,
poliert

Gesamtpunktzahl: /45 Punkte

Der Konjunktiv I in der indirekten Rede

Den Konjunktiv I verwendest du zur Wiedergabe von Gesprächen.

Merkwissen

Wenn du wiedergeben möchtest, was jemand gesagt hat, verwendest du häufig die **indirekte Rede** mit dem **Konjunktiv I**, z. B.:
Der Stürmer sagte, er **habe** kein Foul begangen. Deshalb **sei** die Rote Karte unberechtigt gewesen.
Um den **Konjunktiv I** der dritten Person Singular (er, sie, es) zu bilden, streichst du das -**n** vom Infinitiv, z. B.:
Infinitiv: habe**n** – er habe (Konjunktiv I), Infinitiv: sei**n** – er sei (Konjunktiv I).

Du vergleichst ein Gespräch aus der Geschichte **Schüleraustausch** mit seiner Wiedergabe in indirekter Rede (im Präsens).

Kurzgeschichte „Schüleraustausch" ➤ S. 32–34

1 Vergleiche das Gespräch links mit der indirekten Rede rechts.

a. Markiere in der indirekten Rede alle Verbformen im Konjunktiv I.
b. Kreise in der indirekten Rede alle Pronomen ein, die sich geändert haben.
c. Unterstreiche die Redeeinleitungen in der indirekten Rede.

Gespräch (Textauszug)

(Jean-Pascal:) „Und da bist du ganz ganz traurig geworden." Sandra schluckte. „Was geht dich das an?", fauchte sie. „Gar nichts." Jean-Pascal rührte in seiner Tasse. „Ich will nur nischt, dass du wegen Chantal traurig bist." „Das bin ich wirklich", gab sie dann zu. „Weißt du, ich bin seit drei Wochen mit Stefan zusammen und habe mich so furchtbar auf die Zeit mit ihm gefreut. Und jetzt verliebt er sich in diese attraktive Chantal." Jean-Pascal lächelte. „Du brauchst gar nischt eifersüchtig zu sein. Weil sie nämlich jedem den Kopf verdreht."

Indirekte Rede

Jean-Pascal sagt, da sei sie ganz traurig geworden. Sandra fragt empört, was ihn das angehe. Jean-Pascal rührt in seiner Tasse und erklärt, er wolle nur nicht, dass sie wegen Chantal traurig sei. Sandra gibt zu, dass sie es wirklich sei. Seit drei Wochen sei sie mit Stefan zusammen und habe sich so furchtbar auf die Zeit mit ihm gefreut. Und jetzt verliebe er sich in diese attraktive Chantal. Jean-Pascal antwortet lächelnd, sie brauche gar nicht eifersüchtig zu sein, weil Chantal nämlich jedem den Kopf verdrehe.

2 **a.** Ordne passende Konjunktive aus der indirekten Rede in die Tabelle ein. Schreibe sie jeweils mit dem Personalpronomen auf.
b. Ergänze zum Konjunktiv die Präsensform in der rechten Spalte.
c. Markiere die Personalpronomen, die in der indirekte Rede anders sind.

Gespräch	Konjunktiv (indirekte Rede)	Verb im Präsens
du bist	*sie sei*	sie *ist*
es geht dich an	______	es ______ ihn ______
ich will	______	er ______
ich habe mich gefreut	______	sie ______
er verliebt sich	______	er verliebt sich
du brauchst	______	sie ______
sie verdreht	______	sie verdreht

3 Ergänze im folgenden Text Verbformen im Konjunktiv I.
- Verwende die Verben aus den Klammern.
- Eine schwierige Konjunktivform findest du am Rand.

sie feiert – sie feiere

Zuerst will Sandra Stefan mit Jean-Pascals Hilfe zurückgewinnen.

Sandra flüstert Jean-Pascal zu, Stefan __________ **(sein)** mit Chantal da. Sie fragt ihn, ob er ______________ **(meinen)**, dass er es _________________ **(schaffen)**. Jean-Pascal antwortet mit Ja. Er tanzt dann mit Chantal und Stefan läuft wütend nach draußen. Später läuft Jean-Pascal auf den Hof und Sandra folgt ihm. Jean-Pascal sagt, er __________ **(haben)** erwartet, sie ______________ **(stehen)** draußen mit Stefan und _________________ **(feiern)** Versöhnung. Sandra erwidert, sie __________ **(haben)** noch gar nicht mit Stefan gesprochen, und fragt Jean-Pascal, was mit ihm __________ **(sein)**. Jean-Pascal sagt, er ______________ **(können)** nicht mit Chantal tanzen, weil er immer an Sandra denken ______________ **(müssen)**.

Die folgende Inhaltsangabe enthält noch wörtliche Rede aus dem Text. Diese Stelle gibst du in indirekter Rede wieder.

4 **a.** Welche Pronomen musst du in der indirekten Rede ändern? Kreise sie ein. Du findest die Pronomen am Rand.
b. Markiere in jedem Satz der wörtlichen Rede das konjugierte Verb.

Pronomen
du (3 x),
mir (2 x),
ich (3 x),
unsere,
wir

Später verlieben sich Sandra und Jean-Pascal ineinander. Drei Tage danach trifft Sandra Stefan in der Stadt und es entwickelt sich folgendes Gespräch.

„Lange nicht gesehen", sagte er. „Kommst du **heute** Abend ins Bistro?"
„Tut mir leid", lächelte Sandra. „Ich habe **heute** ein Rendezvous."
„Was soll das denn heißen", fuhr Stefan sie an und sah plötzlich gar nicht mehr cool aus. „Ich denke, du gehst mit mir!"
„Oh, klar", grinste Sandra. „Ich finde nur, dass unsere Beziehung in der letzten Zeit etwas eng geworden ist. Wir sind hier in Frankreich, [das] weißt du. Offene Beziehungen sind hier mega-in."
Und dann ließ sie den verdutzten Stefan einfach stehen.

5 **a.** Schreibe das Gespräch in der indirekten Rede und im Präsens in dein Heft. Du kannst die Redeeinleitungen vom Rand verwenden.
Tipp: Die zwei hervorgehobenen Wörter musst du auch verändern.
b. Markiere die veränderten Verben und kreise veränderte Pronomen ein.

Starthilfe

Stefan sagt, er habe Sandra lange nicht gesehen, und fragt sie, ob sie an diesem Abend ins Bistro komme. Sandra antwortet, ...

Redeeinleitungen
Er sagt ...
Sie antwortet ...
Sie entgegnet ...
Er fragt empört ...
Er fügt hinzu ...
Sie erklärt ...
Sie meint nur ...

Der Konjunktiv II für Wünsche

Merkwissen

Mit dem **Konjunktiv II** kann man eine Wunschwirklichkeit ausdrücken, z. B.: Wenn wir nur öfter Sport **hätten**, **käme** ich gerne zur Schule.
Der Konjunktiv II wird vom Präteritum abgeleitet, z. B.:
er hatte – **er hätte**, **ich war** – **ich wäre**.

In dem Lied **Freundinnen** stellt sich Funny van Dannen vor, wie es wäre, Freundinnen zu sein.

1 Markiere in dem Liedtext alle Verbformen im Konjunktiv II.

Freundinnen müsste man sein.
Dann könnte man über alles reden.
Über jeden geheimen Traum.
Freundinnen müsste man sein.
Dann könnte man über alles lachen.
Viele Sachen zusammen tun.
Man könnte sich neue Schuhe kaufen und auf Partys gehen.
Man könnte durch die City laufen und auf gute Musik stehen.
Und man könnte die Nacht durchtanzen, ohne auszuruhen.
Man wäre unbeschwert und den ganzen Tag gegen Einsamkeit immun[1].

2 **a.** Ergänze in der Tabelle die fehlenden Präteritumformen.
b. Ergänze in der Tabelle die drei fehlenden Konjunktiv-II-Formen.
Tipp: Du hast sie im Liedtext oben bereits markiert.
c. Markiere Unterschiede zwischen dem Präteritum und dem Konjunktiv II.

Infinitiv	Präteritum	Konjunktiv II
gehen	man *ging*	man ginge
sprechen	man ________	man spräche
haben	man ________	man hätte
sehen	man ________	man sähe
dürfen	man ________	man dürfte
müssen	man ________	man ________
können	man ________	man ________
sein	man ________	man ________

3 Ergänze die folgenden Sätze mit Konjunktiv-II-Formen aus der Tabelle.

Es *wäre* (sein) schön, wenn er mitkommen ________ (dürfen).

Sie ________ (können) es, wenn sie mehr Geduld ________ (haben).

Z **4** Schreibe ein Parallellied mit dem Titel „Freunde“ in dein Heft.
Du kannst dazu die Konjunktiv-II-Formen aus der Tabelle verwenden.

1 immun: unempfindlich, geschützt

Der Konjunktiv II in höflichen Aufforderungen

Merkwissen

In Form einer **Frage** drückt der **Konjunktiv II Aufforderungen** oder **Bitten höflicher** aus als der Imperativ. Diese Höflichkeitsform verwendet man oft in offiziellen Briefen und beim Sprechen. Häufig muss man dabei noch das Wort **bitte** ergänzen, z. B.:

Imperativ (Befehlsform): Schicken Sie mir das Formular!
Sei leise!

Frage mit Konjunktiv II: Könnten Sie mir **bitte** das Formular schicken?
Würdest du **bitte** leise sein?

Weil Tom Informationen für ein Referat benötigt, schreibt er einen Brief.

1 **a.** Drei Sätze im Brief müssen höflicher formuliert werden. Markiere sie.
b. Schreibe den Brief mit sehr höflichen Formulierungen neu in dein Heft.
- Verwende die Wortgruppen mit dem **Konjunktiv II** vom Rand.
- Ergänze an passenden Stellen das Wort **bitte**.

Konjunktiv II
Könnten Sie ...?
Ich würde gerne ...
Würden Sie ...?

Sehr geehrte Frau Meissner,

Ihr Betrieb beschäftigt sich mit Kläranlagen und Wasserwirtschaft. Da ich für die Schule zu diesem Thema ein Referat vorbereite, brauche ich gutes Informationsmaterial. Schicken Sie mir Prospekte Ihres Betriebes zu. Ich will auch wissen, ob ich mir Teile Ihres Betriebes anschauen kann. Geben Sie mir diese Information und antworten Sie bis Freitag.

Mit freundlichen Grüßen
Tom Schmidt

2 Formuliere die Aufforderungen aus den Sprechblasen als höfliche Fragen.
- Verwende die Wortgruppen mit dem **Konjunktiv II** vom Rand.
- Ergänze an passenden Stellen das Wort **bitte**.

Hilf mir mal!

Geben Sie mir den Schlüssel!

Gib mir dein Buch!

Sag mir, wann wir uns morgen treffen.

Lassen Sie mich vorbei!

Hast du ein Blatt Papier für mich?

Könntest du mir bitte mal helfen?

Konjunktiv II
Könntest du ...?
Könnten Sie ...?
Würdest du ...?
Würden Sie ...?
Hättest du ...?
Hätten Sie ...?
Dürfte ich ...?
Könnte ich ...?

Das kann ich! – Konjunktiv

Punkte

1 Ergänze die folgenden Merksätze. ☐ /4 Punkte

Wenn du wiedergeben möchtest, was jemand gesagt hat, verwendest du häufig die indirekte Rede mit dem ______________________________ .

Der Konjunktiv II wird vom ____________________ abgeleitet.

In Form einer Frage drückt der ____________________ Aufforderungen oder _______________ höflicher aus als der Imperativ.

2 Markiere in dem Interview die konjugierten Verbformen. ☐ /11 Punkte

Ein Interview mit einem Freund des Erfinders

Reporter: „Herr Kahn, was ist ein Helioflex?“

Herr K.: „Das ist ein Spiegel. Er leitet die Sonnenstrahlen um. Dadurch macht er dunkle Wohnungen heller.“

Reporter: „Wie funktioniert das?“

Herr K.: „Auf eine Satellitenschüssel montiert man eine verspiegelte Plexiglasscheibe. Schrauben krümmen die Scheibe. Eine Mechanik dreht die Spiegelfläche nach dem Lauf der Sonne.“

Reporter: „Wie kommt man auf so eine Idee?“

Herr K.: „Der Erfinder lebt in einer dunklen Wohnung. Er hat eine Sonnenblume beobachtet, die ihren Kopf immer in Richtung Sonne dreht.“

3 Ergänze die Wiedergabe des Gesprächs in der indirekten Rede. ☐ /14 Punkte
Bilde dazu jeweils den **Konjunktiv I** der markierten Verben aus Aufgabe 2.

Der Reporter fragt, was ein Helioflex ___________. Herr K. antwortet, das ___________ ein Spiegel. Er _______________ die Sonnenstrahlen um und ___________ dunkle Wohnungen heller. Der Reporter möchte wissen, wie das ____________________. Herr K. erklärt, man ____________________ eine Satellitenschüssel auf eine verspiegelte Plexiglasscheibe. Schrauben krümmten die Scheibe. Eine Mechanik __________________ die Spiegelfläche nach dem Lauf der Sonne.

4 Schreibe die Zeilen 9–12 des Interviews in indirekter Rede in dein Heft. Verwende die **Konjunktive I** vom Rand. ☐ /8 Punkte

Konjunktiv I
er komme,
er lebe,
er habe beobachtet,
sie drehe

5 Formuliere die Aufforderungen mit dem **Konjunktiv II** höflicher. ☐ /8 Punkte
Verwende dazu die Formulierungen vom Rand.

Helfen Sie mir! ____

Gib mir einen Stift! ____

Nimm meine Tasche! ____

Machen Sie die Tür zu! _______________________________________

Konjunktiv II
Könnten Sie ...?
Könntest du ...?
Würden Sie ...?
Würdest du ...?

Gesamtpunktzahl: ☐ /45 Punkte

Der Satz

Satzreihen

Merkwissen

Eine **Satzreihe** besteht aus mindestens zwei **Hauptsätzen**. Zwei oder mehr Hauptsätze können mit Konjunktionen, z. B. **denn** oder **aber**, verbunden werden. Zwischen den Sätzen steht ein Komma, z. B.: Eva gibt sich Mühe, denn sie verdankt das Praktikum ihrer Tante.
Hauptsatz — Hauptsatz

Konjunktionen ➤ S. 96

Mit der Konjunktion **denn** leitest du Begründungen ein.

1 Welche Begründungen vom Rand passen zu den folgenden Sätzen? Notiere auf den Linien die passenden Buchstaben.

A Das Praktikum macht ihm viel Spaß. _d_
B Die Bäcker müssen schon früh mit der Arbeit beginnen. ____
C Er achtet darauf, immer pünktlich zu sein. ____
D Bei der Arbeit trägt er einen weißen Kittel. ____
E In der Pause notiert er sich, was er getan hat. ____

a) Er muss einen Bericht schreiben.
b) In der Bäckerei gibt es viel Mehlstaub.
c) Die Bäckerei öffnet schon um 6:30 Uhr.
d) Es ist sehr abwechslungsreich.
e) Er will einen guten Eindruck machen.

2 **a.** Bilde Satzreihen mit den Sätzen aus Aufgabe 1. Verwende die Konjunktion **denn**. Schreibe in dein Heft. **Tipp**: Denke an das Komma zwischen den Sätzen.
b. Umkreise in jedem Satz die Konjunktion und markiere das konjugierte Verb.

Starthilfe

Das Praktikum macht ihm viel Spaß, denn es ist sehr abwechslungsreich. ...

Mit der Konjunktion **aber** kannst du Einschränkungen formulieren.

3 Welche Einschränkungen vom Rand passen zu den folgenden Sätzen? Notiere die passenden Buchstaben auf den Linien.

A Das Praktikum macht ihm viel Spaß. _c_
B Er achtet darauf, immer pünktlich zu sein. ____
C Er findet die Leute in der Bäckerei sehr freundlich. ____
D Er freut sich schon jetzt auf seine Berufsausbildung. ____
E Er ist sehr zufrieden mit seinem Praktikum. ____

a) Sein Praktikumsbetreuer ist streng.
b) Bäcker möchte er nicht werden.
c) Es ist auch sehr anstrengend.
d) Sein nächstes Praktikum möchte er in einem anderen Betrieb machen.
e) Das Aufstehen fällt ihm schwer.

4 **a.** Bilde Satzreihen aus den Sätzen aus Aufgabe 3. Verwende die Konjunktion **aber**. Schreibe in dein Heft.
b. Umkreise in jedem Satz die Konjunktion und markiere das konjugierte Verb.

Starthilfe

Das Praktikum macht ihm viel Spaß, aber es ist auch sehr anstrengend. ...

5 Schreibe mit den Konjunktionen **denn** und **aber** jeweils zwei eigene Satzreihen in dein Heft.

Starthilfe

Ich mache ein Praktikum in einer Autowerkstatt, denn ich interessiere mich für Autos. ...

Satzgefüge

Merkwissen

Ein **Satzgefüge** besteht aus einem **Hauptsatz** und mindestens einem **Nebensatz**.
Der Nebensatz endet mit einer **gebeugten Verbform**. Nebensätze werden mit Konjunktionen eingeleitet (z. B. **weil** oder **obwohl**) und vom Hauptsatz durch Komma getrennt,
z. B.: Die Tante freut sich, **weil** sie nur Gutes über Eva hört.
Hauptsatz Nebensatz

1 **a.** Umkreise im Text alle Konjunktionen, die einen Nebensatz einleiten.
b. Unterstreiche die Nebensätze.
c. Markiere die konjugierten Verben in den Nebensätzen.

Mein Praktikum in der Bäckerei

Das Praktikum macht mir viel Spaß, weil es sehr abwechslungsreich ist. Den Beruf finde ich toll, obwohl ich das frühe Aufstehen nicht mag. Die Bäcker müssen schon früh mit der Arbeit beginnen, weil die Bäckerei schon um 6:30 Uhr öffnet. Ich fange aber erst um 8 Uhr zu arbeiten an, weil Praktikanten nicht früher arbeiten dürfen. Ich darf leider nicht alle Arbeiten ausführen, obwohl ich das gerne tun würde.

Eine Begründung kannst du mit „weil" an Hauptsätze anschließen.

2 **a.** Bilde Satzgefüge mit der Konjunktion **weil**. Schreibe in dein Heft.
b. Umkreise die Konjunktion und markiere das konjugierte Verb in den Nebensätzen.

Ich achte immer auf Pünktlichkeit.	+	Ich will einen guten Eindruck machen.
Bei der Arbeit trage ich einen weißen Kittel.	+	Es gibt in der Bäckerei viel Mehlstaub.
In der Pause notiere ich mir, was ich getan habe.	+	Ich muss einen Praktikumsbericht schreiben.

Eine Einschränkung kannst du mit „obwohl" an Hauptsätze anschließen.

3 **a.** Bilde Satzgefüge mit der Konjunktion **obwohl**. Schreibe in dein Heft.
b. Umkreise die Konjunktion und markiere das konjugierte Verb in den Nebensätzen.

Starthilfe
Das Praktikum macht mir viel Spaß, obwohl es auch sehr anstrengend ist. ...

Das Praktikum macht mir viel Spaß.	+	Es ist auch sehr anstrengend.
Ich finde die Bäcker sehr freundlich.	+	Mein Betreuer ist manchmal etwas streng.
Ich möchte wahrscheinlich nicht Bäcker werden.	+	Ich mag den Beruf.

4 Leiten die folgenden Sätze Begründungen oder Einschränkungen ein? Ergänze auf den Linien die Konjunktionen **weil** oder **obwohl**.

Ich komme morgens pünktlich zur Arbeit, _obwohl_ ich lange fahren muss.

Ich fange gleich mit der Arbeit an, ______________ es viel zu tun gibt.

Ich mag die Arbeit, ______________ ich Kuchen nicht so gerne esse.

Ich helfe beim Backen, ______________ der Bäcker Unterstützung braucht.

Konjunktionalsätze

Merkwissen

Konjunktionalsätze sind Nebensätze (NS), die mit einer Konjunktion eingeleitet werden, z. B. **als, weil, wenn, obwohl, damit, dass, sodass, solange** und **nachdem**.
Sie können **vor (Spitzenstellung)** oder **nach (Endstellung) dem Hauptsatz (HS)** stehen.

Mit Konjunktionen machst du Zusammenhänge deutlich.

1 Ergänze in den Sätzen passende Konjunktionen vom Rand.
Tipp: Manchmal gibt es mehrere Möglichkeiten.

~~bevor~~, weil, wenn, während, nachdem, da

A Sie verabschiedete sich von allen, *bevor* sie ging.

B Sie verließ die Feier, __________ sie am nächsten Tag früh aufstehen musste.

C Sie wollte nur dann gehen, __________ ihr Freund sie nach Hause brachte.

D Die anderen räumten auf, __________ sie gegangen war.

E Sie war sehr müde, __________ sie nach Hause fuhr.

F Sie ging sofort ins Bett, __________ sie so früh aufstehen musste.

2 In den folgenden Sätzen wurden falsche Konjunktionen verwendet.
Streiche alle falsch verwendeten Konjunktionen durch.

Mitternacht war schon längst vorüber, ~~weil~~ Sibel sich im Bett hin und her wälzte. Sie konnte nicht einschlafen, obwohl sie vor ihrem ersten Praktikumstag aufgeregt war. Nachdem sie pünktlich erscheinen wollte, musste sie am nächsten Morgen früh aufstehen. Wenn sie darüber nachdachte, schlief sie ein.

Achtung: Fehler!

3 Schreibe den Text aus Aufgabe 2 mit geänderten Konjunktionen in dein Heft.
– Achte auf sinnvolle Verknüpfungen von Nebensatz und Hauptsatz.
– Du kannst die Konjunktionen neben Aufgabe 1 verwenden.

Starthilfe

Mitternacht war schon längst vorüber, als Sibel sich im Bett hin und her wälzte.
...

4 **a.** Bilde aus den folgenden Hauptsätzen Satzgefüge.
Verwende die Konjunktionen in den Klammern.
b. Umkreise in den Nebensätzen die Konjunktionen.
c. Markiere das gebeugte Verb im Nebensatz.

A Sarah kommt morgens pünktlich zur Arbeit. **(obwohl)** Sie muss lange fahren.

Sarah kommt morgens pünktlich zur Arbeit, obwohl sie lange fahren muss.

B Einmal verschläft sie. **(weil)** Sie hört ihren Wecker nicht.

____

C Sie fängt mit der Arbeit an. **(obwohl)** Sie ist noch müde.

____

D Die Zeit vergeht schnell. **(während)** Sie arbeitet konzentriert.

____

Konjunktionalsätze kannst du vor oder hinter den Hauptsatz stellen.

5 Ergänze passende Konjunktionalsätze mit den Konjunktionen vom Rand.

weil, damit, weil, obwohl

A *Weil man dabei den Berufsalltag kennen lernt,* ist ein Praktikum sinnvoll.

B Einige Schüler mögen das Praktikum nicht, ______________________

____

C ______________________,

sollte man sich jedoch früh um einen Praktikumsplatz bewerben.

D Aber den meisten macht es Spaß, ______________________

____

6 Stehen die Konjunktionalsätze in Spitzenstellung oder in Endstellung?
a. Umkreise alle Konjunktionen, die Nebensätze einleiten.
b. Unterstreiche die Nebensätze.
c. Kreuze am Rand richtig an.

Satz	Spitzenstellung	Endstellung
Es hat sich gezeigt, dass der kleine tägliche Ärger Stress verursachen kann.	☐	☒
Wenn es zu Hause schlechte Stimmung gibt, leidet man schnell an Stress.	☐	☐
Man sollte seine eigene Situation kennen, damit man den Stress gezielt bewältigen kann.	☐	☐
Sobald man sein Verhalten versteht, kann man neue Handlungsweisen einüben.	☐	☐

Stellung der Nebensätze

7 **a.** Umkreise im Text alle Konjunktionen, die einen Nebensatz einleiten.
b. Markiere in den Nebensätzen die gebeugten Verben.
c. Unterstreiche die Nebensätze.

Mein Praktikum im Blumenfachgeschäft – von Sarah Haras

Ich machte mein Praktikum im Blumenladen „Flora", weil ich mich gerne mit Blumen und Dekorationen beschäftige. Ich durfte schon alleine Blumensträuße binden, obwohl ich ganz neu war. Danach fotografierte ich sie, damit ich die Fotos für meinen Praktikumsbericht verwenden kann. Meine Chefin war zufrieden mit mir, weil ich immer pünktlich und zuverlässig arbeitete. Sie schenkte mir einen kleinen Blumenstrauß, als ich das Praktikum beendete. Ich habe mir für meinen Praktikumsbericht Notizen gemacht, nachdem meine tägliche Arbeit beendet war.

8 **a.** Schreibe Sarahs Bericht neu in dein Heft.
Verwende dabei drei der Nebensätze in Spitzenstellung.
b. Umkreise im Heft alle Konjunktionen, die Nebensätze einleiten.
c. Markiere in den Nebensätzen die gebeugte Verbform.

Starthilfe

Weil ich mich gerne mit Blumen und Dekorationen beschäftige, machte ich mein Praktikum im Blumenladen „Flora". ...

Z **9** Wo möchtest du dein Praktikum absolvieren und warum?
Schreibe vier eigene Satzgefüge mit Konjunktionalsätzen in dein Heft.
- Verwende dabei zweimal Nebensätze in Endstellung und zweimal Nebensätze in Spitzenstellung.
- Du kannst die Konjunktionen vom Rand verwenden.

bevor, wenn, obwohl, damit, falls

Relativsätze

Merkwissen

Relativsätze sind **Nebensätze, die sich** meist **auf ein vorangehendes Nomen beziehen** (Relation = Beziehung). Sie werden immer vom Hauptsatz durch Komma abgetrennt und durch ein typisches **Relativpronomen** (z. B. **der, die, das**) eingeleitet, z. B.:
Geografie ist **das Schulfach, das** sich mit der Erde und der Erdoberfläche beschäftigt.

1 **a.** Unterstreiche in den folgenden Definitionen die Relativsätze.
b. Umkreise das Relativpronomen.
c. Markiere im Hauptsatz das Nomen, das durch den Relativsatz erklärt wird.

A Ein Offshore-Windpark besteht aus Windturbinen, die sich im Meer befinden.
B Unter Biomasse versteht man eine Energiequelle, die aus organischen Substanzen gewonnen wird.
C Bionik ist die Wissenschaft, die sich die Natur zum Vorbild nimmt.

Erklärungen ergänzt du oft mit Relativsätzen.

2 **a.** Welche Erklärung vom Rand passt zu welchem Satz?
Schreibe die Buchstaben A–D vor die passenden Erklärungen.
b. Ergänze die Sätze A–D durch Relativsätze. Schreibe auf die Linien.
c. Kreise das Relativpronomen ein.
d. Markiere das Nomen, auf das sich das Relativpronomen bezieht.

A Ein **Helioflex** ist ein Spiegel.	___A___ Sonnenstrahlen umleitet.
B **Solarenergie** ist eine Energieform.	______ aus Atomkraft gewonnen wird.
C Unter **Kernenergie** versteht man eine Energieform.	______ aus der Sonne gewonnen wird.
D **Biologie** ist ein Schulfach.	______ sich mit der lebendigen Natur beschäftigt.

Ein Helioflex ist ein Spiegel, der Sonnenstrahlen umleitet.

____

____

____

____

3 Verbinde folgende Hauptsätze zu Satzgefügen mit Relativsätzen.
a. Schreibe die drei Satzgefüge in dein Heft.
b. Kreise das Relativpronomen ein.
c. Markiere das Nomen, auf das sich das Relativpronomen bezieht.

A Fotovoltaik ist eine Energie. Sie wird aus Licht gewonnen.
B Die Windkraft ist eine Energie. Sie wird aus Luftbewegungen gewonnen.
C Chemie ist ein Schulfach. Es beschäftigt sich mit Stoffen und ihren Gesetzmäßigkeiten.

Starthilfe

A Fotovoltaik ist eine Energie, die aus Sonnenlicht gewonnen wird.
B ...

Das kann ich! – Der Satz

Punkte

1 Ergänze die folgenden Merksätze. /8 Punkte

Eine **Satzreihe** besteht aus mindestens zwei ______________________.

Ein **Satzgefüge** besteht aus einem ________________ und mindestens einem ________________. Im **Nebensatz** steht die gebeugte Verbform am ______________.

Konjunktionalsätze sind Nebensätze, die mit ________ eingeleitet werden. Sie können ________ **(Spitzenstellung)** oder ________ **(Endstellung)** **dem Hauptsatz (HS)** stehen.

Relativsätze werden mit ______________________ eingeleitet.

2 a. Umkreise im Text alle Konjunktionen, die Nebensätze einleiten. /4 Punkte
b. Markiere in allen Nebensätzen die gebeugten Verben. /4 Punkte
c. Unterstreiche die Nebensätze. /4 Punkte
d. Kreuze am Rand an, ob die Nebensätze in Spitzen- oder Endstellung stehen. /4 Punkte

Viele setzen heute auf erneuerbare Energien, weil sie die Umwelt schonen. Bevor die erneuerbaren Energien verwendet wurden, nutzte man hauptsächlich fossile Brennstoffe wie Erdöl und Kohle. Obwohl fast alle fossilen Brennstoffe umweltschädlich sind, kann man nicht ganz auf sie verzichten. Man braucht sie noch, damit man den Energiebedarf der Menschheit decken kann.

Stellung der Nebensätze

Spitzenstellung	Endstellung
☐	☒
☐	☐
☐	☐
☐	☐

3 Verbinde die Hauptsätze mit den Konjunktionen vom Rand zu Satzreihen. Schreibe in dein Heft. /6 Punkte

aber,
denn

A Solarenergie ist eine erneuerbare Energie. Sie ist unbegrenzt verfügbar.
B Für die Menschen ist die Sonne eine unerschöpfliche Energiequelle. Ihre voraussichtliche Brenndauer beträgt noch etwa fünf Milliarden Jahre.
C Die Sonne könnte theoretisch genug Energie für die gesamte Menschheit liefern. Es fehlen noch Solaranlagen und Speichermöglichkeiten.

4 a. Verbinde die folgenden Hauptsätze zu Satzgefügen. Schreibe in dein Heft. Verwende dazu die Konjunktionen in Klammern. /6 Punkte
b. Markiere die konjugierte Verbform im Nebensatz. /3 Punkte

A Öl verschmutzt die Umwelt. Es verbrennt sauberer als Kohle. (obwohl)
B Öl ist keine Zukunftsenergie. Die Vorräte sind begrenzt. (weil)
C Solarenergie und Windenergie werden gebraucht. Auch in der Zukunft haben wir genug Energie. (damit)

5 Bilde Satzgefüge mit Relativsätzen.
a. Markiere zuerst das Nomen, das durch den Relativsatz erklärt werden soll. /2 Punkte
b. Notiere am Rand geeignete Relativpronomen. /2 Punkte
c. Schreibe die Satzgefüge in dein Heft. /2 Punkte

A Ein fossiler Brennstoff ist ein Stoff. (... in der Erde lagert)
B Kohle ist ein Gestein. (... überwiegend aus Kohlenstoff besteht)

A ______________

B ______________

Gesamtpunktzahl: /45 Punkte

Satzglieder und Attribute

Wiederholung: Subjekt und Objekt

Merkwissen

Mit **Wer?** oder **Was?** fragt man nach dem **Subjekt**.
Mit **Wen?** oder **Was?** fragt man nach dem **Akkusativobjekt**.
Mit **Wem?** fragt man nach dem **Dativobjekt**.

Er (Wer?) empfiehlt ihr (Wem?) dieses Handy (Wen oder Was?).

1 **a.** Schreibe zu den hervorgehobenen Satzgliedern passende Fragen und Antworten auf.
b. Ergänze in Klammern dahinter die Bezeichnung des Satzglieds.

Sylvia sucht **ihren Hund**. *Wer sucht den Hund? - Sylvia (Subjekt)*
Wen sucht Sylvia? - ihren Hund (Akkusativobjekt)

Der Vater empfiehlt **dem Sohn seinen Zahnarzt**. (3 Satzglieder erfragen)

______

______

______

Das Präpositionalobjekt

Merkwissen

Das Präpositionalobjekt ist ein Satzglied, das aus einer **Präposition** und einer Wortgruppe im **Dativ** (**Wem?**) oder im **Akkusativ (Wen? oder Was?)** besteht. Nach dem **Präpositionalobjekt** fragst du mit **Wo(r)** + **Präposition** (**Woran?**, **Worauf?**, **Womit?**, **Wofür?**, **Wovon?**...), z. B.:
Sie spricht von dem Film. – **Wovon** spricht sie? – **von dem Film** (Präpositionalobjekt (PO) im Dativ)
Er denkt oft an den Urlaub. – **Woran** denkt er? – **an den Urlaub** (Präpositionalobjekt (PO) im Akkusativ)

2 **a.** Schreibe Fragen und Antworten zu den Präpositionalobjekten auf.
b. Markiere die Präpositionalobjekte. Umkreise die Präpositionen zusätzlich.

A Vom 12. bis zum 30. April nahm ich an einem Betriebspraktikum teil.
Woran nahm ich teil?- an einem Betriebspraktikum

B Zuerst half ich bei der Kontrolle der gelieferten Ware.

______

C Im Laden fragten die Kunden oft nach neuen Sommerschuhen.

______

D Meistens entschieden sie sich für Schuhe, die ich ihnen empfohlen hatte.

______

3 Schreibe eigene Sätze mit Präpositionalobjekten in dein Heft. Verwende dabei die Verben vom Rand.

Starthilfe
Er bedank sich für das Buch. ...

sich für etwas (Akkusativ) bedanken,
nach etwas (Dativ) fragen

Wiederholung: Adverbiale Bestimmungen

Merkwissen

Mit **adverbialen Bestimmungen der Zeit**, **des Ortes**, **der Art und Weise** und **des Grundes** kannst du nähere Angaben zu einem Geschehen machen. Du kannst die adverbialen Bestimmungen durch Fragen ermitteln, z. B.:

Wegen des Regens (Warum?) möchte er **heute** (Wann?) **gerne** (Wie?) **zu Hause** (Wo?) bleiben.

Geeignete Fragen sind z. B.: Wann? Seit wann? Wie lange? (Zeit), Wo? Wohin? (Ort), Wie? Womit? (Art und Weise), Warum? Wozu? Weswegen? (Grund).

1 **a.** Unterkringele in dem Brief alle adverbialen Bestimmungen. Die Fragen am Rand und die angegebene Anzahl in Klammern helfen dir.
b. Ordne die adverbialen Bestimmungen in einer Tabelle im Heft.

Zeit (2 x):
Seit wann? Wie lange?
Ort (5 x):
Wo? Woher? Wohin?
Grund (2 x):
Warum? Wozu?
Art und Weise (7 x):
Wie?

Rheinheim, 12. 03. 2011

Bewerbung für ein Praktikum (2.–20. Mai 2011)

Sehr geehrte Frau Dahler,

aufgrund Ihrer Anzeige im Tagesblatt möchte ich mich gerne für ein Praktikum vom 2. bis zum 20. Mai in Ihrem Blumenladen bewerben. Ich bin seit einem Jahr in der Schulgarten-AG und arbeite dort sorgfältig und zuverlässig. Wegen meiner Fähigkeiten im Gestalten schmücke ich bei Feiern erfolgreich die Räume und wurde dafür einmal ausgezeichnet. Durch das Praktikum in Ihrem Geschäft möchte ich herausfinden, ob ich für den Beruf des Floristen wirklich geeignet bin.

Mit freundlichen Grüßen
Jakob Mühlbach

Starthilfe

Adverbiale Bestimmungen des Ortes (Wo?)	Adverbiale Bestimmungen der Zeit (Wann?)	Adverbiale Bestimmungen der Art und Weise (Wie?)	Adverbiale Bestimmungen des Grundes (Warum?)
– im Tagesblatt – ...	– vom 2. bis zum 20. Mai ...	– gerne ...	– aufgrund Ihrer Anzeige ...

2 **a.** Erweitere die Sätze mit passenden adverbialen Bestimmungen. Verwende für jeden Satz zwei adverbiale Bestimmungen vom Rand.
b. Markiere die adverbialen Bestimmungen.

~~in zwei Monaten~~,
sehr sorgfältig,
immer,
wegen ihrer Kenntnisse,
mit ruhiger Hand,
in einer Autowerkstatt

A Michaela macht ihr Praktikum. (Wo?/Ort, Wann?/Zeit)

Michaela macht in zwei Monaten ihr Praktikum in einer Autowerkstatt.

Sie repariert die Fahrräder ihrer Familie. (Warum?/Grund, Wann?/Zeit)

B ______________________________

____

Auch schwierige Defekte repariert sie. (2 x Wie?/Art und Weise)

C ______________________________

____

Adjektivische Attribute

Merkwissen

Adjektivische Attribute sind beigefügte Wörter oder Wortgruppen. Sie stehen **vor dem Nomen** und antworten auf die Fragen **Welcher?/Welche?/Welches?**, z. B.: Da kommt meine **beste** Freundin. **Welche** Freundin? – meine **beste.**

1 **a.** Frage mit **Welcher?, Welche?** oder **Welches?** nach adjektivischen Attributen. Markiere sie.
Tipp: Es gibt 16 adjektivische Attribute in dem Text. Einmal stehen zwei Attribute vor einem Nomen.
b. Überprüfe dein Ergebnis. Schreibe die Fragen nach den Attributen und die Antworten in dein Heft.

Starthilfe

Welche Frauen? – die jungen Frauen ...

Berufswahl bei jungen Frauen

Jedes Jahr entscheidet sich die überwiegende Mehrheit der Schülerinnen für einen typischen Frauenberuf und damit für weniger Geld und schlechtere Aufstiegschancen. Bei ihren beliebtesten Ausbildungsberufen ist kein einziger Technikberuf dabei. Stattdessen haben die Berufe Krankenschwester und Erzieherin einen festen Platz in den Top Ten. Als typische Frauenberufe gelten alle familiennahen Berufe, für die man große soziale Kompetenz braucht, die aber in der gesellschaftlichen Bewertung schlechter abschneiden. Viele Betriebe stellen bei Veranstaltungen wie dem jährlichen „Girls' Day" deshalb techniknahe Berufe vor und hoffen, dass sich junge Frauen in Zukunft jeden Beruf zutrauen.

Mit Attributen gibst du zusätzliche Informationen zu Nomen.

2 Ergänze im Text passende adjektivische Attribute aus der Randspalte.

Berufswahl bei jungen Männern

Auch Jungen nutzen nicht das _ganze_ Spektrum der ____________ Möglichkeiten. Viele ____________ Männer wählen nur aus zehn der über 300 ____________ Ausbildungsberufe aus. Das sind häufig die Berufe mit einem ____________ Männeranteil. Wichtig ist es natürlich, bei der Berufswahl den ____________ Stärken und Interessen zu folgen. Wenn diese eher im ____________ oder im ____________ Bereich liegen, sollte es auch ein ____________ Ausbildungsberuf sein. Aber Jungen sind auch ____________ Mitarbeiter in den Bereichen Pflege, Erziehung und Gesundheit.

~~ganze,~~
angebotenen,
junge,
hohen,
handwerklichen,
beruflichen,
entsprechender,
technischen,
gefragte,
eigenen

Z **3** Welche Merkmale soll dein späterer Beruf haben?
Beschreibe den Beruf mit möglichst vielen adjektivischen Attributen.
Schreibe einen interessanten Text in ganzen Sätzen in dein Heft.

Das kann ich! – Satzglieder und Attribute

Punkte

1 Ergänze die folgenden Merksätze. /8 Punkte

Das **Präpositionalobjekt** ist ein Satzglied, das aus einer ____________

und einer Wortgruppe im **Dativ** oder im ____________________ besteht.

Es gibt **adverbiale Bestimmungen** _____ _______, **des Ortes**, _____

_____ ______ ___________ und **des Grundes**.

Adjektivische Attribute stehen ______ dem Nomen und antworten auf

die **Fragen** ____________, ____________, ____________.

2 a. Schreibe zu allen hervorgehobenen Satzgliedern passende Fragen und Antworten auf. Du findest die Fragewörter am Rand. /12 Punkte

b. Kreise bei den Präpositionalobjekten die Präpositionen ein. /2 Punkte

Wer? oder Was?
Wen? oder Was?
Wem?
Wonach?
Wofür?

A **Sie** fragte **die Zeitungsverkäuferin nach dem Weg**.

Subjekt: ______________________________

Akkusativobjekt: ______________________________

Präpositionalobjekt: ______________________________

B **Er** dankte **der Frau für diese Information**.

Subjekt: ______________________________

Dativobjekt: ______________________________

Präpositionalobjekt: ______________________________

3 Erweitere die Sätze mit passenden adverbialen Bestimmungen vom Rand. Schreibe in dein Heft. /8 Punkte

A Sie macht ihr Praktikum. (Zeit/Ort)
B Er arbeitet. (2 x Art und Weise)
C Sie hat ein Lob bekommen. (Zeit/Grund)
D Sie fuhr nicht mit. (Ort/Grund)

bei der Firma Sachs,
nach Bonn, sorgfältig, schnell,
aufgrund einer Krankheit,
im nächsten Monat, gestern,
wegen ihrer guten Leistungen

4 Markiere alle adjektivischen Attribute im Text. /15 Punkte
Tipp: Du musst 15 Attribute markieren.
Zweimal stehen sogar zwei Attribute vor einem Nomen.

Auf großem Fuß lebt jemand, der viel Geld ausgibt. Diese alte Redensart bezieht sich auf den französischen Grafen von Anjou. Er war ein reicher und angesehener Mann, hatte aber ein Problem: ein hässliches, dickes Geschwür am Fuß. Deshalb passten ihm die vornehmen Schuhe nicht und er ließ sich große Schuhe anfertigen. Darin konnte er seine riesigen Füße verstecken. Weil er sehr angesehen war, wollten seine Mitbürger das nachahmen. Doch nur die reichen Leute konnten sich die großen Treter leisten – und deshalb auf großem Fuß leben.

Gesamtpunktzahl: /45 Punkte

Der Kompetenztest

Das kann ich! – Sachtexte und Grafiken erschließen

1 Lies die Texte und die Grafik mithilfe des Textknackers.

Material 1

Energie aus Biomasse

Die Bioenergieanlage in Jühnde

Bürgermeister Brandenburg ist stolz. Sein Heimatdorf Jühnde ist in den Schlagzeilen und findet weit über die Grenzen Niedersachsens hinaus Beachtung. Was ist passiert, dass ein Ort mit knapp 800 Einwohnern in den Mittelpunkt des öffentlichen Interesses gerät? Der Grund: Jühnde wurde zusammen mit den Gemeinden Effelter (Bayern) und Feldheim (Brandenburg) zum Sieger des bundesweiten Wettbewerbs „Bioenergiedörfer 2010" gekürt. Mit dieser Auszeichnung prämiert das Bundesministerium für Ernährung, Landwirtschaft und Verbraucherschutz (BMELV) beispielhafte Bioenergiedörfer, die mindestens die Hälfte ihres Jahresstrom- und wärmebedarfs aus regional erzeugter Biomasse decken. Biomasse gibt es aber nicht nur in Jühnde, sondern auf der ganzen Welt, und anders als Kohle, Erdöl und Erdgas entsteht sie in kurzer Zeit neu.

Energie aus der Verbrennung von Holz nutzten schon unsere Vorfahren in der Altsteinzeit. Sie wärmten sich am Feuer und bereiteten dort ihre Speisen zu. Bis ins 19. Jahrhundert hinein war Holz fast die einzige Energiequelle. Der steigende Energiebedarf seit der Industrialisierung konnte dann nur mithilfe von Kohle gedeckt werden. Später kamen Erdöl und Erdgas dazu. Diese sogenannten fossilen Brennstoffe haben erhebliche Nachteile: Sie erhöhen den CO_2-Gehalt in der Atmosphäre, tragen so zur Erderwärmung bei und stehen nicht unbegrenzt zur Verfügung. Sie werden immer knapper und daher teurer.

Eine Alternative zu den fossilen Brennstoffen bieten die erneuerbaren Energien. So werden Wasserkraft, Wind- und Sonnenenergie schon seit Jahren für eine umweltfreundliche Energiegewinnung genutzt. Nun kommt verstärkt die Energieerzeugung aus Biomasse hinzu. Aus Pflanzen, tierischen Rückständen wie Mist und Gülle[1] oder aus Bioabfall wird Energie gewonnen. Mit Biomasse kann Wärme und Strom erzeugt oder Kraftstoff produziert werden (der sogenannte Biodiesel). CO_2 entsteht dabei zwar auch, es wird aber nicht mehr CO_2 freigesetzt, als vorher von den Pflanzen aufgenommen wurde. Die Nutzung der Biomasse hängt nicht vom Wind oder von der Sonneneinstrahlung ab. Damit ist sie verlässlicher als die meisten erneuerbaren Energien.

Doch wie wird aus Biomasse Strom und Wärme? Dafür gibt es in Jühnde eine Bioenergieanlage. Die für die Energiegewinnung verwendete Biomasse wird von den ansässigen Landwirten produziert. Sie bauen auf etwa 18 Prozent der Agrarflächen des Dorfes Energiepflanzen[2] wie Raps, Mais oder Gras an. Die Pflanzenmasse wird zunächst vergärt und anschließend zusammen mit der in der Tierhaltung anfallenden Gülle in eine Biogasanlage eingespeist. Bakterien zersetzen dort die organischen Stoffe zu dem Biogas Methan, das in das benachbarte Blockheizkraftwerk[3] weitergeleitet wird. Dort wird das Methan in einem Gasmotor verbrannt, wodurch Elektrizität produziert wird.

1 die Gülle: flüssiger Dünger aus Urin und Kot landwirtschaftlicher Nutztiere
2 Energiepflanzen werden zur Energiegewinnung angebaut und liefern Biomasse.
3 das Blockheizkraftwerk: eine Anlage zur Gewinnung von Strom und Wärme

Der umweltfreundliche Strom aus dem Blockheizkraftwerk kann aber nicht direkt von den Dorfbewohnern verbraucht werden, sondern er muss in das Stromnetz des örtlichen Elektrizitätsversorgungsunternehmens (EVU) eingespeist werden. Insgesamt wird in der Bioenergieanlage mit etwa vier Millionen Kilowattstunden im Jahr ungefähr doppelt so viel Elektrizität produziert, wie das Dorf selbst verbraucht. Mit dem Erlös aus dem Stromverkauf kann so nicht nur der Betrieb der Anlage finanziert, sondern es können auch die Energiekosten für die Verbraucher deutlich gesenkt werden.

Die bei der Stromerzeugung frei werdende Wärme kann außerdem direkt von den Einwohnern verbraucht werden. Dazu wird sie über das Nahwärmenetz (ein unterirdisches Leitungssystem) in die Häuser geleitet. Zusätzliche Wärme für besonders kalte Tage liefert ein Holzhackschnitzelheizwerk, das Restholz aus den umliegenden Wäldern verbrennt. Dabei werden die regionalen Waldbesitzer ihren Holzabfall los und die Bewohner freuen sich, weil sie die Wärme aus Bioenergie weniger kostet als zum Beispiel die aus Erdöl.

Die Gemeinde ist stolz, dass sie sogar nicht nur einen Teil, sondern ihren gesamten Energiebedarf durch die umweltfreundliche Energieanlage produziert. Einige Gemeinden sind bereits diesem guten Beispiel gefolgt und so gab es im Jahr 2010 bereits über 60 Bioenergiedörfer in Deutschland.

Material 2

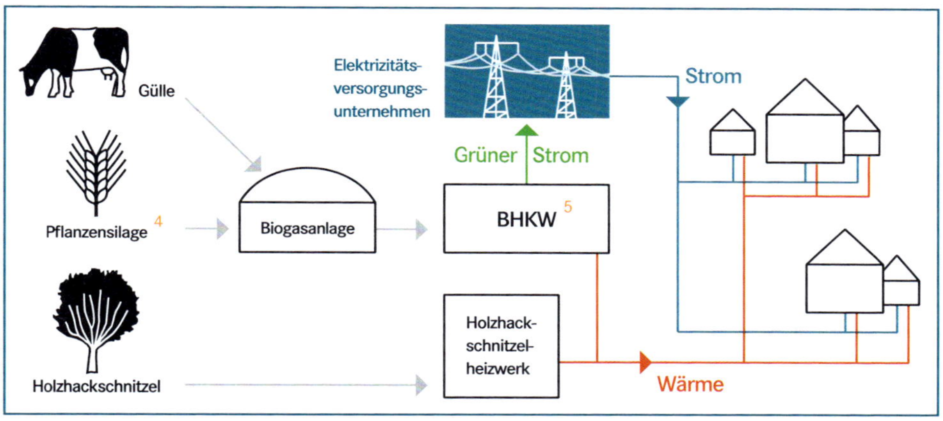

Eine Bioenergieanlage und ihre Bestandteile

Material 3

Kritik an der Energiegewinnung aus Biomasse

– Der Anbau von Energiepflanzen hat bereits jetzt so stark zugenommen, dass er teilweise mit der Nahrungsmittelproduktion konkurriert. So sind in vielen Ländern, in denen Mais und Weizen auch für die Herstellung von Treibstoffen genutzt werden, die Preise für Nahrungsmittel gestiegen.
– Wenn für den Anbau von Energiepflanzen Regenwälder abgeholzt werden, kann die Energiegewinnung aus Biomasse auch klimaschädlich sein.
– Der zunehmende Anbau von Energiepflanzen führt zu riesigen Flächen mit Monokulturen[6]. Diese sind ein Nährboden für Schädlinge und Pflanzenkrankheiten, die den Einsatz von Chemikalien erfordern.
– Wollte Deutschland seinen gesamten Treibstoffbedarf mit Biokraftstoffen decken, wäre eine Anbaufläche nötig, die größer wäre als die gesamte Bundesrepublik. Auch wenn die Rohstoffe nachwachsen, sind sie nicht in unendlicher Menge verfügbar.

4 die Pflanzensilage: zerkleinerte Pflanzen, die unter Luftabschluss vergärt werden
5 das BHKW: Abkürzung für Blockheizkraftwerk
6 die Monokultur: Anpflanzung von nur einer Pflanzensorte auf einer großen Fläche

2 a. Markiere die Absätze von Material 1 mit Kreisen und nummeriere sie.
b. Schreibe für die Absätze 2 bis 7 passende Überschriften auf.

1 Ein beispielhaftes Bioenergiedorf 2 ____________________

3 ____________________ 4 ____________________

5 ____________________ 6 ____________________

7 ____

Kreuze in den Aufgaben 3 bis 8 jeweils die eine richtige Antwort an.

3 Was ist ein Bioenergiedorf?
- ☐ a) Ein Dorf, in dem alle Einwohner Ökostrom kaufen.
- ☐ b) Ein Dorf mit mindestens einer Bioenergieanlage.
- ☐ c) Ein Dorf, das keinen Stromanschluss hat und mit Holz heizt.
- ☐ d) Ein Dorf, das über die Hälfte seines Energieverbrauchs aus regional erzeugter Biomasse deckt.

4 Was ist das Besondere an dem Dorf Jühnde?
- ☐ a) Es wird seit 2010 vom EVU mit Bioenergie versorgt.
- ☐ b) Es war das sechzigste Bioenergiedorf Deutschlands.
- ☐ c) Es wurde als beispielhaftes Bioenergiedorf vom BMELV prämiert.
- ☐ d) Es gehört mit den Dörfern Effelter und Feldheim zusammen.

5 Biomasse gibt es ...
- ☐ a) ... nur in Bioenergiedörfern.
- ☐ b) ... nur in Bayern und Brandenburg.
- ☐ c) ... nur in Deutschland.
- ☐ d) ... auf der ganzen Welt.

6 Fossile Brennstoffe ...
- ☐ a) ... sind nicht umweltschädlich.
- ☐ b) ... gibt es unbegrenzt.
- ☐ c) ... gibt es nicht unbegrenzt.
- ☐ d) ... werden immer billiger.

7 Energiepflanzen sind Pflanzen, ...
- ☐ a) ... die besonders viel Energie benötigen.
- ☐ b) ... die zur Produktion von Energie angebaut werden.
- ☐ c) ... die energiesparend angebaut werden.
- ☐ d) ... aus denen Nahrungsmittel produziert werden.

8 Aus welchen drei Bereichen kommt die Biomasse?
- ☐ a) Pflanzen, tierische Rückstände, Bioabfall
- ☐ b) Gras, Wasser, Holzhackschnitzel
- ☐ c) Gülle, Mist, Erde
- ☐ d) Raps, Mais, Methan

9 a. Wie wird aus Biomasse Energie gewonnen? Markiere die Textstelle.
b. Schreibe eine kurze Antwort auf die Frage in eigenen Worten auf.

____

____

10 Ergänze die folgenden Sätze mit passenden Wörtern vom Rand. Betrachte dazu das Schaubild auf Seite 87 und lies im Text die Absätze 4 bis 6.

A Das Holzhackschnitzelheizwerk produziert ____________________.

B Das Methan wird in der ____________________ produziert.

C Im Blockheizkraftwerk wird ____________________ verbrannt.

Biogasanlage
Methan
Wärme

Punkte
- Aufgabe 2: ___ /12 Punkte
- Aufgabe 3: ___ /2 Punkte
- Aufgabe 4: ___ /2 Punkte
- Aufgabe 5: ___ /2 Punkte
- Aufgabe 6: ___ /2 Punkte
- Aufgabe 7: ___ /2 Punkte
- Aufgabe 8: ___ /2 Punkte
- Aufgabe 9: ___ /6 Punkte
- Aufgabe 10: ___ /3 Punkte

Gesamtpunktzahl dieser Seite: ___ /33 Punkte

11 Erkläre die folgenden Abkürzungen. Du findest sie in den Materialien 1 und 2.

EVU: ______________________________

BMELV: ______________________________

BHKW: ______________________________

12 Welche zwei Formen von Energie produziert das Blockheizkraftwerk?
a. Kreise in dem Schaubild den entsprechenden Bereich mit Bleistift ein.
b. Markiere mindestens zwei passende Stellen in Material 1.
c. Beantworte die Frage in Stichworten.

____

13 a. Lies das Material 3 genau.
b. Kreuze in den Aufgaben 15 bis 18 jeweils die **eine** richtige Ergänzung an.

14 Der Anbau von Energiepflanzen ...
- ☐ a) ... verbilligt die Nahrungsmittel.
- ☐ b) ... stillt den Hunger in der Welt.
- ☐ c) ... bewirkt Preissteigerungen.
- ☐ d) ... macht die Armen reich.

15 Monokulturen ...
- ☐ a) ... sind vorteilhaft, weil sie riesige Flächen benötigen.
- ☐ b) ... sind ein Nährboden für Schädlinge und Pflanzenkrankheiten.
- ☐ c) ... verdrängen keine anderen Nutzpflanzen.
- ☐ d) ... erfordern keine Chemie.

16 Der Anbau von Energiepflanzen ist klimaschädlich, wenn dafür ...
- ☐ a) ... Regenwald gepflanzt wird.
- ☐ b) ... Strom zum EVU fließt.
- ☐ c) ... im BHKW CO_2 entsteht.
- ☐ d) ... Regenwald abgeholzt wird.

17 Wenn Deutschland seinen gesamten Treibstoffbedarf nur mit Biokraftstoffen decken wollte, würden in Deutschland ...
- ☐ a) ... Elektroautos verboten sein.
- ☐ b) ... die Nahrungspreise fallen
- ☐ c) ... die Anbauflächen nicht reichen.
- ☐ d) ... Pflanzen unendlich nachwachsen.

18 Wo ist das „Nahwärmenetz" in dem Schaubild auf Seite 87 eingezeichnet?
- Lies dazu noch einmal den sechsten Absatz vom Material 1.
- Beschreibe diesen Teil des Schaubilds in eigenen Worten.

____

____

19 Vervollständige das folgende Flussdiagramm mit den Wörtern vom Rand.

Von der Biomasse zur Energie

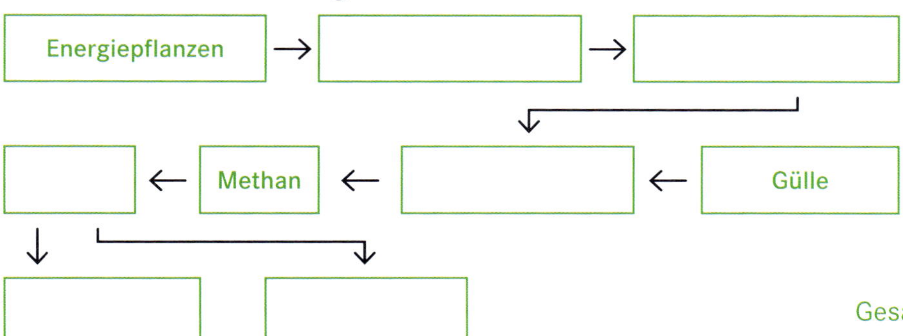

Vergärung
Pflanzensilage
Biogasanlage
BHKW
Strom
Wärme

Punkte

11	/6 Punkte
12a	/2 Punkte
12b	/2 Punkte
12c	/2 Punkte
14	/2 Punkte
15	/2 Punkte
16	/2 Punkte
17	/2 Punkte
18	/6 Punkte
19	/6 Punkte

Gesamtpunktzahl dieser Seite: /32 Punkte
Gesamtpunktzahl vorheriger Seite: /33 Punkte
Sachtexte und Grafiken erschließen – Gesamtpunktzahl: /65 Punkte

Das kann ich! – Rechtschreiben

Punkte

1 Verlängere die Wörter. Schreibe beide Formen richtig auf die Linien. /8 Punkte

sie schwin■t (g/k) ______________________ also ______________________

es bru■t (m/mm) ______________________ also ______________________

der Betrie■ (b/p) ______________________ also ______________________

mil■ (d/t) ______________________ also ______________________

2 Leite die Wörter ab. Finde jeweils ein verwandtes Wort. /4 Punkte
Schreibe die Wortpaare richtig auf die Linien.

sch■mt (äu/eu) ______________________ also ______________________

kr■ftig (ä/e) ______________________ also ______________________

3 **a.** Markiere in den Wörtern die Wortstämme **-nehm-**, **-nahm-** und **-nommen**. /15 Punkte

> angenommen, die Vernehmung, abnehmen, die Maßnahme, einnehmen, eingenommen, die Abnahme, die Unternehmung, das Unternehmen, aufnehmen, die Übernahme, zunehmend, teilgenommen, herausnehmen, entgegennehmen

b. Schreibe die Nomen der Wortfamilie **nehmen** aus dem Kasten auf. /6 Punkte
Denke an die Artikel.

____

____

4 **a.** Ergänze den Merksatz. /3 Punkte
b. Bilde mit den Wörtern in Klammern Nomen. Schreibe auf die Linien.
Denke an die Artikel.

Wörter mit den Suffixen **-ung**, **-nis**, -________ und -________ sind Nomen. Sie werden ____________geschrieben. (kreuzen, erleben, schön, krank, sauber)

____ /4 Punkte

____

5 **a.** Markiere in dem Text alle Wörter mit **wider**. /4 Punkte
b. Unterstreiche alle Wörter mit **h** nach langem Vokal. /8 Punkte

Durch den Musikwettbewerb wurde er über Nacht berühmt. Schon am Morgen standen die Fans vor seiner Wohnung. Davor war er immer mit der Bahn in die Stadt gefahren, doch jetzt nahm er ein Taxi. Am Anfang fühlte er sich geschmeichelt, dass ihm die Mädchen nicht widerstehen konnten. Aber jetzt gibt er nur noch widerwillig Autogramme und Briefe erwidert er schon lange nicht mehr. Den ganzen Trubel findet er inzwischen widerwärtig.

c. Schreibe die Wörter mit **h** nach langem Vokal aus dem Text auf die Linien. /8 Punkte

____

____

Rechtschreiben – Gesamtpunktzahl: /60 Punkte

Das kann ich! – Grammatik

Punkte

1 a. Markiere alle Passivformen im folgenden Text. /16 Punkte
b. Schreibe den letzten Satz im Passiv auf die Linien unter dem Text. /2 Punkte
Tipp: Du musst dazu „die Stadt“ weglassen.

Der neue Skatepark

Es ist so weit! Der von allen lang ersehnte Skatepark wird nun endlich gebaut! Zuerst werden die Erdarbeiten erledigt, danach werden die Schalbretter ausgelegt. Am Ende der Woche wird der Beton geliefert und dann wird mit dem Bau der Curbs begonnen. Danach wird alles betoniert. Ob Quaterpipe, Minirampe oder Zuschauertribüne – hier wird nicht gespart. Die großzügigen Sponsoren werden schon jetzt sehr gelobt. Durch diese Anlage schafft die Stadt ein tolles Freizeitangebot für Skatebegeisterte.

____

____

2 a. Markiere im folgenden Text alle Verbformen im Konjunktiv I. /7 Punkte
b. Unterstreiche einen Konjunktiv II. /1 Punkte

Nach der ersten Begegnung mit ihrem Austauschpartner sagte Sandra, sie habe leider nicht alles verstanden. Jean-Paul spreche etwas zu schnell. Sie wolle ihm das noch sagen, doch jetzt müsse sie sich erst einmal ausruhen. Die französische Art der Begrüßung sei ihr zwar noch fremd, sie werde sich aber sicher noch daran gewöhnen. Zwei Wochen später meinte Sandra, sie könne sich gar nicht vorstellen, wieder nach Hause zu fahren. Wer hätte das gedacht?

3 Kreise im Text unter Aufgabe 2 alle Pronomen ein. /11 Punkte

4 Erweitere die Sätze mit passenden adverbialen Bestimmungen vom Rand. Schreibe auf die Linien. /6 Punkte

wegen des Regens, jeden Tag, im Elektrogeschäft, in einem Monat, heute, fleißig

A Er beginnt sein Praktikum. (Wann?/Zeit, Wo?/Ort)

____

B Er geht nicht wandern. (Warum?/Grund, Wann?/Zeit)

____

C Sie lernt für die Klassenarbeit. (Wie?/Art und Weise, Wann?/Zeit)

____

5 Verbinde die zwei Sätze zu einem Satzgefüge. Verwende dazu eine passende Konjunktion vom Rand. /2 Punkte

obwohl
weil

Sie geht heute nicht in den Skatepark. Es ist schönes Wetter.

____

____

Grammatik – Gesamtpunktzahl: /45 Punkte

Das kann ich! – Einen informierenden Text überarbeiten

Punkte

Du überarbeitest den folgenden informierenden Text mithilfe der Texte und des Schaubilds auf den Seiten 86–87.

Achtung: Fehler!

Gülle statt Erdöl

Auf dem Land kann man bereits fossile Brennstoffe einsparen, weil es dort nachwachsende Brennstoffe gibt. Einige Dörfer heizen mit Biomasse und produzieren gleichzeitig Strom. Im Jahre 2011 gab es bereits 60 solche Bioenergiedörfer in Deutschland. Das folgende Schaubild zeigt, wie aus der Biomasse Energie gewonnen wird.

Von der Biomasse zur Energie

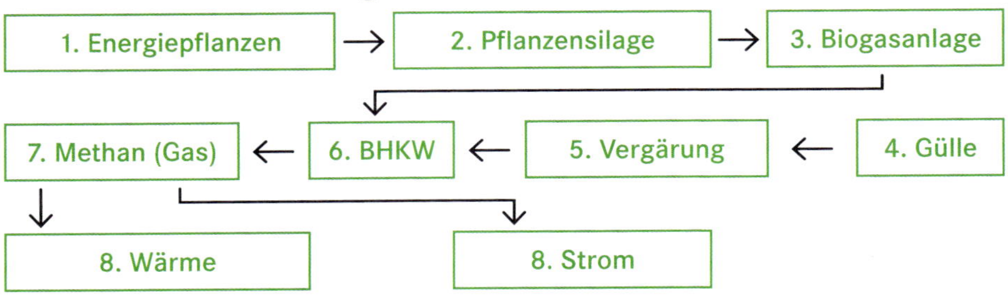

Biomasse ist besonders verlässlich, weil sie nur von Sonne und Wind abhängt. Und es gibt genug Anbauflächen in Deutschland. Wenn aus Pflanzen mehr Energie und weniger Nahrungsmittel produziert werden, steigen die Preise für Nahrungsmittel. Für neue Anbauflächen wird zudem Regenwald abgeholzt. Dadurch und durch die Monokulturen kann Biomasse auch schädlich sein. Deshalb ist es nicht selbstverständlich, dass Bioenergiedörfer prämiert werden. Schließlich haben die schon den Vorteil, dass für sie die Energie billiger wird, und die Nachteile werden vielleicht vergessen.

1 Welche Zeitangabe im ersten Absatz stimmt nicht? Schreibe die richtige Angabe aus dem Text auf den Seiten 86–87 am Rand auf. /3 Punk

2 a. Markiere im Schaubild alle Angaben, die an falscher Stelle stehen. /5 Punk
b. Schreibe die richtigen Angaben mit passenden Nummern am Rand auf. /5 Punk

3 Überprüfe, ob die Überschrift zu den Aussagen des Textes passt. Schreibe eine Überschrift auf, die auch die Nachteile der Biomasse andeutet. /4 Punk

4 Wofür steht die Abkürzung **BHKW**? Schreibe die Auflösung am Rand auf. /2 Punk

5 a. Streiche im zweiten Absatz zwei falsche Aussagen durch. /2 Punk
b. Schreibe die Informationen dieser beiden Sätze richtig auf die Linien. /4 Punk

6 a. Vergleiche alle Informationen mit den Materialien auf den Seiten 86–87.
b. Notiere Stichworte für deine Überarbeitung in deinem Heft.

7 Schreibe den informierenden Text mit Schaubild überarbeitet in dein Heft. /25 Pur
– Schreibe sachlich und verwende geeignete Fachwörter.
– Nenne die Vor- und Nachteile einer Nutzung von Biomasse.

Einen informierenden Text überarbeiten – Gesamtpunktzahl: /50 Pur

Das kann ich! – Eine Kleinanzeige schreiben

Du suchst einen Ferienjob und schreibst eine Kleinanzeige.

Punkte

Bitte füllen Sie die Kontaktdaten vollständig aus.

Anrede ☐ Herr ☐ Frau — /1 Punkt

Zuname Vorname — /2 Punkt

Straße und Hausnummer — /1 Punkt

PLZ und Wohnort — /2 Punkt

Telefon / — /1 Punkt

E-Mail — /1 Punkt

Bitte kreuzen Sie die gewünschte Rubrik an.

☐ Ankauf ☐ Verkauf ☐ Stellengesuche ☐ Stellenangebote ☐ Freizeit — /2 Punkte

Bitte schreiben Sie Ihren Anzeigentext. — /30 Punkte (Punkteverteilung siehe Aufgabe 3)

____

____

____

____

____

____

____

____

Die Antworten auf meine Anzeige …

☐ … hole ich persönlich ab. ☐ … senden Sie an meine Anschrift (5,50 €)

Ihre Anzeige erscheint in der Ausgabe am Samstag. Donnerstags um 12:00 Uhr ist Anzeigenschluss.

1 Fülle alle Felder des Formulars bis auf den Anzeigentext richtig aus.

2 a. Welcher Ferienjob am Rand passt zu dir? Kreuze an.
b. Schreibe Stichworte zu den folgenden Fragen in dein Heft.
- Welche Fähigkeiten benötigst du für diese Tätigkeit?
- Zu welchen Tageszeiten musst du arbeiten?

☐ Haustiere ausführen
☐ Zeitungen austragen
☐ Gartenarbeiten
☐ Stühle und Tische in Gartencafés aufstellen

3 a. Notiere dir Stichworte zu den folgenden Anforderungen in deinem Heft.
- Welche Tätigkeit willst du ausüben? (6 Punkte)
- Dein Alter? Dein Geburtsjahr? Dein Geschlecht? (6 Punkte)
- Wodurch bist du für die Tätigkeit geeignet? (6 Punkte)
- Für welche Arbeitszeiten und welchen Zeitraum suchst du Arbeit? (6 Punkte)
- Wie hoch sind deine Lohnvorstellungen? (6 Punkte)

b. Schreibe deinen Anzeigentext gut lesbar auf die vorgesehenen Linien.
c. Überprüfe das ausgefüllte Formular auf Fehler. Korrigiere, wenn nötig. Für jeden Rechtschreibfehler wird einer von 10 Punkten abgezogen. — /10 Punkte

Eine Kleinanzeige schreiben – Gesamtpunktzahl: /50 Punkte

Wissenswertes auf einen Blick

Rechtschreiben, Zeichensetzung

Das Gliedern, das Verlängern, das Ableiten

Beim **Gliedern** zerlegst du mehrsilbige Wörter in Sprechsilben, z. B.: Er | eig | nis | se.

Durch **Verlängern** kannst du Endbuchstaben hörbar machen.
Pferd – Pferde, er schwingt – schwingen, wütend – wütende

ä/äu oder **e/eu**? Wenn du nicht sicher bist, kannst du das Wort **ableiten**.
Findest du ein verwandtes Wort mit **a/au**, dann schreibe **ä/äu**.
die Wälder – der Wald die Bäume – der Baum

Einige Wörter kannst du nicht ableiten. Es sind **Merkwörter**, z. B.: der Bär.

Manche Wörter sind miteinander verwandt und bilden **Familien**. Die Mitglieder einer Wortfamilie haben denselben **Wortstamm**. **Gleiche Wortstämme** schreibt man meist gleich.
be**sitz**en, er **sitz**t, die **Sitz**ung

Übungen S. 46–49

Großschreibung

Aus Adjektiven können Nomen werden.
Die starken Wörter **alles**, **nichts**, **allerlei**, **etwas**, **genug**, **viel** und **wenig** machen's!
gut – alles Gute, schön – allerlei Schönes

Zusammengesetzte Nomen aus **Wochentag** und **Tageszeit** werden zusammen- und großgeschrieben.
der Montagabend
Nach **gestern**, **heute** und **morgen** werden Tageszeiten großgeschrieben.
morgen Mittag

Wörter mit den Suffixen **-ung**, **-heit**, **-keit** und **-nis** sind Nomen. Sie werden großgeschrieben.

Aus Verben können Nomen werden.
Der Artikel **das** und die starken Wörter **beim**, **zum**, **im**, **am** und **vom** machen's!
arbeiten – **das** Arbeiten / **beim** Arbeiten / **zum** Arbeiten

Übungen S. 50–52

Fremdwörter

Fremdwörter kann man oft an ihren **Endungen (Suffixen)** erkennen.
Viele Nomen haben die Endungen **-ie** oder **-ität**.
Viele Adjektive haben die Endung **-(i)ell**.

Fremdwörter mit v: Viele Wörter, die **mit v** beginnen, sind **Fremdwörter**, z. B.: die Violine = die Geige.

Verben auf -ieren: Viele von Fremdwörtern abgeleitete Verben enden auf **-ieren**.
transportieren (von: der Transport)

Übungen S. 53–55

Getrenntschreibung

Die Wortgruppen **Nomen** + **Verb** und **Verb** + **Verb** werden in der Regel **getrennt** geschrieben.
Heute wollen wir Rad fahren. Ich möchte lieber spazieren gehen.

Wortgruppen aus **Adjektiv** + **Verb** schreibt man in der Regel **getrennt**.
ruhig bleiben

Wortgruppen mit **sein** schreibt man **getrennt**, egal, welches Wort vor **sein** steht.
an sein, aus sein

Übungen S. 56–57

Wörter mit h

Bei einigen Wörtern steht nach einem lang gesprochenen Vokal oder Umlaut ein **h**.
Allerdings nur vor den Konsonanten **l**, **m**, **n** und **r**.

Stuhl	ähnlich
langer Vokal vor l	langer Umlaut vor n

In den meisten Wörtern folgt nach einem langen Vokal **kein h**.

Übungen S. 58–59

Wörter mit wider

Das Wort **wider** hat die Bedeutung **„gegen“**, **„dagegen“**, **„entgegen“**.
Du sollst mir nicht widersprechen.

Übungen S. 60–61

Komma in Aufzählungen und Satzgefügen

Die Teile einer **Aufzählung**, die nicht durch **und/oder** verbunden sind, werden durch **Komma** voneinander getrennt. Aufzählungen können aus **Wörtern**, **Satzteilen** oder **Sätzen** bestehen.

In einem Satzgefüge werden **Nebensätze** (NS) vom **Hauptsatz** (HS) durch Komma abgetrennt. Am Anfang des NS steht häufig eine Konjunktion, z. B. **als**, **weil**, **dass**, **obwohl**.
Als ich sie sah, schlug mein Herz schneller.
Konj. NS HS

Nach Verben des Sagens, Denkens und Meinens folgen oft **dass**-Sätze. Der **dass**-Satz wird durch ein Komma vom Hauptsatz abgetrennt, z. B.: Sie hofft**, dass** ihr Freund auf sie wartet.

Übungen S. 62–65

Grammatik

Verben

Verben sind Tätigkeitswörter und geben an, was jemand tut oder was geschieht.
Verben bilden verschiedene Zeitformen.

Verben im Präsens verwendest du, um auszudrücken,
– **was man regelmäßig tut**: Sina **füttert** die Kraken sechsmal die Woche.
– **was man jetzt tut**: Sina **füttert** die Kraken jetzt gerade.
Bei vielen Verben bleibt im Präsens der Verbstamm gleich. Es verändern sich nur die Endungen.
Sie richten sich nach der Person. **Zusammengesetzte Verben** können im Satz auseinanderstehen.
einkaufen – im Satz: Er kauft Futter ein.

Verben im Präteritum verwendest du meist, wenn du **schriftlich über etwas berichtest oder erzählst**, was schon vergangen ist.
Auch in Berlin **feierten** zahlreiche Fans den Sieg der Nationalmannschaft.

Verben im Perfekt verwendest du meist, wenn du etwas **mündlich erzählst**, was schon vergangen ist.
Viele Verben bilden das Perfekt mit **haben**: Sie hat gebacken.
Viele Verben bilden das Perfekt mit **sein**: Wir sind gelaufen.

Das Plusquamperfekt verwendest du, wenn du ausdrücken willst, dass etwas **vor einem zurückliegenden Ereignis geschah**.
Chaos brach aus, nachdem die Luftbehörden den Luftraum über vielen Ländern **gesperrt hatten**.

Das Futur verwendest du, wenn du über Dinge sprichst, die in der **Zukunft** liegen, also noch nicht geschehen sind.
Heute Abend **werde** ich ins Kino **gehen**.

Übungen S. 67

Verben im Passiv beschreiben, wenn etwas mit einer Person oder einem Gegenstand getan wird. Die Tätigkeit ist wichtig, nicht, wer sie ausführt. Deshalb wird die handelnde Person im Passiv meist nicht genannt. Das Passiv wird mit einer Form von **werden** und dem **Partizip Perfekt (Partizip II)** gebildet.
Tausend Flüge **werden** gestrichen.

Übungen S. 68–70

Verben im Konjunktiv I drücken unsichere Informationen aus. Auch bei nicht wörtlicher Rede (indirekter Rede) wird der Konjunktiv I verwendet. Dadurch wird deutlich, dass die Aussage nicht wahr sein muss.
Er sagt, er **laufe** jeden Morgen zehn Kilometer.

Verben im Konjunktiv II (Möglichkeitsform des Verbs) drücken aus, dass etwas nicht oder noch nicht Wirklichkeit ist, also z. B. **Möglichkeiten** oder erfüllbare oder nicht erfüllbare **Wünsche**.
Ich **wäre** gerne ein Star.
In Form einer **Frage** drückt der **Konjunktiv II Aufforderungen** oder **Bitten höflicher** aus als der Imperativ.
Häufig muss man dabei noch das Wort **bitte** ergänzen, z. B.:
Imperativ (Befehlsform): **Sei** leise! Frage mit Konjunktiv II: **Würdest du bitte leise sein**?
Der **Konjunktiv II** wird vom Präteritum abgeleitet.

Präteritum:	du hattest	sie blieb	ich fand
Konjunktiv II:	du hättest gern …	sie bliebe bestimmt …	ich fände schön …

Übungen S. 37–38, 71–75

Pronomen

Personalpronomen: Die Personalpronomen **ich**, **du**, **er**, **sie**, **es**, **wir**, **ihr**, **sie** kannst du für Personen, Lebewesen und Dinge einsetzen: Martin fährt Fahrrad. **Er** fährt schnell.

Possessivpronomen: Die Possessivpronomen **mein/meine**, **dein/deine**, **sein/seine**, **ihr/ihre**, **unser/unsere**, **euer/eure**, **ihr/ihre** zeigen an, wem etwas gehört: Martin leiht mir **sein** Fahrrad.

Relativpronomen: Mit den Relativpronomen **der**, **die**, **das / welcher**, **welche**, **welches** kann man **Nebensätze** einleiten. Das Relativpronomen **bezieht sich auf ein Nomen** oder **Pronomen** zurück und steht nach einem **Komma**.
Ich lese das Buch, **das** du mir geschenkt hast.

Demonstrativpronomen: Mit den Demonstrativpronomen **dieser**, **diese**, **dieses / jener**, **jene**, **jenes** kann man auf etwas zeigen oder hinweisen, z. B.:
Seit **jenem** Tag mochte sie **dieses** Lied.

Übungen S. 35, 66, 71, 80

Der Satz

Eine Satzreihe besteht aus mindestens zwei **Hauptsätzen**. Zwei oder mehr Hauptsätze können mit Konjunktionen, z. B. **denn** oder **aber**, verbunden werden.
Eva gibt sich im Praktikum Mühe, **denn** sie verdankt den Praktikumsplatz ihrer Tante.

Ein Satzgefüge besteht aus einem **Hauptsatz** und mindestens einem **Nebensatz**. Der Nebensatz endet mit einer **gebeugten Verbform**. Nebensätze werden mit Konjunktionen eingeleitet (z. B. **weil** oder **obwohl**) und vom Hauptsatz durch Komma getrennt, z. B.: Die Tante freut sich, **weil** sie nur Gutes über Eva hört.

Konjunktionalsätze sind Nebensätze (NS), die mit einer Konjunktion eingeleitet werden, z. B. **als**, **weil**, **wenn**, **obwohl**, **damit**, **dass**, **sodass**, **solange** und **nachdem**. Sie können **vor (Spitzenstellung)** oder **nach (Endstellung) dem Hauptsatz** (HS) stehen, z. B.: **Obwohl** sie nur Gutes hört, sorgt sich die Tante.

Relativsätze sind **Nebensätze, die sich** meist **auf ein vorangehendes Nomen beziehen**. Sie werden immer vom Hauptsatz durch Komma abgetrennt und durch ein typisches **Relativpronomen** (z. B. **der**, **die**, **das**) eingeleitet.
Geografie ist das Schulfach, **das** sich mit der Erde und der Erdoberfläche beschäftigt.

Übungen S. 76–81

Satzglieder und Attribute

Das Subjekt kann eine Person oder eine Sache sein. Mit **Wer?** oder **Was?** fragst du nach dem Subjekt.
Sabine hat Geburtstag. – Wer hat Geburtstag? – Sabine

Das Prädikat sagt etwas darüber aus, was jemand tut oder was geschieht. Mit **Was tut ...?** fragst du nach dem Prädikat.
Eric **schenkt** ihr ein Buch. Eric **hat** ihr ein Buch **geschenkt**.

Objekte
Mit **Wen?** oder **Was?** fragst du nach dem **Akkusativobjekt**.
Sabine bringt den Gast zur Tür. – Wen bringt Sabine zur Tür? – Den Gast.
Mit **Wem?** fragst du nach dem **Dativobjekt**.
Sarah gratuliert dem Geburtstagskind. – Wem gratuliert Sarah? – Dem Geburtstagskind.

Adverbiale Bestimmungen
Nach der **adverbialen Bestimmung der Zeit** fragst du mit **Wann?**
Der Spion kam um zehn Uhr. – Wann kam der Spion? – Um zehn Uhr.
Nach der **adverbialen Bestimmung des Ortes** fragst du mit **Wo?**, **Woher?**, **Wohin?**
Er traf den Mann am Bahnhof. – Wo traf er den Mann? – Am Bahnhof.
Nach der **adverbialen Bestimmung der Art und Weise** fragst du mit **Wie?**
Die Geldübergabe verlief hektisch. – Wie verlief die Geldübergabe? – Hektisch.
Nach der **adverbialen Bestimmung des Grundes** fragst du mit **Warum?**
Wegen der Eile übersah er ihn. – Warum übersah er ihn? – Wegen der Eile.

Adjektivische Attribute stehen **vor** dem Nomen. Sie antworten auf die Fragen **Welche?**, **Welcher?**
Heute kommt meine beste Freundin. – Welche Freundin? – Die beste Freundin.

Übungen S. 82–85

Mehr **Wissenswertes auf einen Blick** findest du vorne im Heft und in den Klappen. Öffne die Klappen, um zum Beispiel mit dem **Textknacker** zu arbeiten.

Doppel-Klick 8 Differenzierende Ausgabe

Das Arbeitsheft Basis

Lösungen

Seite 4

1 *So könntest du geschrieben haben:*
In dem Text geht es wahrscheinlich darum, dass man mithilfe von verschiedenen Kraftwerken Energie aus dem Meer gewinnen kann. Die Überschrift sagt mir, dass es um Energiegewinnung aus dem Meer geht. Die Zwischenüberschriften und die Abbildungen benennen und zeigen die verschiedenen Kraftwerke.

Seite 6

4 **b.** *So hast du sicher angekreuzt:*
☒ unterschiedliche Kraftwerkstypen, die Meeresenergie nutzen

c. *Diesen Satz könntest du geschrieben haben:*
Der erste Absatz führt in das Thema ein.

5 *Diese Erklärungen könntest du gefunden haben:*
Tidenhub nennt man den Höhenunterschied zwischen Hoch- und Niedrigwasser.
Ein Gigawatt entspricht 1000 Megawatt oder einer Million Kilowatt oder einer Milliarde Watt.
Eine Turbine wandelt Fließenergie in Drehenergie um.
Ein Generator wandelt die Drehenergie, z. B. einer Turbine, in elektrische Energie um.
Kontinuierlich bedeutet stetig oder fortdauernd.
Eine Pilotanlage ist eine Versuchsanlage.
Eine Kombination nennt man eine Zusammenstellung.

6 *So solltest du die Kraftwerkstypen erklärt haben:*
Für ein **Gezeitenkraftwerk** wird eine Bucht vom Meer mit einem Damm abgetrennt. Bei Ebbe oder Flut gelangt das Wasser durch Turbinen auf die andere Seite des Dammes. Dadurch wird Strom erzeugt.
Für ein **Meeresströmungskraftwerk** werden unter Wasser Turbinen gebaut. Sie ähneln einer Windkraftanlage. Durch die Strömung im Meer drehen sich die Turbinen und erzeugen Strom.
In einem **Wellenkraftwerk** wird durch die Bewegung der Wellen eine Luftsäule angetrieben. Bei ansteigendem Wasser wird die Luft nach oben durch eine Turbine gedrückt. Wenn das Wasser absinkt, wird die Turbine angesaugt. Dadurch dreht sich die Turbine und erzeugt Strom.

7 **b.** *Diese Stichworte könntest du aufgeschrieben haben:*
1. **Einleitung:** Strom aus dem Meer, großes Potenzial
2. **Gezeitenkraftwerk:** 11. Jahrhundert: Gezeitenmühlen, 1897: elektrischer Strom, Turbinen, Ebbe und Flut, 1967: Gezeitenkraftwerk, Damm, Bucht, Meer, 24 Rohrturbinen, 240 Megawatt
3. **Meeresströmungskraftwerk:** Gezeitenkräfte, Strömungen, Stromgewinnung, das deutsch-britische Pilotprojekt „Seaflow“, Windkraftanlage unter Wasser, Inbetriebnahme 2003, Nachfolger „Seagen“, Nordirland, 1,2 Megawatt
4. **Wellenenergie:** verschiedene Ansätze, schwingenden Wassersäule, Auf und Ab des Wassers, Luftsäule, bei ansteigendem Wasser Luft nach oben, Absinken des Wassers: Luft durch Turbine angesaugt, Prototyp November 2000, Küste Schottlands, 500 Kilowatt
5. **Lösung des weltweiten Energieproblems?:** Energievorrat riesig, selten wirtschaftlich nutzen, Energie nicht kontinuierlich zur Verfügung, Möglichkeiten zur Speicherung der Energie, wichtigen Beitrag zur erneuerbaren Energieversorgung, noch am Anfang

8 *Diese Fragen könntest du gestellt und so beantwortet haben:*
1. Wofür kann die Kraft des Meeres genutzt werden? – für die Stromgewinnung
   Wodurch kann Strom aus dem Meer gewonnen werden? – aus der Kraft der Gezeiten und der Wellen
2. Seit wann wird die Kraft des Tidenhubs bereits genutzt? – Seit dem 11. Jahrhundert nutzt man die Kraft des Tidenhubs in Gezeitenmühlen in England und Frankreich.
   Wie hoch ist die Leistung des ersten Gezeitenkraftwerks der Welt? – Das erste Gezeitenkraftwerk der Welt hat eine Leistung von 240 Megawatt.
3. Was entsteht durch Ebbe und Flut? – Strömungen entstehen durch Ebbe und Flut.
   Wie heißt der Nachfolger des ersten Meeresströmungskraftwerks und wie hoch ist seine Leistung? – Der Nachfolger heißt „Seagen“ und produziert 1,2 Megawatt Strom.
4. Welche Form der Energie wird durch das Wetter erzeugt? – die Wellenenergie
   Wie viel Strom erzeugt der erste Prototyp eines Wellenkraftwerks? – Das Wellenkraftwerk an der Westküste Schottlands produziert 500 Kilowatt Strom.
5. Warum müssten Möglichkeiten zur Speicherung der Energie geschaffen werden? – Es müssten Speicherungsmöglichkeiten geschaffen werden, weil die Energie nicht kontinuierlich zur Verfügung steht.
   Worin sehen die Experten einen wichtigen Beitrag zur erneuerbaren Energie? – in der Kombination verschiedener Meereskraftwerke

9 a) Der Tidenhub in der Mündung der Rance bei St. Malo ist bis zu 12 Meter hoch.
b) Diese Bucht wird von einem 750 Meter langen Damm getrennt.
c) Das Gezeitenkraftwerk bei St. Malo hat eine Leistung von 240 Megawatt.
d) Das Meeresströmungskraftwerk „Seaflow“ sieht aus wie eine Windkraftanlage unter Wasser.
e) Im Jahr 2000 ist ein Wellenkraftwerk an der Westküste Schottlands in Betrieb gegangen.

10 *So könnte deine Zusammenfassung aussehen:*
Der Sachtext „Energie aus dem Meer“ von Ulrich Grünewald berichtet von verschiedenen Kraftwerkstypen, die Meeresenergie nutzen. Es werden dabei drei Kraftwerke vorgestellt: das Gezeitenkraftwerk, das Meeresströmungs- und das Wellenkraftwerk.
Für ein Gezeitenkraftwerk wird eine Bucht vom Meer mit einem Damm abgetrennt. Bei Ebbe oder Flut gelangt das Wasser durch Turbinen auf die andere Seite des Dammes, wodurch Strom erzeugt wird. Die Mündung des Flusses Rance bei St. Malo ist für ein Gezeitenkraftwerk besonders gut geeignet, weil sie einen Tidenhub von bis zu 12 Metern hat. Dort wurde 1967 das erste Kraftwerk dieser Art in Betrieb genommen.

(Fortsetzung auf S. 2)

zu Seite 6

Mithilfe von 24 Rohrturbinen können 240 Megawatt Strom erzeugt werden. Ein Meeresströmungskraftwerk sieht aus wie eine Windkraftanlage unter Wasser. Statt des Windes wird die Gezeitenströmung genutzt, um die Turbinen in Bewegung zu bringen. Im Jahre 2003 wurde das Pilotprojekt „Seaflow“ in Betrieb genommen. Der Nachfolger „Seagen“ vor der Küste Nordirlands produziert 1,2 Megawatt Strom. In einem Wellenkraftwerk wird durch die Bewegung der Wellen eine Luftsäule angetrieben. Bei ansteigendem Wasser wird die Luft nach oben durch eine Turbine gedrückt. Wenn das Wasser absinkt, wird die Luft angesaugt. Dadurch dreht sich die Turbine und erzeugt Strom. Seit November 2000 gibt es den ersten Prototypen eines Wellenkraftwerkes an der Küste Schottlands. Es produziert 500 Kilowatt Strom.
Der Energievorrat der Gezeiten ist zwar sehr groß, aber man kann ihn nur selten wirtschaftlich nutzen. Es werden Möglichkeiten zur Speicherung der Energie benötigt, da sie nicht kontinuierlich zur Verfügung steht. Noch steht die Nutzung der Energie aus dem Meer am Anfang. Laut den Experten wird sie aber einen wichtigen Teil zur erneuerbaren Energieversorgung beitragen.

Seite 7

1 *So solltest du die Stichworte den Phasen zugeordnet haben:*
Phase 1: links: offenes Meer, rechts: Staubecken, Verschluss
Phase 2: Turbine läuft
Phase 3: Verschluss
Phase 4: das Kraftwerk

2 *Diese Dinge sieht man auf allen vier Bildern:*
offenes Meer, das Staubecken, die Turbine, den Staudamm

3 a) Das Wasser staut sich dadurch, dass die Turbinenleitungen geschlossen sind.
b) Die Turbinenleitungen werden geöffnet, wenn die Flut ihr Maximum erreicht hat.

4 *So solltest du die Beschreibung ergänzt haben:*
Wenn das *Staubecken* leer ist und die *Flut* ansteigt, werden in Phase 1 die *Turbinenleitungen* geschlossen. Sobald die Flut ihr *Maximum* erreicht hat, beginnt Phase 2 und die *Turbinenleitungen* werden geöffnet. Dann strömt das *Wasser* in das *Staubecken*. Dabei wird die *Turbine* in der *Leitung* angetrieben und es wird *Strom* erzeugt.

5 *So könnte dein Sachtext aussehen:*
So funktioniert ein Gezeitenkraftwerk
Wie ein Gezeitenkraftwerk Energie erzeugt, kann man auf dem Schaubild „Funktionsprinzip eines Gezeitenkraftwerks“ sehen. In der ersten Phase ist das Staubecken leer und die Turbinenleitungen sind geschlossen. Die Flut steigt an. Wenn die Flut ihr Maximum erreicht hat, werden in der zweiten Phase die Turbinenleitungen geöffnet. Wasser strömt in das Staubecken.
Dadurch wird die Turbine angetrieben und Strom erzeugt.
In der dritten Phase ist das Staubecken gefüllt und die Turbinenleitungen werden wieder verschlossen. Die Flut sinkt ab. Sobald die Ebbe erreicht ist, werden die Turbinenleitungen geöffnet. Das Wasser strömt aus dem Staubecken und treibt damit erneut die Turbine an. Es wird Strom erzeugt.

Seite 8

1 *Diese Stichworte könntest du aufgeschrieben haben:*
Windenergie: auf See, auch an Land, Windturbinen, Ökostrom, erneuerbare Energie, umweltfreundlich

2 *Diese Sätze könntest du geschrieben haben:*
In Material 1, dem Text „Energie der Zukunft: Watt aus dem Meer“, geht es um einen Windpark, der in der Nordsee gebaut wird, um große Mengen an umweltfreundlichem Strom zu erzeugen.
Die Grafik aus Material 2 beschreibt den Strommix in Deutschland für das Jahr 2009. In der Grafik aus Material 3 wird eine Prognose für die Stromversorgung in Deutschland für das Jahr 2020 dargestellt. In der Grafik aus Material 4 sieht man, wie man mit Solarkraftwerken Strom aus der Wüste gewinnen kann. In Material 5 werden die Vor- und Nachteile von Windenergie aufgezählt.

3 Die Grafik aus Material 4 passt nicht zum Thema „Windenergie“, da es darin um Solarkraftwerke geht.

Seite 10

4 **b.** *Diese Operatoren solltest du markiert haben:*
schreibe, stelle, verwende, erkläre, denke daran, schreibe

c. *So solltest du deinen Arbeitsauftrag beschrieben haben:*
Ich soll einen informierenden Text zum Thema „Windenergie“ schreiben. Ich soll darin den Anteil der Windenergie am heutigen und am zukünftigen Energieverbrauch darstellen. Ich soll dazu die Informationen aus den Materialien 1 bis 5 verwenden. Schwierige Begriffe und Sachverhalte soll ich erklären. Ich soll im Präsens schreiben und wörtliche Rede vermeiden.

6 *So solltest du die Wörter und Erklärungen zugeordnet haben:*
offshore – vor der Küste, auf offener See; der Ökostrom – umweltfreundlich gewonnene elektrische Energie; die Rotoren – die sich drehenden Teile einer Maschine; die Gigawattstunde – eine Milliarde Wattstunden; die Prognose – eine Vorhersage; die Geothermie – in der Erde gespeicherte Wärme; die Biomasse – pflanzliche und tierische Rohstoffe zur Energieerzeugung

Seite 11

1 *So solltest du die Fragen beantwortet haben:*
A Der erste deutsche Offshore-Windpark heißt Alpha Ventus und liegt in der Nordsee.
B An den deutschen und europäischen Küsten sollen in den nächsten Monaten und Jahren große Offshore-Windparks entstehen, um viel Ökostrom produzieren zu können.

2 *Diese Zahlen solltest du ergänzt haben:*
Größe: *4 km²*, Anzahl der Turbinen: *12*
Anzahl der mit der Energie versorgten Haushalte: *50 000*

3 Erneuerbare Energien: *Windenergie, Bioenergie, Fotovoltaik, Wasserkraft, Geothermie*
Nicht erneuerbare Energien: *Erdgas, Kernenergie, Braunkohle, Steinkohle, Mineralöl, Abfall*

4 bis **8**
Diese Antworten hast du sicher angekreuzt:
4 b), 5 a), 6 c), 7 c), 8 b) + c)

9 **a.** *So solltest du angekreuzt haben:*

2009	2020	Steigerung	
6,3 %	19 %	+12,7	*falsch*
3,2 %	5 % *(Wasserkraft)*	+1,8	X
14,8 %	47 % *(insgesamt)*	+32,2	X
47 %	14,8 %	−32,2	*falsch*
6,3 %	25 % *(Windkraft)*	+18,7	X

b. *Diese Sätze könntest du geschrieben haben:*
Der Anteil der erneuerbaren Energien an der Stromversorgung wird von 2009 bis 2020 voraussichtlich von 14,8 % auf 47 % ansteigen. Darunter wird der Anteil der Wasserkraft von 3,2 % auf 5 % und der Anteil der Windenergie von 6,3 % auf 25 % ansteigen.

10 *So solltest du die Frage beantwortet haben:*
Windenergie muss vor Ort in Strom umgewandelt werden, weil sie sich nicht speichern lässt. Sie kann nur in Form von elektrischem Strom transportiert werden.

Seite 12

1 *Diese Fragen solltest du ausgewählt und diese Stichworte notiert haben:*
Frage 1: Was ist Windenergie? – erneuerbare Energie, erzeugt Ökostrom, soll zur Wende der Energieversorgung Deutschlands beitragen, wird mithilfe von Windrädern in Windparks erzeugt
Frage 2: Was ist Alpha Ventus? – der erste und bislang einzige Offshore-Windpark Deutschlands, auf offener See, Ansammlung von Windenergieanlagen, d. h. von Windrädern in der Nordsee, Größe: 4 km², 12 Windturbinen
Frage 3: Welchen Beitrag leistet Windenergie im Jahr 2009 und im Jahr 2020? – 2009: 6,3 %, Prognose 2020: 25 %, Anteil der erneuerbaren Energien 2009: 14,8 %, Prognose Anteil der erneuerbaren Energien 2020: 47 %
Frage 4: Welche Vor- und Nachteile hat die Nutzung von Windkraft? – Vorteile: stoßen keine Schadstoffe aus, braucht weniger Platz, billiger, reichlich vorhanden und erneuerbar. Nachteile: Windanlagen verändern das Landschaftsbild, Wind ist keine zuverlässige Energiequelle, lässt sich nicht speichern und muss deshalb in Strom umgewandelt werden

Seite 13

2 a.
Diese Wörter solltest du markiert und durchgestrichen haben:
Der Offshore-Windpark Alpha Ventus wird bei normalen Windbedingungen pro Jahr mindestens 220 Gigawattstunden Ökostrom für 50 000 Haushalte in das Stromnetz einspeisen.

b. *Diese Erklärungen könntest du ergänzt haben:*
Alpha Ventus ist ein Offshore-Windpark, *also eine Ansammlung von Windenergieanlagen, d. h. von Windrädern, auf offener See.*
Mindestens 220 Gigawattstunden könnte Alpha Ventus pro Jahr produzieren, das sind *220 Milliarden Wattstunden.*
Der Strom wird in das Stromnetz eingespeist, also *an das Stromnetz weitergegeben.*
50 000 Haushalte bekommen dann Ökostrom, das heißt *umweltfreundlich gewonnene elektrische Energie.*

3 *Diese Sätze könntest du geschrieben haben:*
Der Offshore-Windpark Alpha Ventus ist eine Ansammlung von Windanlagen auf offener See in der Nordsee. Der Windpark produziert pro Jahr mindestens 220 Gigawattstunden Strom, also 220 Milliarden Wattstunden. Der Strom wird an das Stromnetz weitergegeben. Dadurch bekommen 50 000 Haushalte Ökostrom, also umweltfreundlich gewonnene elektrische Energie.

4 *Diese Überschriften könntest du formuliert haben:*
Mit Offshore-Windparks in die Zukunft, Erneuerbare Energien heute und in der Zukunft

5 *So könnte deine Einleitung aussehen:*
Windenergie ist eine Energie mit Zukunft. Das versteht man, wenn man einen Blick auf den Offshore-Windpark Alpha Ventus wirft. Durch ihn können 50 000 Haushalte mit Ökostrom versorgt werden. Der Anteil von Windenergie an der Stromversorgung wird in den nächsten Jahren stark ansteigen, wenn noch mehr von diesen Windparks gebaut werden.

6 *So könntest du deinen Hauptteil geschrieben haben:*
Windenergie ist wertvoll, da sie zu den erneuerbaren Energien gehört. Man kann mit ihr an Land und auf See elektrische Energie umweltfreundlich gewinnen. Sie soll zur Wende der Energieversorgung Deutschlands beitragen.
Alpha Ventus ist der erste Offshore-Windpark in Deutschland. Er befindet sich in der Nordsee auf einer Fläche von 4 km².
Ein Offshore-Windpark ist eine Ansammlung von Windanlagen, also Windturbinen, auf offener See.
Im Jahr 2009 beträgt der Anteil von erneuerbaren Energien an der Stromversorgung Deutschlands 14,8 %. Die Windenergie macht davon 6,3 % aus. Wenn man nun noch mehr solcher Windparks baut, kann der Anteil der Windenergie im Jahr 2020 bereits 25 % betragen. Es wird weiterhin vorhergesagt, dass der Anteil aller erneuerbaren Energien auf 47 % ansteigen kann. Einige Nachteile hat Windenergie allerdings. Sie verändert durch die Windparks zum Beispiel das Landschaftsbild, ist nicht so zuverlässig wie andere Energiequellen und lässt sich nicht speichern. Deshalb muss sie vor Ort in Strom umgewandelt werden. Aber die Windenergie hat in erster Linie große Vorteile. Es werden beispielsweise keine Schadstoffe ausgestoßen, sie ist reichlich vorhanden und vor allem erneuerbar.

7 *So könnte dein Schlusssatz lauten:*
Der Windpark Alpha Ventus zeigt, dass Windenergie eine große Bedeutung für die zukünftige Stromversorgung in Deutschland haben kann.

Seite 14

1 bis **6**
Diese falschen Angaben hast du sicher markiert, diese Verbformen durchgestrichen und den Pfeil so gezeichnet:
Die Windenergie – unsere Chance für die Zukunft
Die Entwicklung der Windenergie geht ganz schön fix voran. Darüber und über einiges mehr informiert der Text. Ich denke, für den Ausbau der erneuerbaren Energien können wir auch mit einem veränderten Landschaftsbild leben.
Windenergie ist – das weiß doch jeder, was das ist, oder? Das ist das mit der erneuerbaren Energie und so weiter.
Aus dem Text von Frank geht hervor, dass die Produktion von Windenergie immer weiter ausgebaut wird. So wurde in der Nordsee gerade der erste deutsche Offshore-Windpark fertiggestellt, nämlich Alpha Ventus. Weitere Windparks an den Küsten Europas sollen folgen.
Die Ausmaße des Offshore-Windparks ~~waren~~ riesig: Auf einer Fläche von etwa 4 km² ~~standen~~ 9 Windturbinen. Aber am beeindruckendsten ist, dass der Windpark 50 000 Haushalte mit Strom versorgen kann – natürlich nur, wenn der Wind bläst. Und das tut er auch auf See nicht immer. „In der Branche wird der Offshore-Windmarkt als der wesentliche Wachstumsbereich bei den erneuerbaren Energien in unseren Regionen angesehen", sagt ein Unternehmen.
Der Ökostrom verdrängt so langsam die Brennstoffe Kohle und Öl. Das ist gut für die Umwelt, denn die schädlichen Abgase der Kraftwerke wie Kohlendioxid, Stickoxide und Schwefeldioxid ~~gelangten~~ immer weniger in die Luft. Der Anteil der Windkraft soll von 0,6 % im Jahr 2007 auf 25 % im Jahr 2020 steigen. Das belegen zwei Grafiken.
Die Windenergie hat aber auch Nachteile. So verändern die Windanlagen zum Beispiel das Landschaftsbild.

zu Seite 14

3 **b.** *Diese fehlenden Angaben hast du sicher aufgeschrieben:*
(Name des Autors) Frank Dohmen, (Überschrift) „Energie der Zukunft: Watt aus dem Meer“

8 *So könntest du den Text überarbeitet haben. Die unterstrichenen Informationen hast du sicher ergänzt:*
Die Entwicklung der Windenergie geht inzwischen schnell voran. Windenergie ist eine der erneuerbaren Energien, d. h. eine umweltfreundliche Art und Weise, Strom zu erzeugen. Aus dem informierenden Text „Energie der Zukunft: Watt aus dem Meer“ von Frank Dohmen geht hervor, dass die Produktion von Windenergie immer weiter ausgebaut wird. So wurde in der Nordsee gerade der erste deutsche Offshore-Windpark mit dem Namen Alpha Ventus fertiggestellt. Weitere Windparks an den Küsten Europas sollen in den kommenden Monaten und Jahren folgen.
Die Ausmaße des Offshore-Windparks sind sehr groß: Auf einer Fläche von etwa 4 km² stehen 12 Windturbinen. Aber am beeindruckendsten ist, dass der Windpark 50 000 Haushalte mit Strom versorgen kann – natürlich nur, wenn der Wind bläst. Das macht er aber auch auf See nicht immer. In der Branche werde der Offshore-Windmarkt als der wesentliche Wachstumsbereich bei den erneuerbaren Energien in unseren Regionen angesehen, behauptet Frank Mastiax vom Unternehmen E.on.
Der Ökostrom verdrängt so langsam die Brennstoffe Öl, Kohle und Gas. Das ist gut für die Umwelt, denn die schädlichen Abgase der Kraftwerke wie Kohlendioxid, Stickoxide und Schwefeldioxid gelangen immer weniger in die Luft. Der Anteil der Windkraft soll von 6,3 % im Jahr 2009 auf 25 % im Jahr 2020 steigen. Das belegen die Grafiken aus den Materialien 2 und 4, denn sie zeigen den „Strommix in Deutschland“ im Jahr 2009 und eine „Prognose: Stromversorgung in Deutschland 2020“. Die Windenergie hat aber auch Nachteile. So verändern die Windanlagen z. B. das Landschaftsbild. Doch ich denke, für den Ausbau der erneuerbaren Energien können wir auch mit einem veränderten Landschaftsbild leben.

Seite 15

1 *So solltest du die Fragen beantwortet haben:*
A Den größten Anteil am Strommix hatte im Jahr 2009 die Braunkohle mit 24,6 %.
B Der Anteil der nicht erneuerbaren Energien beträgt im Jahr 2009 85,2 %. (24,6 % + 18,3 % + 22,6 % + 12,9 % + 2,1 % + 3,9 %)

2 *So hast du deine Grafik sicher gestaltet:*

Strommix in Deutschland 2009

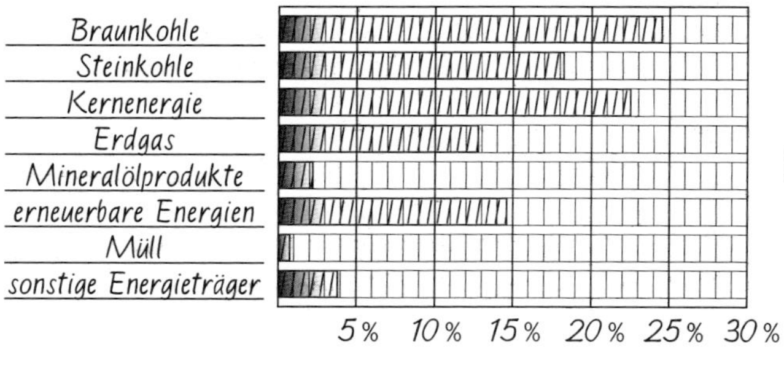

Seite 16/17 – Das kann ich!

1 **b.** *Diese Stichworte könntest du notiert haben:*
Material 1: Solarkraftwerk, Sonnenenergie, Marokko
Material 2: Marokko, Ain Beni Mathar, Solarkraftwerk, Windenergieanlage
Material 3: Vorteile und Nachteile, solarthermische Kraftwerke

c. *Diese Sätze könntest du geschrieben haben:*
In dem Text „Marokko startet das Projekt Wüstenstrom“ aus Material 1 geht es um das modernste Solarkraftwerk der Welt und die weiteren Planungen zur Gewinnung von Sonnenenergie in Marokko.
Material 2 zeigt eine Karte von Marokko mit dem Solarkraftwerk Ain Beni Mathar und den zukünftigen Windenergieanlagen an der Atlantikküste.
In Material 3 werden die Vor- und Nachteile von solarthermischen Kraftwerken aufgezeigt.

2 *Diese Informationen solltest du aufgeschrieben haben:*
2010 – Größe: 40 Hektar produzierte Energie: 20 Megawatt
2020 – Größe: 10 000 Hektar produzierte Energie: 2000 Megawatt

3 *So solltest du die Frage beantwortet haben:*
Marokko transportiert über zwei Leitungen durch die Meerenge von Gibraltar Strom nach Europa.

4 *Diese Sätze könntest du geschrieben haben:*
Vorteile: Solarthermische Kraftwerke haben den Vorteil, dass sie Strom produzieren, ohne dabei CO_2 zu erzeugen. Außerdem kann ein Teil der produzierten Wärme gespeichert und auch nach Sonnenuntergang zur Stromproduktion verwendet werden. Das ist ein Vorteil gegenüber der Fotovoltaik.
Nachteile: Dennoch ist die Sonneneinstrahlung in Nord- und Mitteleuropa für diese Technik nicht intensiv genug. Ein weiterer Nachteil ist, dass die verwendeten Wärmespeicher aus Salz komplett zerstört werden, falls sie einmal zu stark abkühlen.

5 *Diesen Satz solltest du geschrieben haben:*
Das Material 4 von Seite 9 passt zum Thema „Wüstenstrom“, da die Grafik zeigt, wie man anhand von modernen Solarkraftwerken Strom aus der Wüste gewinnen kann.

6 *Diese Fragen und Stichworte könntest du aufgeschrieben haben:*
Was ist „Beni Mathar“? – das modernste Solarkraftwerk der Welt, solare Pilotanlage, Parabolspiegel, Wüste Marokkos

Wie soll sich das Solarkraftwerk in Zukunft weiterentwickeln? – von 40 auf 10 000 Hektar, von 20 auf 2000 Megawatt, in den nächsten zehn Jahren, damit auch entscheidender Beitrag zur Energieversorgung Europas

Wie kann Europa von der gewonnenen Solarenergie profitieren? – Import nordafrikanischer Solarenergie, durch Kabel Verbindung zum europäischen Verbundnetz, zwei Leitungen durch die Meerenge von Gibraltar, Kapazität von 1400 Megawatt

7 *So könnte dein fertiger Text aussehen:*
In der Wüste Marokkos wird durch solarthermische Kraftwerke wertvolle Solarenergie gewonnen. Auch das modernste Solarkraftwerk der Welt befindet sich dort – Beni Mathar. Es stellt den Beginn der Solarrevolution dar, und das nicht nur für Marokko. Mithilfe von Parabolspiegeln werden in der Wüste Marokkos auf einer Fläche von 40 Hektar 20 Megawatt Strom erzeugt.
In den nächsten zehn Jahren sollen die Flächen der Solarfelder auf 10 000 Hektar und der Stromgewinn auf 2000 Megawatt ansteigen.
Von dieser Solarenergiegewinnung kann auch Europa profitieren. In der Meerenge von Gibraltar liegen Leitungen. Sie stellen eine Verbindung zum europäischen Verbundnetz her und haben eine Kapazität von 1400 Megawatt.

Trotzdem muss man bedenken, dass die Kraftwerke auch Nachteile haben. So ist z. B. die Sonneneinstrahlung in Nord- und Mitteleuropa für diese Technik nicht intensiv genug. Außerdem werden die verwendeten Wärmespeicher aus Salz komplett zerstört, falls sie einmal zu stark abkühlen. Aber solarthermische Kraftwerke haben in erster Linie große Vorteile. Sie produzieren Strom, ohne dabei CO_2 zu erzeugen. Außerdem kann ein Teil der produzierten Wärme gespeichert und auch nach Sonnenuntergang zur Stromproduktion verwendet werden.
Die solare Pilotanlage Beni Mathar zeigt, dass Solarenergie eine große Bedeutung für die zukünftige Stromversorgung in Afrika und Europa haben kann.

Das kann ich! – Auswertung	
51–70 Punkte	Du hast schon viel gelernt. Weiter so!
31–50 Punkte	Du kannst es sicher noch besser. Übe weiter.
0–30 Punkte	Arbeite die Seiten 4 bis 15 noch einmal durch.

Seite 18

1 **b.** *Diese ungeeigneten Formulierungen hast du sicher markiert:*
Hallo, Ciao

c. *Diese fehlenden Angaben hast du sicher notiert:*
der Betreff, der Zeitraum des Praktikums, die Anlagen

Seite 19

2 **a.** *Sicherlich hast du dir überlegt, dass eine Firma mit 15 Angestellten täglich sehr viele Briefe bekommt und für das Sortieren wenig Zeit bleibt.*

b. *Diese Antwort könntest du geschrieben haben:*
Die Betreffzeile hilft der Person, den Brief richtig einzusortieren.

3 *Diese Betreffzeilen solltest du geschrieben haben:*
Raffaela: Bewerbung um ein Praktikum; Restaurant: Bestätigung der Tischreservierung für die Betriebsfeier; Hausverwaltung: Auftrag für das Streichen einer Fassade; Zwölf Leiterhersteller: Angebote über neue Sicherheitsleitern; Frau Meier: Reklamation der Türfarbe

4 *Diese Anrede und dieser Gruß sind geeignet:*
Anrede: Sehr geehrte Damen und Herren; Gruß: Mit freundlichen Grüßen

5 *So hast du sicher angekreuzt:*
a) Anlagen, b) ganz unten

6 *So hast du den Brief sicher überarbeitet:*

Jakob Müller — Musterhausen, 20. 03. 2011
Bahnhofstraße 25
56789 Musterhausen
Tel.: 0 91 01 / 12 13 14

Firma
Malerarbeiten-KG
Parkstraße 43
56789 Musterhausen

Betreff: Bewerbung um ein Praktikum

Sehr geehrte Damen und Herren,

mit diesem Schreiben möchte ich mich für ein Betriebspraktikum vom 01. 05. 2011 bis zum 22. 05. 2011 in Ihrer Firma bewerben.
Ich habe in den letzten Ferien zusammen mit meinem Vater unser Haus renoviert und Spaß am Tapezieren bekommen. Aus diesem Grund möchte ich den Beruf des Malers und Lackierers näher kennen lernen.
Zurzeit besuche ich die 8. Klasse der Mustertaler Gesamtschule, die ich nach der 10. Klasse voraussichtlich mit dem Realschulabschluss verlassen werde.
Meinen Lebenslauf habe ich diesem Schreiben beigefügt.

Ich würde mich über eine Zusage freuen.

Mit freundlichen Grüßen

Jakob Müller

Anlage: Lebenslauf

Seite 20

Die folgenden Antworten sind Beispielantworten für den Beruf der Verkäuferin / des Verkäufers. Deine Lösungen zu den Aufgaben 7 bis 10 können ganz anders aussehen.

7 **a.** Verkäufer/in

b. Ich interessiere mich für den Beruf, weil ich gerne andere bei ihren Einkäufen berate und weil ich mehr über den Handel erfahren möchte.

c. Ich kann gut mit Menschen umgehen und überzeugend argumentieren.

8 Ich möchte mein Praktikum gerne in einem Elektrofachgeschäft machen, weil mich Elektrogeräte besonders interessieren und ich mich damit gut auskenne.

9 *Es gibt keine bestimmte Lösung.*

10 *So könnte dein Bewerbungsschreiben aussehen:*

Elektrofachgeschäft Saturn — *(Dein Ort, Datum)*
Friedenstr. 10
44135 Dortmund

(Dein Name und deine Adresse)

Betreff: Praktikum in Ihrem Fachgeschäft

Sehr geehrte Damen und Herren,

mit diesem Schreiben möchte ich mich für ein Betriebspraktikum vom *(Datum)* bis zum *(Datum)* in Ihrem Elektrofachgeschäft bewerben.
Ich interessiere mich für dieses Praktikum, weil ich gerne andere bei ihren Einkäufen berate und weil mich Elektrogeräte besonders interessieren. Da ich gut mit Menschen umgehen und überzeugend argumentieren kann, denke ich, dass ich für diesen Beruf besonders geeignet bin.
Zurzeit besuche ich die *(deine Klasse und Schule)*, die ich voraussichtlich nach der 10. Klasse mit dem *(dein Abschluss)* verlassen werde.
Meinen Lebenslauf habe ich diesem Schreiben beigefügt.
Ich würde mich über eine Zusage sehr freuen.

Mit freundlichen Grüßen

(Deine Unterschrift)

Anlage: Lebenslauf

Seite 21

1 **a.** *Du hast sicher alle notwendigen Angaben im Lebenslauf angekreuzt bis auf die folgenden vier:*
Berufe der Eltern, Geschwister, Haustiere, Krankheiten

b. *Diese Angaben können im Lebenslauf zusätzlich sinnvoll sein:*
Berufe der Eltern, Geschwister

c. *Diese unnötigen Angaben hast du sicher gestrichen:*
Haustiere, Krankheiten

Seite 22

1 **b.** Bild 1: 7:00 Uhr, Bild 2: 7:30 Uhr, Bild 3: 7:40 Uhr, Bild 4: 8:00 Uhr, Bild 5: 9:00 Uhr, Bild 6: 9:20 Uhr, Bild 7: 9:50 Uhr

2 *Diese Werkzeuge und Geräte hast du sicher markiert:*
a. Eimer, Rührstock, Folie, Kreppband, Tapeziertisch, Pinsel, Spachtel, Tapeziermaschine, Tapetenroller, Kleistereimer

b. Kleisterbürste, Tapezierschere, Tapeziermesser

3

Uhrzeit	Tätigkeit	Materialien, Werkzeuge und Geräte
7:00	Im Betrieb luden wir die Werkzeuge und Materialien ins Auto.	alle Materialien und Werkzeuge
7:30	Wir luden die Werkzeuge und Materialien beim Kunden aus.	alle Materialien und Werkzeuge
7:40	Wir legten die Folie im Zimmer aus und rührten den Tapetenlöser an.	Tapetenlöser, Eimer, Rührstock, Folie, Kreppband, Tapeziertisch
8:00	Wir lösten die alte Tapete von der Wand.	Pinsel, Spachtel
9:00	Wir machten 20 Minuten Frühstückspause.	
9:20	Wir stopften die alte Tapete in Müllbeutel und ich brachte sie ins Auto.	Müllbeutel, Tapete
9:50	Wir bauten die Tapeziermaschine auf und ich rührte den Kleber an. Ich half beim Tapezieren.	Tapeziermaschine, Kleber, Tapetenroller, Kleistereimer, Pinsel
12:20	Ich brachte die Werkzeuge ins Auto.	alle Werkzeuge
12:30	Die anderen machten Mittagspause, ich hatte Feierabend.	

Seite 23

4 *So hast du die Materialien und Werkzeuge sicher erklärt:*
Tapezierschere: um Tapete zuzuschneiden, z. B. an Türen oder Fenstern; Müllbeutel: um Materialreste zu beseitigen, z. B. die alte Tapete; Folie: um etwas abzudecken, z. B. den Fußboden

5 *Diese Wörter und Wortgruppen hast du sicher durchgestrichen:*
Der ~~dicke~~ Geselle ~~war sehr nett und~~ erklärte mir die verschiedenen Abläufe. Das ~~anstrengende und langweilige~~ Tapezieren dauerte über zwei Stunden. Ich durfte am ersten Tag ~~nur~~ verschiedene ~~unwichtige~~ Arbeiten erledigen.

6 *So könntest du die Sätze neu formuliert haben:*
Zuerst legte ich das Zimmer sorgfältig mit Folie und Kreppband aus. Dann rührte ich den Tapetenkleister gründlich an. Danach reichte ich die bestrichene Tapete vorsichtig an. Zum Schluss half ich eifrig beim Zusammenräumen der Werkzeuge.

7 *So könnte dein fertiger Tagesbericht aussehen:*
Jakob Mesimeris, Klasse 8 b
Tagesbericht zum Praktikum als Maler
Um 7:00 Uhr half ich dabei, im Betrieb die Werkzeuge, Geräte und Materialien ins Auto zu laden, und eine halbe Stunde später half ich dabei, sie beim Kunden auszuladen. Dort legte ich mit den anderen Mitarbeitern zuerst die Folie im Zimmer aus und befestigte sie sorgfältig mit Kreppband. Anschließend rührte ich den Tapetenlöser vorsichtig in einem Eimer mit einem Rührstock an. Danach fing ich zusammen mit meinen Kollegen um 8:00 Uhr an, die alte Tapete mit Pinseln und Spachteln gründlich zu lösen. Um 9:00 Uhr machten wir alle 20 Minuten Frühstückspause. Danach stopfte ich die alte Tapete in Müllbeutel und brachte sie ins Auto. Um 9:50 Uhr baute ich mit den Malern die Tapeziermaschine auf und rührte den Kleber an. Dann half ich beim Tapezieren. Dazu benutzte ich einen Tapetenroller. Mit dem Tapetenroller rollt man vorsichtig über die Tapete, um sie ganz glatt zu machen. Um 12:20 Uhr brachte ich die Werkzeuge ins Auto. Danach machten die anderen Mitarbeiter Mittagspause und ich hatte Feierabend.

8 *So könnte deine Checkliste aussehen:*

Checkliste: Einen Tagesbericht schreiben	ja	nein
Habe ich alle Materialien und Werkzeuge genannt?		
Habe ich genau und sachlich geschrieben?		
Ist der Bericht knapp, einfach und klar?		
Habe ich W-Fragen beantwortet?		
Habe ich das Präteritum verwendet?		
Habe ich wertende Aussagen vermieden?		
Habe ich genaue Zeitangaben verwendet?		
Sind meine Sätze abwechslungsreich?		

Seite 24 – Das kann ich!

1 Ich soll Nicoles Bewerbung überarbeiten. Ich soll für das Bewerbungsschreiben das heutige Datum verwenden. Ich soll dabei die Arbeitstechnik „Einen offiziellen Brief schreiben“ berücksichtigen. Ich soll an der passenden Stelle auf den beigefügten Lebenslauf verweisen. Außerdem soll ich einen tabellarischen Lebenslauf für Nicole schreiben.

2 *So solltest du markiert und/oder unterstrichen haben:*

Nicole Arnold — Neustadt, 04.05.2011
Querallee 23
45678 Neustadt
Tel.: 06543/210987

An die
Fixe Schere
Neustadt

Hallo, Leute,

mit diesem Schreiben möchte ich mich für ein Schulpraktikum in Ihrem Friseursalon in der Arndtstraße 5 in 45678 Neustadt in der Zeit vom 01.10. bis 20.10. dieses Jahres bewerben. Mein Name ist Nicole Arnold und ich bin am 12.02.1995 in Schwalmstadt/Treysa geboren. Ich gehe zurzeit in Neustadt/Hessen zur Schule. Dort besuche ich die 8. Klasse des Realschulzweiges der Martin-von-Tours-Schule. Ich werde die Schule voraussichtlich im Sommer in zwei, drei Jahren mit dem Realschulabschluss verlassen. Meine Lieblingsfächer sind Deutsch, Erdkunde und Kunst. Ich habe mit viel Spaß und Freude meinen Freundinnen die Haare gewaschen und geföhnt, deshalb möchte ich mehr über den Beruf einer Friseurin erfahren. Meine Hobbys sind Lesen, Sport und Frisieren. Meine Bewerbungsunterlagen habe ich diesem Schreiben beigefügt. Ich würde mich über eine Zusage sehr freuen.

Mit freundlichen Grüßen

3 *Diese Stichworte solltest du aufgeschrieben haben:*
Adresse des Empfängers an falscher Stelle, Betreff fehlt, ungeeignete Anrede, Unterschrift fehlt, Hinweis auf die Anlage fehlt

4 *So sollten das überarbeitete Bewerbungsschreiben und der Lebenslauf aussehen:*

Nicole Arnold
Querallee 23
45678 Neustadt
Tel.: 0 65 43/21 09 87

Neustadt, 04. 05. 2011

An die
Fixe Schere
Arndtstraße 5
45678 Neustadt

Betreff: Bewerbung um einen Praktikumsplatz

Sehr geehrte Damen und Herren,

mit diesem Schreiben möchte ich mich für ein Schulpraktikum in Ihrem Friseursalon in der Zeit vom 01. 10. bis 20. 10. dieses Jahres bewerben. Ich habe mit viel Spaß und Freude meinen Freundinnen die Haare gewaschen und geföhnt, deshalb möchte ich mehr über den Beruf einer Friseurin erfahren. Ich besuche zurzeit die 8. Klasse der Martin-von-Tours-Schule und werde die Schule voraussichtlich in zwei Jahren mit dem Realschulabschluss verlassen.
Meine Bewerbungsunterlagen habe ich diesem Schreiben beigefügt. Ich würde mich über eine Zusage sehr freuen.

Mit freundlichen Grüßen

Nicole Arnold

Anlage: Lebenslauf

Nicole Arnold
Querallee 23
45678 Neustadt
Tel.: 0 65 43/21 09 87

Lebenslauf

Persönliche Daten
Name: Arnold
Vorname: Nicole
Geburtsdatum: 12. 02. 1997
Geburtsort: Schwalmstadt/Treysa
Staatsangehörigkeit: deutsch
Mutter: Stefanie Arnold
Vater: Sven Arnold

Schulbildung
2003–2007 Grundschule Neustadt
2007–2011 Realschule Martin-von-Tours-Schule
Voraussichtlicher Abschluss: Realschulabschluss

Besondere Kenntnisse und Interessen
Sprachkenntnisse: Englisch (fortgeschritten)
Lieblingsfächer: Deutsch, Erdkunde und Kunst
Hobbys: Lesen, Radfahren, Kino

Neustadt, 04.05.2011
Nicole Arnold

Das kann ich! – Auswertung	
48–65 Punkte	Du hast schon viel gelernt. Weiter so!
29–47 Punkte	Du kannst es sicher noch besser. Übe weiter.
0–28 Punkte	Arbeite die Seiten 18 bis 21 noch einmal durch.

Seite 25 – Das kann ich!

1 *Diesen Fehler hast du sicher angekreuzt:*
Sie schreibt im Präsens.

2 *So hast du sicher die Checkfragen beantwortet:*
Gibt es abwechslungsreiche Satzanfänge? – nein. Wird über das Geschehen in der richtigen Reihenfolge berichtet? – ja. Wird auf die Wiedergabe persönlicher Meinung verzichtet? – nein. Wird die Beschreibung des Tagesablaufs mit Zeitangaben gegliedert? – ja

3 **a.** *Diesen Satzanfang hast du sicher dreimal markiert:* Dann

b. *Diese Satzanfänge könntest du notiert haben:*
Um 8:00 Uhr, Von 8:30 Uhr bis 9:00 Uhr, Gegen 12:00 Uhr, Kurz nach 9:00 Uhr, Eine halbe Stunde später

4 *Diese Wiederholungen solltest du markiert haben:*
Dann, Ich helfe, Ich muss

5 *So könnte dein überarbeiteter Bericht aussehen:*
Ayse Schmidt, Klasse 8 b
Tagesbericht zum Praktikum im Kaufhaus
Mein Praktikumstag fing um 8:00 Uhr an. Zuerst musste ich im Kaufhaus die Regale überprüfen und teilweise auffüllen. Ich achtete darauf, pünktlich um 8:30 Uhr damit fertig zu sein, da um diese Zeit das Kaufhaus öffnet. Von 8:30 bis 12:00 Uhr war ich dann in der Damenabteilung eingesetzt. Ich half an der Kasse, die gekaufte Ware in Tüten zu legen. Außerdem packte ich Waren als Geschenk ein. Im Anschluss beriet ich zusammen mit einer Verkäuferin Kunden. Danach brachte ich die anprobierten Kleidungsstücke wieder zu den dafür vorgesehenen Kleiderständern. Dort sortierte ich die Kleider nach den verschiedenen Größen. Gegen 12:00 Uhr half ich dabei, neue Ware am Lieferanteneingang auszuladen. Ich trug diese Ware ins Lager und brachte vorsichtig Preisschilder an. Danach sortierte ich auch diese neuen Kleidungsstücke und hängte sie sorgfältig in die entsprechenden Kleiderständer. Zum Schluss half ich noch einmal beim Einpacken an der Kasse. Um 12:30 Uhr hatte ich Feierabend.

Das kann ich! – Auswertung	
33–45 Punkte	Du hast schon viel gelernt. Weiter so!
20–32 Punkte	Du kannst es sicher noch besser. Übe weiter.
0–19 Punkte	Arbeite die Seiten 22 und 23 noch einmal durch.

Seite 26

2 *Diesen Satz könntest du geschrieben haben:*
In dem Text wird für und gegen einen Schülerreinigungsdienst argumentiert.

3 *So solltest du deinen Arbeitsauftrag beschrieben haben:*
Ich soll eine Stellungnahme in Briefform schreiben. Zuerst soll ich mich für einen Standpunkt entscheiden und diesen dann mit mindestens drei Argumenten begründen. Jedes Argument soll ich mit einem Beispiel veranschaulichen. Für die Stellungnahme soll ich den Text auf Seite 26 nutzen. Den Brief adressiere ich an die Schulkonferenz meiner Schule.

Seite 27

4 *Die hier markierten Argumente solltest du grün und die unterkringelten rot markiert haben:*

Besen statt Mathebuch und Geodreieck

In einigen Schulen müssen die Schülerinnen und Schüler ihre Klassenräume neuerdings selbst fegen. Damit die Stadt Geld spart, kommen die Putzkräfte nur noch an zwei Tagen in der Woche. An den übrigen Tagen sollen die Schüler selbst Klassenräume reinigen und die Mülleimer leeren.

Viele Eltern sind empört, denn ihrer Meinung nach sollten die Schüler ihre Zeit lieber zum Lernen nutzen und nicht zum Putzen. In der Folge würden auch einige Reinigungskräfte ihre Arbeit verlieren. Hubert K. vom Landeselternausschuss wehrt sich ebenfalls gegen die Maßnahme: „Kinder sind nun einmal verpflichtet, die Schule zu besuchen. Dann muss die Stadt auch für die Sauberkeit in den Schulen sorgen. Schüler sind nur billiger als die Reinigungskräfte und können sich nicht wehren." Auch einige Schulleiter protestieren gegen diese Maßnahme, denn sie müssten Lehrer verpflichten, die Schülerinnen und Schüler beim Putzen zu beaufsichtigen. Andere Eltern und Lehrkräfte können diese Aufregung nicht verstehen. Margarete K., Lehrerin an einer Realschule in Hildesheim, meint: „Es geht auch darum, Verantwortung für den Klassenraum zu übernehmen, ihn in einen angenehmen Ort zu verwandeln. Alle Schüler gehen sorgsamer mit dem um, was sie selbst gestaltet und gereinigt haben. Außerdem leistet so ein Reinigungsdienst einen vorbildlichen Beitrag zum sozialen Lernen." Auch manche Schüler verstehen die Empörung gegen diese Schülerdienste nicht. Paul T. von der Albert-Schweitzer-Schule erklärt: „In unserer Schulordnung ist seit Jahren festgelegt, dass wir zahlreiche Schülerdienste versehen müssen. Neben dem Ordnungs- und Reinigungsdienst in und vor dem Klassenraum sind wir für Sauberkeit und Ordnung auf dem Hof und in der Mensa verantwortlich. Das dauert nicht besonders lange und hält wirklich niemanden vom Lernen ab. Wenn man den Dienst allerdings nicht sorgfältig versieht, kann das einen negativen Einfluss auf die Bewertung im Bereich ‚Zuverlässigkeit und Sorgfalt' haben." Und sein Mitschüler Kerim S. erklärt: „Man muss sagen, dass unsere Klassenräume viel sauberer sind, seit wir uns selbst darum kümmern. Ich finde das gemeinsame Reinigen prima, denn es stärkt die Klassengemeinschaft."

5 **b.** *So hast du sicher unterstrichen:*

Damit die Städte und Gemeinden Geld sparen, kommen die Putzkräfte statt an fünf beispielsweise nur noch an zwei Tagen in der Woche in die Schule.

6 *So solltest du die Beispiele den passenden Argumenten zugeordnet haben:*

A Dieser Dienst hält wirklich niemanden vom Lernen ab. Den Hof- und Mensadienst zum Beispiel muss jede Klasse nur eine Woche lang im Schulhalbjahr übernehmen.

B Die Schüler sollten ihre Zeit lieber zum Lernen nutzen, nicht zum Putzen. Beispielsweise ist es sinnvoller, in den Freistunden Vokabeln zu wiederholen, als den Fußboden zu wischen.

C Kinder sind nun einmal verpflichtet, die Schule zu besuchen. Dann muss die Stadt auch für die Sauberkeit in den Schulen sorgen. Man verlangt ja zum Beispiel auch nicht von einem Finanzbeamten, dass er nach Dienstschluss sein Büro putzt.

D Man muss schon sagen, dass unsere Klassenräume viel sauberer sind, seit wir uns selbst darum kümmern. Früher lag zum Beispiel oft schon nach der 2. Stunde der Boden voller Papierkugeln oder Brotpapier. Jetzt passen alle auf, dass niemand die Räume unnötig verschmutzt.

7 *Diese Argumente und Beispiele könntest du geschrieben haben:*

Pro:

1) Ein Schülerreinigungsdienst ist sinnvoll, weil die Stadt Geld spart. Unsere Schule spart zum Beispiel an drei Tagen das Geld für den Reinigungsdienst.
2) Man muss schon sagen, dass unsere Klassenräume viel sauberer sind, seit wir uns selbst darum kümmern. Früher lag zum Beispiel oft schon nach der 2. Stunde der Boden voller Papierkugeln oder Brotpapier. Jetzt passen alle auf, dass niemand die Räume unnötig verschmutzt.
3) Die Aufgaben des Reinigungsdienstes dauern nicht besonders lange und halten wirklich niemanden vom Lernen ab. Den Hof- und Mensadienst zum Beispiel muss jede Klasse nur eine Woche lang im Schulhalbjahr übernehmen.

Kontra:

1) Ein Schülerreinigungsdienst ist nicht gut, weil man in der Schule die Zeit zum Lernen braucht. Beispielsweise ist es sinnvoller, in den Freistunden Vokabeln zu wiederholen.
2) Kinder sind nun einmal verpflichtet, die Schule zu besuchen. Dann muss die Stadt auch für die Sauberkeit in den Schulen sorgen. Man verlangt ja zum Beispiel auch nicht von einem Finanzbeamten, dass er nach Dienstschluss sein Büro putzt.
3) Die Schulleiter müssten Lehrer verpflichten, die Schülerinnen und Schüler beim Putzen zu beaufsichtigen. So müssten einige Lehrer zum Beispiel ihre eigenen Kinder länger im Kindergarten oder Hort lassen und hätten weniger Zeit für sie.

8 *Diese Beispiele könntest du zu den Argumenten gefunden haben:*

Die Schüler sollten ihre Zeit lieber zum Lernen nutzen als zum Putzen. Wenn man zum Beispiel ein schwieriges Thema im Unterricht behandelt, kann man es in den Pausen oder Freistunden noch einmal mit den Lehrern oder Mitschülern besprechen.

Der Reinigungsdienst leistet einen vorbildlichen Beitrag zum sozialen Lernen. Beispielsweise versuchen die Schüler als Gemeinschaft, ihren Klassenraum sauber zu halten, und weisen sich gegenseitig darauf hin, wenn etwas auf dem Boden liegt.

Seite 28

1 *So könntest du deine Einleitung geschrieben haben:*

Es geht darum, ob an unserer Schule ein Schülerreinigungsdienst eingeführt werden soll.

Die Aufgaben 2 bis 5 könntest du so gelöst haben, wenn du dich gegen einen Schülerreinigungsdienst entschieden hast.

2 *So könntest du deinen Hauptteil geschrieben haben:*

Ich bin gegen einen Schülerreinigungsdienst an unserer Schule. Zum einen würden einige Reinigungsdienste dadurch ihre Arbeit verlieren. Wenn die Putzkräfte zum Beispiel nur noch an zwei statt an fünf Tagen in der Woche benötigt werden, gibt es weniger Arbeit für diese Personen. Zum anderen sind Kinder nun einmal verpflichtet, die Schule zu besuchen, und die Städte und Gemeinden müssen deshalb auch für die Sauberkeit in den Schulen sorgen. Zum Beispiel verlangt man ja auch nicht von einem Finanzbeamten, dass er nach Dienstschluss sein Büro putzt. Ein weiteres Argument ist, dass man in der Schule die Zeit zum Lernen braucht. Beispielsweise ist es viel sinnvoller, in den Freistunden Vokabeln zu wiederholen, als den Fußboden zu wischen.

3 *So könntest du deinen Schlussteil geschrieben haben:*

Zum Schluss möchte ich festhalten, dass die Einführung eines Schülerreinigungsdienstes keine gute Idee ist, da die Kinder in der Schule lernen und nicht putzen sollen.

4 *Dein Anfang könnte aussehen wie in Aufgabe 5 markiert.*

5 *So könnte deine Stellungnahme in Briefform aussehen:*

> *(Deine Adresse)* *(Datum)*
>
> *(Adresse deiner Schule)*
>
> **Betreff:** Einführung eines Schülerreinigungsdienstes an unserer Schule
>
> Liebe Teilnehmerinnen und Teilnehmer der Schulkonferenz,
>
> ich habe erfahren, dass überlegt wird, in unserer Schule einen Schülerreinigungsdienst einzuführen.
> Bei der nächsten Schulkonferenz wird darüber diskutiert, ob die Schüler in Zukunft selbst für die Sauberkeit ihrer Klassenräume verantwortlich sein sollen.
> Ich bin gegen einen Schülerreinigungsdienst an unserer Schule. Zum einen würden einige Reinigungsdienste dadurch ihre Arbeit verlieren. An unserer Schule zum Beispiel kommen die Putzkräfte nur noch an zwei statt an fünf Tagen in der Woche, es gibt weniger Arbeit für weniger Angestellte. Zum anderen sind Kinder nun einmal verpflichtet, die Schule zu besuchen, und die Städte und Gemeinden müssen deshalb auch für die Sauberkeit in den Schulen sorgen. Zum Beispiel verlangt man ja auch nicht von einem Finanzbeamten, dass er nach Dienstschluss sein Büro putzt.
> Ein weiteres Argument ist, dass man in der Schule die Zeit zum Lernen braucht. Beispielsweise ist es viel sinnvoller, in den Freistunden Vokabeln zu wiederholen, als den Fußboden zu wischen.
> Zum Schluss möchte ich festhalten, dass die Einführung eines Schülerreinigungsdienstes keine gute Idee ist, da die Kinder in der Schule lernen und nicht putzen sollen.
>
> Viele Grüße
>
> *(Deine Unterschrift)*

Seite 29

1 *Diese fehlenden Angaben hast du sicher gefunden:*
Es fehlen: *das Datum, der Ort, der Empfänger, der Betreff, die Grußformel*

2 *Die hier markierten Argumente solltest du rot markiert, diese Wörter und dieses Argument durchgestrichen haben:*

Hey, Leute,
ich finde den Schülerreinigungsdienst super. Wenn dann alle bei der Putzerei mitmachen, ~~dann~~ kann man sich in dem Laden endlich wieder wohlfühlen. ~~Dann~~ steht und sitzt man zum Beispiel auch nicht mehr ständig auf Essensresten (z. B. verfaulte Äpfel). ~~Dann~~ kann die Schulkonfi das gesparte Geld für wichtigere Dinge nehmen. ~~Und dann haben alle eine gute Ausrede, wenn sie die Hausaufgaben nicht gemacht haben.~~

3 + **4** **a.**
So könnte dein überarbeiteter Brief aussehen. Die überarbeiteten Formulierungen sind markiert, das ergänzte Beispiel unterstrichen und das ergänzte Argument unterkringelt:

> Ina Huber Meerbusch, 08. 12. 2010
> Klasse 8 a der Gesamtschule Meerbusch
> Hauptstr. 21
> 40667 Meerbusch
>
> Gesamtschule Meerbusch
> Bahnhofstraße 18
> 40667 Meerbusch
>
> **Betreff:** Schülerreinigungsdienst
>
> Liebe Teilnehmerinnen und Teilnehmer der Schulkonferenz,
>
> ich finde den Schülerreinigungsdienst gut. Wenn sich alle Schüler an einem Reinigungsdienst beteiligen, kann man sich in der Schule wieder wohlfühlen. Es liegen auch nicht mehr ständig Essensreste in den Klassenräumen. Die Schulkonferenz kann das gesparte Geld für wichtigere Dinge verwenden. Zum Beispiel könnte man einen tollen Klassenausflug machen. Außerdem geht das Putzen schnell, wenn alle mithelfen, und man hat dann trotzdem genug Zeit zum Lernen.
>
> Viele Grüße
>
> *Ina*

Seite 31 – Das kann ich!

2 *Diesen Satz könntest du geschrieben haben:*
In dem Text wird für und gegen die Toilettengebühr in Schulen argumentiert.

3 *Die hier markierten Argumente solltest du grün und die unterstrichenen rot markiert haben:*

Es stinkt zum Himmel – mit Gebühren für mehr Sauberkeit
Auf dem Boden liegt aufgeweichtes Klopapier, die Toiletten sind verstopft, Seife und Handtücher sind nicht vorhanden, die Wände sind bekritzelt – dieses Beispiel ist kein Einzelfall. An vielen Schulen wird die Sauberkeit auf den Toiletten als mangelhaft bewertet. Deshalb haben jetzt einige Schulen eine Toilettengebühr erhoben und dafür eine Toilettenkraft eingestellt. Die Frau oder der Mann passt auf, dass die Toiletten sauber bleiben, dass beispielsweise die Wände nicht beschmiert werden oder dass auf den WCs nicht geraucht wird. Dafür müssen die Schüler nun – je nach Schule – 10 oder 20 Cent für die Benutzung der Toiletten zahlen. Andere Schulen verlangen einen Euro pro Monat für die Benutzung der „Edeltoiletten". Wenn Schüler diesen Betrag nicht zahlen möchten oder können, gibt es noch andere WCs in der Schule – sie sind zwar unrenoviert, aber dafür kostenlos.
Die Leiterin der Bertolt-Brecht-Schule begründet die Einführung der Gebühr wie folgt: „In Zeiten von Schweinegrippe und anderen Infektionskrankheiten befürchten viele, dass die Schultoiletten zur Ursache von Krankheiten werden. Das kann man nur durch mehr Hygiene vermeiden. Außerdem haben sich viele Eltern beklagt, weil sich ihre Kinder vor den schmutzigen Schultoiletten geekelt haben. Manche Kinder zum Beispiel haben morgens nichts getrunken, damit sie in der Schule ja nicht zur Toilette mussten. Das ist jetzt anders." Viele Schulleiter sind daher froh über die neue Regelung. Auch Volker W. von der Max-Liebermann-Schule rechtfertigt die kostenpflichtigen Toiletten: „Die Toilettengebühr ist so gering, dass sie sich alle Schüler leisten können. Für einen Euro pro Monat zum Beispiel müssen die Schüler nur auf ein Päckchen Kaugummi verzichten. Das ist ja wohl nicht zu viel verlangt." Aber die Regelung findet nicht nur Zustimmung. Horst W. von der GEW (Gewerkschaft Bildung und Wissenschaft) protestiert: „Die Kinder lernen damit, dass alles übers Geld geregelt wird. Wer nicht zahlen kann, geht auf die kostenlose schmutzige Toilette." Und Elternvertreterin A. Demmer meint: „Die Kinder unterliegen der Schulpflicht und haben daher ein Recht auf kostenlose Toiletten, die in Ordnung sind. Kein Mensch käme zum Beispiel auf die Idee, im Finanzamt eine Toilettengebühr abzukassieren." Thomas W., Schüler einer Schule mit Toilettengebühr, erklärt: „Ich würde die Gebühr ja zahlen, wenn die Toiletten zwischen den Pausen gereinigt würden. Aber unsere Toilettenfrau zum Beispiel bewacht nur die WCs, damit niemand Unsinn macht." Sein Mitschüler Ahmet meint: „Die Gebühr ist keine gute Lösung. Man könnte auch einfach für mehr Sauberkeit werben, zum Beispiel mit Plakaten."

zu Seite 31 – Das kann ich!

Die Aufgaben 4 bis 7 könntest du so gelöst haben, wenn du dich gegen die Gebühr entschieden hast.

4 *So könntest du deinen Standpunkt aufgeschrieben haben:*
Ich bin gegen eine Einführung der Toilettengebühr an meiner Schule.

5 a. + 6
Diese Argumente und Beispiele könntest du aufgeschrieben haben:
- Die Kinder unterliegen der Schulpflicht und haben daher ein Recht auf kostenlose Toiletten, die in Ordnung sind.
  Beispiel: Kein Mensch käme zum Beispiel auf die Idee, im Finanzamt eine Toilettengebühr abzukassieren.
- Die Kinder lernen damit, dass alles übers Geld geregelt wird. Wer nicht zahlen kann, geht auf die kostenlose schmutzige Toilette.
  Beispiel: Man möchte sich ein Päckchen Kaugummi kaufen, muss deshalb auf die schmutzige Toilette und wird von den anderen dafür ausgelacht.
- Die Gebühr ist keine gute Lösung. Man könnte auch einfach für mehr Sauberkeit werben.
  Beispiel: Durch einen Projekttag könnte man die Schüler über die Bedeutung von Hygiene aufklären.

5 b. *Dieses Argument könntest du ergänzt haben:*
- Durch zu viel Service lernen die Schülerinnen und Schüler nicht, auf Sauberkeit zu achten. Manche z. B. würden dann die Klobürste nicht mehr benutzen, weil sie ja für die Dienstleistung zahlen.

7 *So könnte deine Stellungnahme in Briefform aussehen:*

> *(Deine Adresse)* *(Datum)*
>
> *(Adresse deiner Schülervertretung)*
>
> **Betreff:** Einführung der Toilettengebühr
>
> Liebe Schülervertretung,
>
> ich habe erfahren, dass in unserer Schule eine Toilettengebühr eingeführt werden soll.
> Ich finde diese Idee nicht gut, denn wir Kinder unterliegen der Schulpflicht und haben damit ein Recht auf kostenlose Toiletten. Kein Mensch käme zum Beispiel auf die Idee, im Finanzamt eine Toilettengebühr abzukassieren. Ich bin auch dagegen, weil Kinder damit lernen, dass alles über das Geld geregelt wird. Wer nicht zahlen kann, geht auf die kostenlose schmutzige Toilette und wird zum Beispiel, nur weil er sich ein Päckchen Kaugummi kaufen wollte, von den anderen ausgelacht. Weiterhin denke ich, es wäre besser, für mehr Sauberkeit zu werben. Durch einen Projekttag beispielsweise könnte man die Schüler über die Bedeutung von Hygiene aufklären. Die Einführung einer Toilettengebühr ist also keine gute Lösung für unsere Schule.
>
> Viele Grüße
>
> *(Deine Unterschrift)*

8 *Diese fehlenden Angaben hast du sicher gefunden:*
Es fehlen: das Datum, der Ort, die Adresse der Schule, der Betreff

9 a. + b.
Die hier markierten Argumente solltest du rot markiert haben und das Wort auch *dreimal durchgestrichen haben:*
Hallo,
ich bin ~~auch~~ gegen eine fette Toilettengebühr. Ich kaufe dafür ~~auch~~ lieber was am Kiosk. Richtig bäh sind unsere Toiletten auch gar nicht. Man kann ~~auch~~ zu Hause vor der Schule auf die Toilette gehen.

9 c. + 10
So könnte dein überarbeiteter Brief aussehen. Die Satzanfänge sind markiert, die ergänzten Argumente unterstrichen und die ergänzten Beispiele unterkringelt:

> Alessandro Battaglini Hamm, 08.12.2010
> Klasse 8 b der Gesamtschule Hamm
> Lindenstr. 15
> 59071 Hamm
>
> Gesamtschule Hamm
> Bahnhofstraße 18
> 59071 Hamm
>
> **Betreff:** Einführung einer Toilettengebühr
>
> Liebe Teilnehmerinnen und Teilnehmer der Schulkonferenz,
>
> ich bin gegen eine hohe Toilettengebühr. Ich finde unsere Toiletten gar nicht so schmutzig. Zum einen finde ich es nicht gut, dass wir dann Geld bezahlen müssen, um auf die Toilette zu gehen. Wenn ich mir zum Beispiel lieber etwas am Kiosk von dem Geld kaufen möchte, muss ich deswegen die schmutzigen Toiletten benutzen. Zum anderen könnte man auch für mehr Sauberkeit werben. Beispielsweise könnten die Schüler sich gegenseitig zur Ordnung rufen, wenn jemand die Toilette sehr schmutzig hinterlässt. Außerdem darf es zwischen Schülern mit viel Taschengeld und solchen mit wenig Taschengeld keinen Unterschied geben. Zum Beispiel würde dann jeder sehen, wer mehr und wer weniger knapp bei Kasse ist. Die Einführung der Toilettengebühr ist für mich keine gute Idee.
>
> Viele Grüße
>
> *Alessandro*

Das kann ich! – Auswertung	
62–85 Punkte	Du hast schon viel gelernt. Weiter so!
38–61 Punkte	Du kannst es sicher noch besser. Übe weiter.
0–37 Punkte	Arbeite die Seiten 26 bis 29 noch einmal durch.

Seite 32

1 b. *Diese Sätze könntest du geschrieben haben:*
In der Geschichte geht es um Sandra und ihren Freund Stefan, die an einem Schüleraustausch in Frankreich teilnehmen. Ihre Beziehung wird dabei auf die Probe gestellt.

Seite 35

2 a. *Diese Aufforderungsverben solltest du markiert haben:*
schreibe, beachte, gib, versetze (dich hinein), schreibe

b. *So solltest du angekreuzt haben:*
☒ Ich untersuche den Text und schreibe auf jeden Fall eine Inhaltsangabe.

3 *So solltest du deine Aufgaben umformuliert haben:*
Ich untersuche die Kurzgeschichte „Schüleraustausch" von Annette Weber. Danach schreibe ich eine Inhaltsangabe mithilfe der Handlungsbausteine. Ich beachte dabei, aus welcher Sicht erzählt wird, also die Erzählperspektive. Teile aus Gesprächen gebe ich nur in indirekter Rede wieder. Zusätzlich schreibe ich einen Brief aus Sandras oder Stefans Sicht. Dafür versetze ich mich in Sandras oder Stefans Situation.

4 *So könnten deine Fragen aussehen:*
Wer ist mit der Situation am Anfang unzufrieden?
Wer hat den Wunsch, etwas zu verändern?
Wer stößt dabei auf Schwierigkeiten?
Wer versucht, die Schwierigkeiten zu überwinden?
Wer erreicht am Ende sein Ziel?

5 **a.** *Als Hauptfigur solltest du* Sandra *angekreuzt haben.*

b. *So könntest du deine Wahl begründet haben:*
Die Hauptfigur ist Sandra, weil sie in jeder Antwort auf die Fragen nach den Handlungsbausteinen vorkommt.

6 **a.** *Diese Hinweise könntest du markiert haben:*
„Stefan, der schon im Jahr zuvor in Frankreich gewesen war" (Z. 5), „zwischen diesem französisch sprechenden Gewusel" (Z. 6–7), „die schwarzhaarige Französin" (Z. 20–21), „Die Französin rannte auf ihn zu" (Z. 28), „französischen Kaff" (Z. 41), „Wir sind hier in Frankreich, weißt du." (Z. 132).
Französische Namen und Wörter: Sens (Z. 2), Chantal Deneuve, 15 rue Bonaparte (Z. 15), „Allo!" (Z. 44), Jean-Pascal (Z. 46), „Bonjour", „Je suis Jean-Pascal Lebrun. Tu as mon adresse!" (Z. 46–47), Bistro (Z. 127)
Französischer Akzent: z. B. „Du 'ast überhaupt nischt zugehört, was der Reiseleiter erzählt 'at." (Z. 79)

b. *So solltest du den Steckbrief ausgefüllt haben:*
Land: *Frankreich*
Sprache: *Französisch*
Stadt: *Sens*
Namen von Personen in der Landessprache: *Chantal Deneuve, Jean-Pascal Lebrun*
Ort(e) in der Landessprache: *Sens, 15 rue Bonaparte*
Wörter in der Landessprache: *attention, ici, gare du nord, bonjour, je suis, tu as mon adresse, tu comprends, très bon*

Seite 36

1 **b.** *Diese Sätze könntest du geschrieben haben:*
In der Einleitung nenne ich den Titel, den Autor, das Thema und die Textart. Ich gebe im Hauptteil nur die wichtigsten Ereignisse der Handlung mithilfe der Handlungsbausteine wieder. Ich schreibe sachlich und vermeide ausschmückende Elemente. Wörtliche Rede ersetze ich durch indirekte Rede mit dem Konjunktiv. Ich schreibe im Präsens und verwende das Perfekt nur, wenn Geschehnisse vor anderen stattgefunden haben.

2 *Diese Stichworte könntest du ergänzt haben:*

Handlungsbaustein	Stichworte
Hauptperson und Situation	Sandra, vermutlich zwischen 13 und 16 Jahre alt (Z. 4–13, 19–20, 23–24, 34–35, 40–42, 59–66), Schüleraustausch in Frankreich (Z. 2, 4–5, 14–15), Sandras Freund Stefan lässt sie sitzen (Z. 33–34, 37–39)
Wunsch	möchte ihren Freund nicht verlieren, die Beziehung mit Stefan fortsetzen (Z. 88–90)
Hindernis	Stefan flirtet mit Chantal, wendet sich von Sandra ab (Z. 55–59, 101)
Reaktion	bezieht Jean-Pascal ein, will Stefan eifersüchtig machen (Z. 101–102)
Ende	Sandra verliebt sich in Jean-Pascal (Z. 122–123), lässt Stefan abblitzen (Z. 130–133)

Seite 37

4 **a.** *Diese Personalpronomen solltest du in den blau gedruckten Textteilen markiert haben:*
S. 32: Dagegen kam sich Sandra zwischen diesem französisch sprechenden Gewusel ziemlich hilflos vor. Hektisch kramte sie den Zettel hervor, auf dem der Name ihrer Austauschschülerin stand. Stefan legte seinen Arm um ihre Schulter. „Keine Panik!"
S. 33: Sandras Magen zog sich zusammen. Sie war dem Weinen nahe. Genauso hatte es Stefan damals bei ihr gemacht, als sie sich kennen lernten. Diese Blicke. Diese vorsichtigen Berührungen! Das war alles nur ein Spiel gewesen, bei dem die Partner jederzeit ausgewechselt werden konnten. Jetzt also war Chantal an der Reihe! Eine Träne lief Sandra über das Gesicht. Verärgert wischte sie sie mit dem Ärmel ihres Sweatshirts fort. Sie war froh, als sie wieder im Freien waren. Ein frischer Herbstwind wehte. Sandra atmete tief ein und aus. Ihr war klar: Stefan konnte sie abhaken. Schrecklich daran war nur, dass es so wehtat.
S. 34: Sandra überlegte, ihm nachzulaufen, doch wenn sie ehrlich war, hatte sie keine Lust dazu. Lieber setzte sie sich auf einen Stuhl und beobachtete die Tanzenden.

b. *So solltest du den Satz ergänzt haben:*
Das Geschehen wird in der *Er-/Sie*-Form erzählt und dabei aus der Sicht der Hauptfigur *Sandra*.

5 **b.** *Du solltest das Personalpronomen* sie *markiert haben.*

c. Chantal

6 *So solltest du das Gespräch in indirekter Rede geschrieben haben:*
Jean-Pascal sagt lächelnd zu Sandra, sie brauche gar nicht eifersüchtig zu sein, weil Chantal nämlich jedem den Kopf verdrehe. Sandra solle ein bisschen warten. In drei Tagen gehöre Stefan wieder ihr, schwöre er. Sandra fragt, ob er sicher sei. Jean-Pascal sagt, er sei sich ganz sicher, überlegt ein Weile und sagt dann, er habe eine Idee. Wenn Stefan am nächsten Tag noch immer mit Chantal zusammen sei, werde er sie ihm wegnehmen.

7 *So könnte dein Einleitungssatz aussehen:*
Die Kurzgeschichte „Schüleraustausch" von Annette Weber handelt von einem jugendlichen Liebespaar, dessen Beziehung bei einem Schüleraustausch in Frankreich auf eine Probe gestellt wird.

8 *So könnte deine fertige Inhaltsangabe aussehen:*
Die Kurzgeschichte „Schüleraustausch" von Annette Weber handelt von einem jugendlichen Liebespaar, dessen Beziehung bei einem Schüleraustausch in Frankreich auf eine Probe gestellt wird.
Die Geschichte wird in der Er-/Sie-Form erzählt. Sandra und ihr Freund Stefan nehmen an einem Schüleraustausch teil und verbringen einige Tage in der französischen Stadt Sens. Gleich nach der Ankunft vertauscht Stefan die Adressen der Gastschüler. Er möchte nämlich lieber bei der hübschen Französin Chantal wohnen. Mit einem Hinweis auf offene Beziehungen lässt er die fassungslose Sandra am Bahnhof stehen. Sandra hat dann Jean-Pascal als Austauschpartner. Als Stefan und Chantal während einer Besichtigung heftig miteinander flirten, wird Sandra traurig und Jean-Pascal tröstet sie. Er erklärt Sandra, sie brauche gar nicht eifersüchtig zu sein, weil Chantal nämlich jedem den Kopf verdrehe. Er verspricht, Sandra zu helfen, indem er Chantal während einer Party Stefan ausspannen will. Der Plan geht auf, denn Stefan verlässt zornig den Raum, als Chantal und Jean-Pascal miteinander tanzen. Sandra kann sich aber nicht darüber freuen und auch Jean-Pascal nicht. Beide stellen fest, dass sie sich zueinander hingezogen fühlen. Am Ende will Sandra Stefan nicht mehr zurückgewinnen.

Seite 38

2 *Diese fehlende Information solltest du aufgeschrieben haben:*
der Titel: „Schüleraustausch"

3 *Diese Zeitformen solltest du durchgestrichen und so korrigiert haben:*
~~reisten~~ – reisen, ~~freute~~ – freut, ~~sah~~ – sieht,
~~vertauschte~~ – vertauscht, ~~hat gesagt~~ – sagt

4 *Diesen Satz solltest du durchgestrichen haben:*
Der ist doch das Allerletzte, denn er lässt seine Freundin einfach sitzen.

5 *Diese Stelle solltest du durchgestrichen und dann so in indirekter Reden und in eigenen Worten wiedergegeben haben:*
~~„Du brauchst gar nischt eifersüchtig zu sein. Weil sie nämlich jedem den Kopf verdreht."~~
Indirekte Rede: Dort will er sie trösten und sagt, sie brauche gar nicht eifersüchtig zu sein, weil sie nämlich jedem den Kopf verdrehe.
In eigenen Worten: Dort will er sie trösten. Sandra muss nicht traurig sein, denn Chantal verdreht jedem den Kopf.

6 *Diese fehlenden Informationen solltest du notiert haben:*
der Plan von Jean-Pascal, Sandras Wunsch, die Beziehung zu Stefan weiterzuführen, das Ende, ob der Plan gelingt, dass Sandra und Jean-Pascal sich ineinander verlieben

7 *So solltest du die Inhaltsangabe verbessert haben:*
In der Kurzgeschichte „Schüleraustausch" von Annette Weber geht es um Sandra und ihre Liebe zu Stefan. Beide reisen von der Schule aus nach Sens in Frankreich. Sandra freut sich auf die Zeit mit ihrem Freund. Am Bahnhof sieht Stefan eine hübsche Französin und vertauscht einfach die Adressen der Gastschüler, damit er zu dieser Chantal kommt. Sandra ist wütend. Sie wohnt jetzt bei Jean-Pascal. Während der Besichtigung einer Kathedrale sieht Sandra, dass sich Stefan mit derselben Masche an Chantal heranmacht wie zuvor an Sandra. Jean-Pascal und Sandra flüchten in ein Café. Dort will er sie trösten und sagt, sie brauche gar nicht eifersüchtig zu sein, weil Chantal nämlich jedem den Kopf verdrehe. Er schlägt ihr den Plan vor, Chantal während einer Fete Stefan auszuspannen.
Der Plan scheint zu gelingen, denn Stefan verlässt zornig den Raum, als Chantal und Jean-Pascal miteinander tanzen. Sandra kann sich aber nicht darüber freuen und auch ihr Gastschüler nicht. Beide stellen fest, dass sie sich zueinander hingezogen fühlen.

Seite 39

1 *Diese Aussagen hast du sicher angekreuzt:*
☒ Ich soll mich in Stefan oder Sandra hineinversetzen.
☒ Ich soll in dem Brief von Erlebnissen, Gedanken und Gefühlen berichten.

2 *So solltest du die Lücken ergänzt haben:*
Ein persönlicher Brief beginnt mit einer freundlichen *Anrede*. Einen Brief an gleichaltrige Jugendliche darf man in der *Umgangssprache* schreiben. Man kann *Gedanken* und *Gefühle* äußern. Damit der Brief für den *Empfänger* interessant ist, sollte man sie oder ihn ansprechen. Das kann man zum Beispiel durch *Fragen* tun. Man sollte so schreiben, dass der Empfänger alles *nachvollziehen* kann. Das Wichtigste ist aber, dass alle *Informationen* in dem Brief genau zu der *Geschichte* und der *Figur* passen.

4 *So könnte dein überarbeiteter Brief aussehen. Die verbesserten Fehler sind markiert:*
Liebe Alexandra,
wie geht es dir? Bestimmt nicht so toll wie mir hier in Frankreich. Ich habe dir viel zu berichten. Stell dir vor, Stefan hat sich gleich am ersten Tag an eine Französin rangemacht. Er hat einfach die Adressen vertauscht, um bei Chantal zu wohnen. Eigentlich war sie meine Austauschschülerin. Du kannst dir vielleicht denken, wie ich mich in diesem Moment gefühlt habe. Ich habe vor Angst kaum noch Luft bekommen. Dann hat er mich einfach auf dem Bahnhof stehen lassen, kannst du dir das vorstellen? In dem Moment hätte ich dich am liebsten sofort angerufen und dir alles erzählt. So bin ich zur Familie Lebrun gekommen und habe Jean-Pascal kennen gelernt. Der hat keine gute Meinung von Chantal, weil sie wohl jedem Mann den Kopf verdreht. Er hat sich dann einen Plan für mich überlegt. Stell dir vor, auf unserer Fete hat er Stefan Chantal einfach ausgespannt, mir zuliebe! Doch als ich die beiden miteinander habe tanzen sehen, wurde mir ganz schlecht. Ja, stell dir vor, ich habe mich in Jean-Pascal verliebt! Drei Tage später kam Stefan dann wieder angelaufen, aber: zu spät. Ich hab ihn einfach stehen lassen. Der ist bei mir unten durch, das kannst du mir glauben. Und Jean-Pascal ist wirklich süß.
Bis bald dann
Sandra

Seite 41 – Das kann ich!

1 *So solltest du deinen Arbeitsauftrag bearbeitet haben:*
In der Kurzgeschichte „Sonntag" von Max Bolliger geht es um ein Mädchen, das unter der Scheidung ihrer Eltern leidet. Die Geschichte wird in der Er-/Sie-Form erzählt. Daniela verbringt wieder einmal den Sonntag mit ihrem Vater. Doch der scheint sich gar nicht für sie zu interessieren. Er weiß zum Beispiel noch nicht einmal, wie alt seine Tochter genau ist (Z. 36–40), schaut dauernd auf seine Uhr und hat noch eine andere Verabredung (Z. 45–50). Auch Danielas Mutter scheint sich nicht besonders um die Gefühle ihrer Tochter zu kümmern und interessiert sich nur dafür, ob Daniela von ihrem Vater einen Wintermantel bekommen wird (Z. 61). Später trifft Daniela heimlich ihren Freund Heinz. Er fragt sie, ob sie den Sonntag gut überstanden habe (Z. 81). Sie meint, es sei wie immer gewesen. Heinz tröstet sie und zusammen nehmen sie sich vor, als Erwachsene alles besser zu machen.

Das kann ich! – Auswertung	
59–80 Punkte	Du hast schon viel gelernt. Weiter so!
37–58 Punkte	Du kannst es sicher noch besser. Übe weiter.
0–36 Punkte	Arbeite die Seiten 32 bis 39 noch einmal durch.

Seite 43

1 **b.** *Diese Bedeutungen solltest du angekreuzt haben:*
das Begehr – der Wunsch; **der Flecken** – eine Siedlung, **sacht** – langsam, **gleißt'/gleißte** – glänzen; **tu uns Bescheid** – trink mit uns, **das Geklüft** – die Felsen

2 *Diese Sätze könntest du geschrieben haben:*
In der Ballade geht es um drei Goldgräber, die nach langem Suchen endlich Gold finden. Weil jeder der drei so gierig ist und das gefundene Gold nur für sich haben will, töten sie sich am Ende alle gegenseitig.

3 *So solltest du die Fragen beantwortet haben:*
a) In der Ballade gibt es die drei Hauptfiguren Tom, Will und Sam.
b) Die drei Hauptfiguren sind Freunde, die gemeinsam nach Gold suchen.
c) „Nach Glück und Gold stand ihr Begehr" (Z. 2).
d) ☒ Die Gier der Männer.
e) Keiner der Männer bekommt das Gold, weil alle drei sterben.

4 *So solltest du den Dialog aufgeschrieben haben:*
Will: „Das Gold ist fein; nur schade, dass wir es teilen zu drei'n!“
Tom: „Du meinst?“
Will: „Je nun, ich meine nur so. Zwei würden des Schatzes besser froh.“
Tom: „Doch wenn –“
Will: „Wenn was?“
Tom: „Nun, nehmen wir an, Sam wäre nicht da.“
Will: „Ja, freilich, dann –“
Tom: „Siehst du die Schlucht dort unten?“
Will: „Warum?“
Tom: „Ihr Schatten ist tief und die Felsen sind stumm.“
Will: „Versteh ich dich recht?“
Tom: „Was fragst du noch viel! Wir dachten es beide, und führen 's ans Ziel. Ein tüchtiger Stoß und ein Grab im Gestein, so ist es getan und wir teilen allein.“

Seite 44

1 *Diesen Satz hast du sicher geschrieben:*
Die Ballade besteht aus 16 Strophen mit jeweils vier Zeilen.

2 *So solltest du die Tabelle ausgefüllt und die markierten Reime in zwei verschiedenen Farben markiert haben:*

Strophe 1	**Strophe 2**	**Strophe 3**
Meer a	Nacht c	Schweiß e
Begehr a	Schacht c	Preis e
gebräunt b	-gebraus d	hold f
freund b	aus d	Gold f
Strophe 4	**Strophe 5**	**Strophe 6**
Raum g	Schall i	ruhn k
kaum g	Metall i	tun k
zugleich h	Gelüst j	Wein l
reich h	geküsst j	sein l
Strophe 7	**Strophe 8**	**Strophe 9**
dahin m	Bergeshang n	so o
Sinn m	klang n	froh o
sacht c	fein l	an p
gedacht c	drein l	dann p
Strophe 10	**Strophe 11**	**Strophe 12**
glomm q	viel s	Tag t
Tom q	Ziel s	lag t
Warum r	Gestein l	Genoss u
stumm r	allein l	floss u
Strophe 13	**Strophe 14**	**Strophe 15**
Krug v	vorher a	gut y
Zug v	schwer a	Blut y
stark w	Ruh x	Gesicht z
Mark w	dazu x	Gericht z
Strophe 16		
mich ä		
ich ä		
allein l		
Wein l		

c. *So solltest du angekreuzt haben:*
Das Reimschema der Ballade „Die Goldgräber“ ist ein Paarreim.

3 *So solltest du die Überschrift zerlegt und diese passenden Wörter gefunden haben:*
Goldgräber = das Gold + der Gräber
den Preis (Z. 10), die Grube (Z. 6),
glüht (Z. 11), gegraben (Z. 5),
das blanke Metall (Z. 18), das Grab (Z. 43),
das Erz (Z. 30),
des Schatzes (Z. 34),
den Schatz (Z. 63)

Z 4 *Diese zweite Bedeutung solltest du gefunden haben:*
2. die Gräber der Toten, die es durch den Streit um das Gold gab

Seite 45

1 *So könntest du die Einleitung geschrieben haben:*
In der Ballade „Die Goldgräber“ von Emanuel Geibel geht es um drei Männer, die gemeinsam nach Gold suchen. Als sie welches finden, streiten sie sich darum und töten sich gegenseitig.

2 *So könntest du den Inhalt wiedergegeben haben:*
Die drei befreundeten Goldgräber Tom, Will und Sam suchen gemeinsam nach Gold. Nach monatelangem Suchen finden sie endlich Gold. Aus Freude wollen sie ein Fest feiern. Als Sam sich aufmacht, Speisen und Wein zu besorgen, schmieden die anderen beiden einen Plan. Um das Gold nur für sich zu bekommen, wollen sie Sam die Schlucht hinunterstürzen. Als Sam mit dem Wein zurückkommt, trinken sie davon und erstechen ihn dann. Doch Sam hatte zuvor den Wein vergiftet und so sterben alle drei.

3 *Sieh dir für deine Inhaltsangabe die Lösungen der Aufgaben 1 und 2 an.*

5 *So solltest du die Beschreibung ergänzt haben:*
Die Ballade besteht aus 16 Strophen mit jeweils vier Zeilen. Das Reimschema ist der Paarreim. Leitmotive sind das Gold und die Gräber, die bereits in der Überschrift vorkommen. Es gibt mehrere Dialoge, zum Beispiel in den Zeilen 31–44 und 51–56.

Z 6 *So ähnlich könnte deine Zeitungsnotiz lauten:*
Mord aus Gier
San Francisco, 2. Oktober 1868. Örtlichen Behörden wurden drei Leichen in den Bergen gemeldet. Erste Untersuchungen ergaben, dass es sich dabei um Goldgräber handelt. Nach dem Fund eines großen Goldklumpens gerieten sie offenbar in einen Streit darüber, wem er nun gehöre. Es scheint unglaublich, aber aus purer Gier haben sie sich vermutlich alle drei gegenseitig getötet.

Seite 46

1 **a.** das Prak | ti | kum, ir | gend | et | was, der Prak | ti | kums | tag, hi | nü | ber | ge | hen, die Bus | hal | te | stel | le, die Fahr | gäs | te, höchst | wahr | schein | lich, hi | nun | ter | lau | fen, das Be | triebs | prak | ti | kum, er | war | te | te, ir | gend | wann, ver | spä | tet

b. *So sollte deine Tabelle aussehen:*

drei Silben	**vier Silben**	**fünf Silben**
das Praktikum, die Fahrgäste, irgendwann, verspätet	irgendetwas, der Praktikumstag, höchstwahrscheinlich, erwartete	hinübergehen, die Bushaltestelle, hinunterlaufen, das Betriebspraktikum

3 kennen – also: er kennt; siegen – also: sie siegt; summen – also: sie summt; lieben – also: er liebt; biegen – also: er biegt; stauben – also: es staubt

Seite 47

4 ruhiger – also: ruhig; milder – also: mild; lieber – also: lieb; fähiger – also: fähig

5 die Herde – also: der Herd; die Betriebe – also: der Betrieb; die Fabriken – also: die Fabrik; die Lieder – also: das Lied; die Wände – also: die Wand; die Burgen – also: die Burg; die Verträge – also: der Vertrag; die Schübe – also: der Schub

6 *Diese verwandten Wörter könntest du gefunden haben:* der Verdacht – also: verdächtig; außen – also: äußerlich; die Kraft – also: kräftig; der Haufen – also: häufig; der Verkauf/kaufen – also: der Verkäufer; packen – also: Gepäck; der Raum – also: aufräumen; die Macht – also: mächtig

7 *Diese verwandten Wörter könntest du gefunden haben:* die Sprache – also: das Gespräch; klar – also: erklärt; glauben – also: ungläubig; das Maß – also: mittelmäßig; fallen – also: fällt; stark – also: die Stärken; verkaufen – also: die Verkäuferin; schlagen – also: schlägt

Seite 48

1 *So solltest du die Wörter den Wortfamilien zugeordnet haben:*
halten: haltbar, die Haltbarkeit, die Haltestelle, das Halteverbot, das Verhalten, die Haltung, abhalten, der Aufenthalt
stürzen: der Sturzflug, überstürzen, der Absturz, losstürzen, einstürzen, der Sturzregen, der Sturzhelm, herunterstürzen

3 *So solltest du die Wörter nach Wortfamilien geordnet haben. Die unterstrichenen Wörter könntest du ergänzt haben:*
nehmen: einnehmende, das Benehmen, annehmen, <u>die Vernehmung</u>, <u>entnehmen</u>, <u>zunehmen</u>, <u>aufnehmen</u>, <u>das Unternehmen</u>
binden: die Verbindung, verbindliche, die Bindung, <u>anbinden</u>, <u>zubinden</u>, <u>die Unterbindung</u>, <u>aufbinden</u>, <u>die Einbindung</u>

5 **b.** *So solltest du die Wortstämme markiert und die Wörter in die Tabelle eingeordnet haben:*
-bind-: abbinden, zubinden, unterbinden
-band-: der Einband, das Halsband, das Fließband, das Gummiband
-bund- (-bünd-): verbündet, der Verbund, linksbündig, zeitgebunden

Seite 49 – Das kann ich!

1 die Erfolge – also: der Erfolg; summen – also: sie summt; die Schilder – also: das Schild, klirren – also: es klirrt

2 der Raum – also: abräumen; das Maß – also: regelmäßig; sauer – also: die Säure; packen – also: das Gepäck

3 *So solltest die Rechtschreibhilfen zugeordnet haben:* es brenn**t** – **B**, der Ran**d** – **C**, der Verk**äu**fer – **A**

4 *So solltest du die Wörter in die Tabelle eingeordnet und die Wortstämme markiert haben:*
Wortfamilie binden: unverbindlich, die Anbindung, ungebunden, das Maßband, verbinden
Wortfamilie nehmen: die Annahme, vernehmen, benommen (sein), das Unternehmen, entnehmen

5 langgezogenen, die Laufbahn, der Staffellauf, anziehen, umgezogen, die Läuferin, belief, zog

Das kann ich! – Auswertung	
33–45 Punkte	Du hast schon viel gelernt. Weiter so!
20–32 Punkte	Du kannst es sicher noch besser. Übe weiter.
0–19 Punkte	Arbeite die Seiten 46 bis 48 noch einmal durch.

Seite 50

1 *Diese Nomen könntest du gebildet haben:* nichts Gutes, etwas Besonderes, viel Neues, etwas Buntes, allerlei Hübsches, alles Schlechte, wenig Falsches

2 *So könntest du die Sätze ergänzt haben:* Ich wünsche dir zum Geburtstag *alles Gute*. Im Fernsehen kommt heute Abend *etwas Interessantes*. In der Boutique fand Karla *nichts Schönes*. In der Zeitung stand *wenig Neues*. Unsere Nachbarin erzählte mir *alles Wichtige*.

4 *Diese Tageszeiten solltest du markiert haben:* gestern Abend, gestern Nachmittag, gestern Abend, heute Morgen, morgen Nachmittag, heute Abend, heute Nachmittag, morgen Abend

Seite 51

5 *So solltest du die Zeitangaben aus dem Text geschrieben haben:* heute Mittag, am Mittwochabend, gestern Nachmittag, heute Abend, morgen Mittag, früh am Abend

6 kleiden – die Kleidung; beschreiben – die Beschreibung; heizen – die Heizung; ergeben – das Ergebnis; entfernen – die Entfernung; kreuzen – die Kreuzung; wohnen – die Wohnung; erleben – das Erlebnis

8 *So solltest du die nominalisierten Verben mit ihren Begleitern markiert haben:*
Meine Sneakers trage ich beim Skaten, beim Tanzen und beim Einkaufen. Zum Arbeiten, zum Wandern und zum Laufen ziehe ich lieber feste Stiefel an. Ich will schließlich vom Gehen, vom Laufen und vom Rennen keine kaputten Füße bekommen.

9 *So solltest du die Wörter richtig geschrieben haben:* das Stöbern, macht, beim Durchsehen, entdecken, auskennt, beim Arbeiten, zum Vorbereiten, gehe, suche, das Lesen, im Stehen, im Sitzen, verbringen

Seite 52 – Das kann ich!

1 Wörter mit den Suffixen **-ung**, *-heit*, *-keit* und *-nis* sind Nomen. Sie werden *groß*geschrieben. Aus *Adjektiven* können Nomen werden. Die starken Wörter **alles**, **nichts**, **allerlei**, **etwas**, **genug**, **viel** und **wenig** machen ’s! Aus *Verben* können Nomen werden. Der Artikel *das* und die starken Wörter **beim**, **zum**, **im**, **am** und **vom** machen ’s! Nach **gestern**, *heute* und *morgen* werden Tageszeiten großgeschrieben.

2 Peters *Beschreibung* des Unfalls war spannend. Als die *Flüssigkeit* aus dem umgestürzten Tank lief, war die *Gesundheit* der Beteiligten durch ätzende Gase gefährdet. Es war wohl ein schlimmes *Erlebnis*.

3 *So solltest du den Text ergänzt, diese nominalisierten Verben markiert und diese starken Wörter unterstrichen haben:*
Gestern Abend bin ich beim Lesen fast eingeschlafen. Das Aufstehen heute Morgen war qualvoll. Zum Essen gab es heute Mittag auch <u>nichts</u> Leckeres. Aber am Mittwochnachmittag gibt es meine Lieblingsspeise: Spagetti! <u>Etwas</u> Köstlicheres kann ich mir gar nicht vorstellen.

4 Bei dem Unfall ist *nichts Schlimmes* vorgefallen. In letzter Zeit ist mir *viel Gutes* passiert. Bei dem Praktikum lernt man *allerlei Nützliches*. Sie möchten *etwas Hübsches* zum Anziehen kaufen.

Das kann ich! – Auswertung	
26–35 Punkte	Du hast schon viel gelernt. Weiter so!
16–25 Punkte	Du kannst es sicher noch besser. Übe weiter.
0–15 Punkte	Arbeite die Seiten 50 und 51 noch einmal durch.

Seite 53

2 *So solltest du die Fremdwörter in die Tabelle eingetragen haben. Die unterstrichenen Wörter könntest du ergänzt haben:*
Nomen auf -ie: die Chemie, die Theorie, die Demokratie, die Fantasie, die Regie
Nomen auf -ität: die Qualität, die Universität, die Spezialität, die Realität, die Aktivität, die Nervosität
Adjektive auf -(i)ell: offiziell, speziell, finanziell, aktuell, tendenziell

3 Bei einer Ware ist die *Qualität* besonders wichtig. Der *Fantasie* sind keine Grenzen gesetzt. Das Fach *Biologie* beschäftigt sich mit dem Aufbau, den Funktionen und dem Verhalten von Lebewesen, zum Beispiel von Pflanzen. Deutschland ist keine Diktatur, sondern eine *Demokratie*. Viele Produkte werden in Fabriken *industriell* hergestellt. Meist suchen beide Geschäftspartner *finanzielle* Vorteile bei einem Geschäft. Im Idealfall glauben beide, dass sie Gewinn gemacht haben.

4 *So könntest du die Fremdwörter erklärt haben:*
die Theorie – ein Entwurf, generell – allgemein, die Realität – die Wirklichkeit

Seite 54

5 *So solltest du die Fremdwörter den Erklärungen zugeordnet haben:*
Pflanzenwuchs – die Vegetation, ein Blutgefäß – die Vene, eine Absperrvorrichtung – das Ventil, ein Lüfter – der Ventilator, lebenswichtige Nahrungsbestandteile – die Vitamine, veränderlich – variabel, luftleerer Raum – das Vakuum, Selbstlaut – der Vokal, ein Feuerberg – der Vulkan, Erscheinung – die Vision, Tätigkeitswort – das Verb, Rauminhalt – das Volumen

7 *Diese Fremdwörter solltest du in dieser Reihenfolge in den Sätzen ergänzt haben:*
Vegetation – Vulkan – Ventilator – Ventil – Vitamine – Volumen – Vene – Vokale – Fantasien – variabel – Verb – Vakuum

Seite 55

8 produzieren – die Produktion, organisieren – die Organisation, dokumentieren – das Dokument, interpretieren – die Interpretation, protestieren – der Protest, reparieren – die Reparatur, rationieren – die Ration, kritisieren – die Kritik, programmieren – das Programm, funktionieren – die Funktion, tolerieren – die Toleranz, informieren – die Information, fantasieren – die Fantasie, riskieren – das Risiko

9 Berufsberater *informieren* uns regelmäßig in der Schule. Andere Meinungen seiner Mitmenschen sollte man *tolerieren*. Diesen Computer solltest du neu *programmieren* und danach würde er vermutlich wieder viel besser *funktionieren*. Fehlentscheidungen sollte man *kritisieren* – aber bitte sachlich.

Seite 55 – Das kann ich!

1 Viele Fremdwörter, die **Nomen** sind, haben die Endungen *-ie* und *-ität*. Viele Fremdwörter, die **Adjektive** sind, haben die Endung *-(i)ell*. Viele von Fremdwörtern abgeleitete *Nomen* enden auf *-ieren*.

2 *So solltest du die Verben zugeordnet haben. Die unterstrichenen Verben solltest du ergänzt haben:*
aktiv – aktivieren, das Ventil – ventilieren, das Motiv – motivieren, das Protokoll – protokollieren, die Funktion – funktionieren, die Station – stationieren

3 informieren – die Information, kritisieren – die Kritik

4 Pflanzenwuchs – die Vegetation, Rauminhalt – das Volumen

Das kann ich! – Auswertung	
15–19 Punkte	Du hast schon viel gelernt. Weiter so!
9–14 Punkte	Du kannst es sicher noch besser. Übe weiter.
0–8 Punkte	Arbeite die Seiten 53 bis 55 noch einmal durch.

Seite 56

1 bis **2**
Die markierten Verben solltest du im Text markiert haben. So hast du die Getrenntschreibungen aus dem Text und aus Aufgabe 3 sicher geordnet:
Nomen + Verb: Rad fahren, Folge leisten, Ski laufen, Alarm schlagen, Maß halten, Feuer fangen, Auto fahren, Schlange stehen, Bus fahren, Not leiden
Verb + Verb: spazieren gehen, stehen bleiben, kennen lernen, sitzen bleiben, laufen lassen, hängen bleiben, liegen lassen

3 *Diese Getrenntschreibungen solltest du markiert und die Sätze so ergänzt haben:*
A Wenn wir Bus fahren, sollten wir beim Aussteigen nichts *liegen lassen*.
B Wenn wir Auto fahren, müssen wir lange Zeit *sitzen bleiben*.
C Wenn wir Ski laufen, dürfen wir nicht mitten auf der Piste *stehen bleiben*.
D Wenn wir leicht Brennbares liegen lassen, kann es *Feuer fangen*.

Seite 57

5 Bei den Hausaufgaben möchte Peter alles *richtig machen*. Wie viele Spagetti werden wohl für mich *übrig bleiben*? *Lästig werden* möchte ich durch meinen Besuch auf keinen Fall. Der Schritt war falsch – den solltest du *rückgängig machen*.

7 **Wird Markus weiterhin *dabei sein*?**
Nach dem verlorenen Spiel dachte Markus, jetzt würde alles *aus sein*. Wegen des vergebenen Elfmeters könnte er nie wieder *glücklich sein*. Doch der Trainer tröstete ihn und meinte, gar nichts würde *vorbei sein* und schon bald würde alles wieder *gut sein*.

Seite 57 – Das kann ich!

1 Wortgruppen aus zwei *Verben*, Wortgruppen aus **Nomen** + **Verb** und *Adjektiv* + **Verb** sowie Wortgruppen **mit** *sein* schreibt man getrennt.

2 *Diese Wortgruppen solltest du markiert haben:*
Nomen + Verb: Ski laufen, Schlange stehen, Schlitten fahren
Verb + Verb: stehen bleiben, spazieren gehen, kennen lernen

3 **A** Du solltest in der Prüfung *ruhig bleiben* und nicht vor Aufregung *nervös werden* – dann wirst du bestimmt alles *richtig machen*.
B Tagsüber soll das Licht nicht *an sein*, sondern es muss *aus sein*. Merkt euch das, weil es mit der billigen Energie bald *vorbei sein* wird.

Das kann ich! – Auswertung	
14–18 Punkte	Du hast schon viel gelernt. Weiter so!
9–13 Punkte	Du kannst es sicher noch besser. Übe weiter.
0–8 Punkte	Arbeite die Seiten 56 und 57 noch einmal durch.

Seite 58

1 und **3**
So solltest du h *nach langem Vokal markiert und die Wörter so in die Tabelle eingeordnet haben:*
vor l: allmählich, bezahlen, erzählen, der Fehler, fühlen, das Gefühl, stehlen, der Stuhl, wählen, wohl, die Zahl, zählen;
vor m: berühmt, ihm, nehmen, zahm;
vor n: die Bahn, belohnen, ihn, ohne, wohnen, die Wohnung, der Zahn, zehn;
vor r: ehrlich, fahren, das Fahrrad, die Gefahr, ihr, das Jahr, die Lehrerin, mehr, sehr, das Ohr, die Uhr, ungefähr, der Verkehr, wahr, während, wahrscheinlich

Seite 59

6 Vor der Bewerbung solltest du Folgendes in *Erfahrung* bringen: Wo befindet sich der Praktikumsplatz? Muss ich weit *fahren*? Wie komme ich hin, mit öffentlichen *Verkehrsmitteln*, mit dem *Fahrrad* oder zu Fuß?
Was wird von mir verlangt? Bei einem *Zahnarzt* wirst du nicht *bohren* dürfen, bei einem *Uhrmacher* nicht gleich verkaufen. Mit welchen Arbeitsmitteln oder Werkzeugen werde ich arbeiten? *Wahrscheinlich* kann ich Geräte noch gar nicht bedienen. Welche Bedingungen finde ich vor? Muss ich *sehr* viel arbeiten? Also, besser sich vorher informieren als sich später ärgern!

Seite 59 – Das kann ich!

1 Bei einigen Wörtern steht nach einem *lang* gesprochenen Vokal oder Umlaut ein **h**. Allerdings nur vor den Konsonanten **l**, *m*, *n* und *r*.

2 *So solltest du den Text ergänzt und ein Wort markiert haben:*
Kevin Müller, 18 Jahre, erstes Lehrjahr, erzählt: Nach der Realschule habe ich mit dem *Berufsgrundschuljahr* begonnen, weil mein *Lehrer* meinte, ich solle mir die Berufswahl genau überlegen. Ich bin auch zu Hause ausgezogen und habe für meine erste *Wohnung* Möbel gesucht. Weil gute Möbel *sehr* teuer waren, habe ich selber Möbel gebaut. Das hat mir *unwahrscheinlich* gut gefallen und ich habe daraufhin den Beruf des Tischlers *gewählt*.

Das kann ich! – Auswertung	
9–11 Punkte	Du hast schon viel gelernt. Weiter so!
5–8 Punkte	Du kannst es sicher noch besser. Übe weiter.
0–4 Punkte	Arbeite die Seiten 58 und 59 noch einmal durch.

Seite 60

1 **a. + b.**
So solltest du die Wörter markiert und geordnet haben:
Nomen: die Widerrede, der Widersacher, der Widerstand, der Widerspruch, das Widerwort, die Widerstandskraft, der Widerwille, der Widerruf, der Widersinn
Verben: widerfahren, widerlegen, widerstehen, anwidern, widersprechen, widerrufen, widersetzen, erwidern, widerstreben
Adjektive: widerlich, widerwillig, widerstandsfähig, widerwärtig, widerstandslos, widersprüchlich, widerspenstig, widerrechtlich, unwiderstehlich

2 *So hast du die Wörter sicher den Worterklärungen zugeordnet:*
die Gegenrede: die Widerrede; abscheulich: widerlich; zustoßen: widerfahren; antworten/entgegnen: erwidern; der Gegner: der Widersacher; gegen das Gesetz: widerrechtlich; schwer zu bändigen: widerspenstig; der Gegensinn: der Widersinn; das Gegenteil beweisen: widerlegen

Seite 61

4 Gestern ist mir eine komische Geschichte *widerfahren*. Eine maskierte Mickymaus sprang mir in den Weg und rief: „Hände hoch! Jeder *Widerstand* ist zwecklos." Sie hielt eine Banane in der Hand und ihre *widerspenstigen* Haare flogen im Wind. Zuerst war ich etwas überrumpelt, aber dann konnte ich nicht *widerstehen* und biss in die Banane. (...) *Widerwillig* überließ mir die Mickymaus schließlich die Banane. Offensichtlich frustriert verschwand mein *Widersacher* daraufhin sofort, und so hatte ich keine Gelegenheit mehr, etwas zum Dank zu *erwidern*.

Seite 61 – Das kann ich!

1 Das Wort **wider** hat die Bedeutung *„gegen"*, *„dagegen"*, *„entgegen"*.

2 die Gegenrede: die Widerrede; kampflos: widerstandslos; antworten: erwidern; störrisch: widerspenstig

3 **A** Der Verbrecher ließ sich *widerstandslos* festnehmen. Er hatte erkannt, dass jeder *Widerstand* sinnlos war.
B „Da muss ich dir aber *widersprechen*", sagte Alessandro, der anderer Meinung war.
C „Ich weiß nicht, was ich darauf *erwidern* soll. Ich bin sprachlos", sagte sie überrascht.
D „Du glaubst nicht, was mir heute *widerfahren* ist, als ich in den Bus steigen wollte!", erzählte er seiner Kollegin.
E „Na gut, wenn es unbedingt sein muss", sagte sie *widerwillig*.
F „Der Kuchen sah so lecker aus, da ich konnte ich einfach nicht *widerstehen*", sagte er mit schuldbewusstem Gesicht.

Das kann ich! – Auswertung	
11–14 Punkte	Du hast schon viel gelernt. Weiter so!
7–10 Punkte	Du kannst es sicher noch besser. Übe weiter.
0–6 Punkte	Arbeite die Seiten 60 und 61 noch einmal durch.

Seite 62

1 **A** Als sie mit den Hausaufgaben fertig war, lief Sophie zu ihrer Freundin.
B Wenn der Wecker klingelt, ist Kevin meistens schon von selbst aufgewacht.
C Weil ich müde bin, werde ich heute im Bett nicht mehr lesen.
D Dass ich heute nicht gut Fußball gespielt habe, weiß ich selbst.
E Obwohl ihre Mutter viel arbeitet, möchte Maria Industriekauffrau werden.

2 **Irinas erster Tag im Praktikum**
Weil sie pünktlich um 7:30 Uhr im städtischen Kindergarten sein muss, steht Irina am Montagmorgen sehr früh auf. Als sie im Kindergarten ankommt, wird sie von der Leiterin freundlich begrüßt. Obwohl Irina den Kindern eine Geschichte vorliest, ist es in der Gruppe sehr laut. Nachdem Irina den Rat befolgt hat, wird es ganz leise im Raum.

Seite 63

2 *So solltest du die Kommas gesetzt und die Aufzählungen unterstrichen haben:*
Kartoffeln, Reis, Nudeln und Brot sind Nahrungsmittel.
Am liebste esse ich Bohnen, Linsen, Artischocken und Möhren.
Jeans, Karohemd und Sneakers trage ich besonders gern.

3 Für meine Reise packe ich vier T-Shirts, zwei Hosen, einen Pullover, sechs Unterhosen und fünf Paar Socken ein. Montags haben wir um acht Uhr Englisch, um neun Uhr dreißig Mathe, um zehn eine Doppelstunde Deutsch und um Viertel vor zwölf Chemie.

4 *So solltest du die Kommas gesetzt, die Aufzählungen unterstrichen und die Zeitangaben markiert haben:*
In den Ferien schwamm ich jeden Morgen im Meer, nachmittags spielte ich mit meinen Freunden am Strand Fußball und abends trafen wir uns in einer Disko.
Nachmittags fahre ich oft alleine und sehr schnell Fahrrad, manchmal basteln wir auch in der Werkstatt meines Vaters Holzspielzeug für die kleinen Cousins, gelegentlich gehe ich mit Freunden Eis essen und langweilen tue ich mich nie.

Seite 64

1 Die Lehrerin sagt, dass die Berufsberaterin bald komme. Sie meint, dass die Klasse Beratungsbedarf habe. Wir sollen das Klassenzimmer dafür aufräumen. Tags darauf erfahren wir, dass die Berufsberaterin erkrankt ist. Die Schülerinnen und Schüler sind enttäuscht, dass die Beratung ausfällt. Dass dafür jetzt Unterricht stattfindet, erfahren sie am Schwarzen Brett.

3 **a.** *So solltest du die Satzanfänge mit dass-Sätzen ergänzt haben:*
Ira meint, dass Sascha und Mahmut ihren Müll nicht auf den Boden werfen sollen. Sascha behauptet, dass sie das nachher selbst aufsammeln. Mahmut ergänzt, dass der Aufräumdienst ohne Müll nicht sinnvoll ist. Ira denkt, dass die zwei ihren Strafdienst immerhin mit Humor nehmen.

Seite 65 – Das kann ich!

1 Ein Satz, der aus einem *Hauptsatz* (HS) und einem *Nebensatz* (NS) besteht, heißt **Satzgefüge**. Der NS wird durch ein *Komma* vom HS abgetrennt. Die Teile einer *Aufzählung*, die nicht durch **und/oder** verbunden sind, werden durch *Komma* voneinander getrennt. Nach Verben des Sagens, Denkens und Meinens folgen oft *dass-Sätze*.

2 Weil es im Sommer sehr heiß war, bekamen die Schüler an manchen Tagen hitzefrei.

3 Zum Abendessen gab es Brot, Käse, Aufschnitt und Tee. Gestern Morgen war ich in der Schule, nachmittags ging ich zum Schwimmen ins Freibad und abends traf ich mich mit meiner Clique. Ich kaufe für das Mittagessen eine Packung Nudeln, ein Pfund Gehacktes, eine Zwiebel, ein Stück Parmesankäse und ein Glas Tomatensoße.

4 Ich will dir gern glauben, dass du für den Test gelernt hast. Bist du mir noch böse, dass ich das neue Buch verloren habe? Unser Lehrer meint, dass du heute in Hochform bist. Dass er dabei gezwinkert hat, war zu dumm.

5 *So hast du sicher die fehlenden Kommas gesetzt, die* **dass** *markiert, diese Konjunktionen eingekreist und diese Aufzählungen unterstrichen:*
Die Erfindung des Heißluftballons
Die Gebrüder Montgolfier aus Frankreich sind die Erfinder des Heißluftballons. Nicht viele Menschen wissen heute, dass die ersten Passagiere eines Ballons ein Hammel, eine Ente und ein Hahn waren. Nachdem die Tiere das Experiment überlebt hatten, erlaubte der König Ludwig XVI. einen Aufstieg mit Menschen. Als dann der Ballon am 21. November 1783 in die Luft stieg, brachen alle anwesenden Personen in Jubel aus. Der Ballon wurde mit ölgetränktem Holz, Papier, feuchtem Stroh und Stoff befeuert. Damals dachte man nämlich fälschlicherweise, dass der Rauch für den Auftrieb sorgte. Also verbrannte man stark rauchendes Material. Wenig später entdeckte man jedoch, dass die heiße Luft den Ballon aufsteigen lässt. Heute ist das Fliegen selbstverständlich, denn die Menschen wollen ohne großen Zeitverlust riesige Entfernungen überwinden.

Das kann ich! – Auswertung	
33–45 Punkte	Du hast schon viel gelernt. Weiter so!
20–32 Punkte	Du kannst es sicher noch besser. Übe weiter.
0–19 Punkte	Arbeite die Seiten 62 bis 64 noch einmal durch.

Seite 66

1 **a.** *Diese Personalpronomen hast du sicher ergänzt:*
Ferien an der Nordsee – Teil 1
Marvin kann in den Sommerferien nicht mit seinen Eltern verreisen. Sie müssen sich um die Großmutter kümmern, denn sie ist im Krankenhaus. Marvin versteht, dass sie nun wichtiger ist, aber traurig ist er doch, denn er hatte sich so auf den Urlaub gefreut. Seine Mutter tröstet ihn. Sie verspricht ihm, dass er trotzdem Ferien machen darf. Ihr ist etwas Tolles eingefallen …

b. *Diese Possessivpronomen hast du sicher ergänzt:*
Ferien an der Nordsee – Teil 2
Seine Mutter erlaubt ihm, dass er zusammen mit seiner Cousine Vanessa und ihren Eltern in die Ferien fährt. Vanessa und ihre Eltern wollen die Ferien in ihrem Ferienhaus an der Nordsee verbringen und viel Fahrrad fahren. Marvin möchte daher unbedingt sein Fahrrad mitnehmen. Allerdings muss er sein Fahrrad zuvor noch reparieren.

2 *So hast du sicher markiert, eingekreist und Pfeile gezeichnet:*
Die Fahrradreparatur
Marvin und sein Onkel schauen sich gemeinsam das Fahrrad an. Dieses ist noch nicht alt, aber es hat oft draußen gestanden. Marvin entfernt den Rost an den Speichen. Sie sind teilweise schon etwas verbogen. Sein Onkel überprüft die Bremsen. Diese funktionieren nicht mehr gut. Deshalb tauscht er sie aus. Marvin ist sehr dankbar und sein Onkel freut sich, dass er ihm helfen konnte.

Seite 67

1 **a.** *Diese Verbformen hast du sicher markiert:*
Geschichte und Zukunft der Solarenergie – Teil 1
Der französische Physiker Alexandre Edmond Becquerel entdeckte 1839 zusammen mit seinem Vater den fotoelektrischen Effekt oder kurz Fotoeffekt. Damit erkannte er die Voraussetzungen für die Solarzellen von heute. Allerdings hatte es eine passive Nutzung der Sonneneinstrahlung schon viel früher gegeben. So hatten zum Beispiel schon die alten Ägypter den Sonnenstand bei Hausbauten berücksichtigt. In Zukunft wird man mehr Sonnenenergie nutzen.

b. *So solltest du die Verben zugeordnet haben:*
Präteritum: entdeckte, erkannte; Plusquamperfekt: hatte gegeben, hatte berücksichtigt; Futur: wird nutzen

2 *So solltest du die Merksätze ergänzt haben:*
Das *Plusquamperfekt* bildest du mit dem **Präteritum** von **haben** oder **sein** und dem **Partizip Perfekt**. Das *Futur* bildest du mit dem **Präsens** von **werden** und dem **Infinitiv**.

zu Seite 67

3 *So solltest du entsprechenden Zeitformen ergänzt haben:*
Geschichte und Zukunft der Solarenergie – Teil 2
Man *begann* erst im 20. Jahrhundert, Solarzellen aus Silizium herzustellen, obwohl Wissenschaftler das Prinzip der Solarzellen schon im 19. Jahrhundert *entdeckt hatten*.
Im Laufe des 20. Jahrhunderts *entwickelte* man die Technik zwar immer weiter, aber lange Zeit *fand* sie kaum Verbreitung. Damals *waren* andere Energieträger noch günstig. Als jedoch mit der Ölkrise das Erdöl immer teurer wurde, *interessierte* man sich allmählich für Solarenergie. Heute nimmt man an, dass bis zum Jahr 2030 durch die Solarenergie etwa 10 Prozent des weltweiten Strombedarfs *gedeckt werden*. Besondere Vorteile *wird* diese Entwicklung für solche Gegenden der Welt mit sich *bringen*, die bisher nicht an ein Stromnetz angeschlossen sind.

Seite 68

1 **a.** *Diese Verbformen hast du sicher markiert:*
Umbau der Bahnhofstraße
Nach langer Diskussion wird seit letzter Woche die viel befahrene Bahnhofstraße endlich in eine Fußgängerzone umgewandelt. Der alte Asphalt wird jetzt durch gepflasterte Wege ersetzt. Seit gestern werden bereits die ersten Bäume gepflanzt und Sitzbänke werden aufgestellt. Auch an die Kinder wird gedacht: An zwei Stellen stehen ihnen bereits Spielgeräte zur Benutzung frei. So wird nicht nur eine Einkaufsmeile, sondern auch ein Platz zum Ausruhen geschaffen.

b. *Diese Passivformen hast du sicher im Text gefunden:*
wird umgewandelt, wird ersetzt, werden gepflanzt, werden aufgestellt, wird gedacht, wird geschaffen

2 **a. + b.**
So hast du sicher durchgestrichen und markiert:
A ~~Der Postbote~~ bringt die Post um 10 Uhr. **B** ~~Der Hausmeister~~ öffnet die Schule um 7:30 Uhr. **C** ~~Das Parlament~~ verabschiedet das Gesetz noch vor der Sommerpause. **D** ~~Alle Anwohner und Besucher~~ feiern am Samstag das Straßenfest. **E** ~~Die Lehrkräfte~~ verteilen am Freitag in der dritten Stunde die Zeugnisse. **F** ~~Der Kranke~~ nimmt jeden Abend eine Tablette.

c. + d.
Diese Sätze hast du sicher geschrieben:
A Die Post wird um 10 Uhr gebracht. **B** Die Schule wird um 7:30 Uhr geöffnet. **C** Das Gesetz wird noch vor der Sommerpause verabschiedet. **D** Das Straßenfest wird am Samstag gefeiert. **E** Die Zeugnisse werden am Freitag in der dritten Stunde verteilt. **F** Eine Tablette wird jeden Abend genommen.

Seite 69

1 **b.** *So solltest du die Versuchsbeschreibung im Passiv ergänzt haben:*
Überschrift: Wie kann man die Wärmestrahlung der Sonne nutzen?
Einleitung: In diesem Versuch soll untersucht werden, wie die Wärmestrahlung der Sonne genutzt werden kann.
Material: Für den Versuch werden ein silberner und ein schwarzer Erlenmeyerkolben, zwei lange Thermometer und Wasser benötigt.
Versuchsaufbau: Zuerst werden die beiden Erlenmeyerkolben mit Wasser gefüllt. Dann wird in jeden der beiden Erlenmeyerkolben ein Thermometer gestellt.
Versuchsdurchführung: Danach werden die Erlenmeyerkolben in die Sonne gestellt. Nach 30 Minuten werden die Thermometer abgelesen, und es wird festgestellt, dass die Temperatur des Wassers im schwarzen Kolben höher ist als die im silbernen Kolben.

2 **a.** *Diese Verben hast du sicher markiert:*
Ergebnis: Das Wasser wird in dem schwarzen Kolben stärker erhitzt als in dem silbernen.
Erklärung: Licht und Wärme werden von der silbernen Oberfläche reflektiert, die schwarze Oberfläche absorbiert Licht und Wärme. Das Wasser im schwarzen Kolben wird daher durch die Sonne erwärmt.

b. *Diese Aussage solltest du angekreuzt haben:*
Ergebnis und Erklärung stehen im Passiv. – trifft zu

Seite 70 – Das kann ich!

1 *So hast du die Merksätze sicher ergänzt:*
Das *Passiv* beschreibt, wenn etwas mit einer Person oder einem *Gegenstand* getan wird. Die *Tätigkeit* ist wichtig, nicht, wer sie ausführt. Deshalb wird die handelnde *Person* im Passiv in der Regel nicht genannt. Das Passiv wird mit einer Form von *werden* und dem **Partizip Perfekt (Partizip II)** gebildet.

2 *So solltest du die Personen durchgestrichen und die Sätze ins Passiv gesetzt haben:*
~~Der Koch~~ mischt die Zutaten. – Die Zutaten werden gemischt.
~~Die Lehrerin~~ beginnt den Unterricht um 8 Uhr. – Der Unterricht wird um 8 Uhr begonnen.

3 **a.** *Diese Passivformen solltest du markiert haben:*
Der Helioflex
Für einen Helioflex wird eine verspiegelte Plexiglasscheibe auf eine Satellitenschüssel montiert. Die Scheibe wird dann durch Schrauben gekrümmt. Die Spiegelfläche wird durch eine Mechanik mit der Sonne gedreht. Nachts wird der Spiegel automatisch nach Osten gerichtet und wartet dann auf die aufgehende Sonne. Der Helioflex wird so auf dem Dach aufgestellt, dass das Sonnenlicht eingefangen wird und in die Fenster der Wohnungen reflektiert wird. Dunkle Wohnungen werden so mit natürlichem Licht beleuchtet.

b. *Diese Passivformen solltest du aufgeschrieben haben:*
wird montiert, wird gekrümmt, wird gedreht, wird gerichtet, wird aufgestellt, wird eingefangen, wird reflektiert, werden beleuchtet

4 *Diese Sätze hast du sicher gebildet:*
Zuerst wird der Schmutz vom Leder abgebürstet. Dann werden die Schuhe mit einem feuchten Lappen gereinigt. Danach wird Schuhcreme mit einer Schuhbürste aufgetragen. Danach werden einige Minuten abgewartet. Zum Schluss werden die Schuhe mit einer weichen Bürste poliert.

Das kann ich! – Auswertung	
33–45 Punkte	Du hast schon viel gelernt. Weiter so!
20–32 Punkte	Du kannst es sicher noch besser. Übe weiter.
0–19 Punkte	Arbeite die Seiten 66 bis 69 noch einmal durch.

Seite 71

1 *So hast du sicher die Konjunktive I markiert, diese Pronomen eingekreist und diese Redeeinleitungen unterstrichen:*
Indirekte Rede
Jean-Pascal sagt, da sei (sie) ganz traurig geworden. Sandra fragt empört, was (ihn) das angehe. Jean-Pascal rührt in seiner Tasse und erklärt, (er) wolle nur nicht, dass (sie) wegen Chantal traurig sei. Sandra gibt zu, dass (sie) es wirklich sei. Seit drei Wochen sei (sie) mit Stefan zusammen und habe sich so furchtbar auf die Zeit mit ihm gefreut. Und jetzt verliebe er sich in diese attraktive Chantal.
Jean-Pascal antwortet lächelnd, (sie) brauche gar nicht eifersüchtig zu sein, weil Chantal nämlich jedem den Kopf verdrehe.

2 *So solltest du die Tabelle ergänzt und diese Personalpronomen markiert haben:*

Gespräch	Konjunktiv (indirekte Rede)	Verb im Präsens
du bist	sie sei	sie ist
es geht dich an	es gehe ihn an	es geht ihn an
ich will	er wolle	er will
ich habe mich gefreut	sie habe sich gefreut	sie hat sich gefreut
er verliebt sich	er verliebe sich	er verliebt sich
du brauchst	sie brauche	sie braucht
sie verdreht	sie verdrehe	sie verdreht

Seite 72

3 *Diese Konjunktive I hast du sicher ergänzt:*
Zuerst will Sandra Stefan mit Jean-Pascals Hilfe zurückgewinnen. Sandra flüstert Jean-Pascal zu, Stefan *sei* mit Chantal da. Sie fragt ihn, ob er meine, dass er es *schaffe*. Jean-Pascal antwortet mit Ja. Er tanzt dann mit Chantal und Stefan läuft wütend nach draußen. Später läuft Jean-Pascal auf den Hof und Sandra folgt ihm. Jean-Pascal sagt, er *habe* erwartet, sie *stehe* draußen mit Stefan und *feiere* Versöhnung. Sandra erwidert, sie *habe* noch gar nicht mit Stefan gesprochen, und fragt Jean-Pascal, was mit ihm *sei*. Jean-Pascal sagt, er *könne* nicht mit Chantal tanzen, weil er immer an Sandra denken *müsse*.

4 *Diese Pronomen hast du sicher eingekreist und diese Verben markiert:*
„Lange nicht gesehen", sagte er. „Kommst du heute Abend ins Bistro?" „Tut mir leid", lächelte Sandra. „Ich habe heute ein Rendezvous." „Was soll das denn heißen", fuhr Stefan sie an und sah plötzlich gar nicht mehr cool aus. „Ich denke, du gehst mit mir!" „Oh, klar", grinste Sandra. „Ich finde nur, dass unsere Beziehung in der letzten Zeit etwas eng geworden ist. Wir sind hier in Frankreich, [das] weißt du. Offene Beziehungen sind hier mega-in." Und dann ließ sie den verdutzten Stefan einfach stehen.

5 *So solltest du das Gespräch in der indirekten Rede aufgeschrieben, diese Wörter markiert und eingekreist haben:*
Stefan sagt, er habe Sandra lange nicht gesehen, und fragt sie, ob sie an diesem Abend ins Bistro komme. Sandra antwortet, es tue ihr leid, aber sie habe an diesem Abend ein Rendezvous. Er fragt empört, was das heißen solle, und sieht plötzlich gar nicht mehr cool aus. Er fügt hinzu, dass er denke, dass sie mit ihm gehe. Sie meint nur, das sei klar, sie finde nur, dass ihre Beziehung in der letzten Zeit etwas eng geworden sei. Sie seien hier in Frankreich, das wisse er. Offene Beziehungen seien hier mega-in. Dann lässt sie den verdutzten Stefan einfach stehen.

Seite 73

1 *Diese Konjunktive II hast du sicher markiert:*
Freundinnen müsste man sein. Dann könnte man über alles reden. Über jeden geheimen Traum. Freundinnen müsste man sein. Dann könnte man über alles lachen. Viele Sachen zusammen tun.
Man könnte sich neue Schuhe kaufen und auf Partys gehen.
Man könnte durch die City laufen und auf gute Musik stehen.
Und man könnte die Nacht durchtanzen, ohne auszuruhen.
Man wäre unbeschwert und den ganzen Tag gegen Einsamkeit immun.

Achtung! Für alle Aufgaben zur Verwendung des Konjunktivs in der indirekten Rede gilt: In dass-Sätzen **kann** der Konjunktiv verwendet werden, **muss aber nicht**.

2 *So solltest du die Tabelle ergänzt und die Unterschiede markiert haben:*

Infinitiv	Präteritum	Konjunktiv II
gehen	man *ging*	man ginge
sprechen	man *sprach*	man spräche
haben	man *hatte*	man hätte
sehen	man *sah*	man sähe
dürfen	man *durfte*	man dürfte
müssen	man *musste*	man *müsste*
können	man *konnte*	man *könnte*
sein	man *war*	man *wäre*

3 *Diese Konjunktive II hast du sicher ergänzt:*
Es *wäre* schön, wenn er mitkommen *dürfte*. Sie *könnte* es, wenn sie mehr Geduld *hätte*.

Seite 74

1 **a.** *Diese Sätze hast du sicher markiert:*

> Sehr geehrte Frau Meissner,
>
> Ihr Betrieb beschäftigt sich mit Kläranlagen und Wasserwirtschaft. Da ich für die Schule zu diesem Thema ein Referat vorbereite, brauche ich gutes Informationsmaterial. Schicken Sie mir Prospekte Ihres Betriebes zu. Ich will auch wissen, ob ich mir Teile Ihres Betriebes anschauen kann. Geben Sie mir diese Information und antworten Sie bis Freitag.
>
> Mit freundlichen Grüßen
>
> *Tom Schmidt*

b. *So könntest du den Brief höflicher formuliert haben:*

> Sehr geehrte Frau Meissner,
>
> Ihr Betrieb beschäftigt sich mit Kläranlagen und Wasserwirtschaft. Da ich für die Schule zu diesem Thema ein Referat vorbereite, brauche ich gutes Informationsmaterial. Könnten Sie mir bitte Prospekte Ihres Betriebes zuschicken? Ich wüsste auch gern, ob ich mir Teile Ihres Betriebes anschauen dürfte. Könnten Sie mir bitte diese Information geben und bis Freitag antworten?
>
> Mit freundlichen Grüßen
>
> *Tom Schmidt*

2 *So könntest du die Aufforderungen höflicher formuliert haben:*
Könntest du mir bitte mal helfen? Könnten Sie mir bitte den Schlüssel geben? Würdest du mir bitte dein Buch geben? Würden Sie mich bitte vorbeilassen? Hättest du bitte ein Blatt Papier für mich? Dürfte ich wissen, wann wir uns morgen treffen? / Würdest du mir bitte sagen, wann wir uns morgen treffen?

Seite 75 – Das kann ich!

1 *So hast du die Merksätze sicher ergänzt:*
Wenn du wiedergeben möchtest, was jemand gesagt hat, verwendest du häufig die **indirekte Rede** mit dem *Konjunktiv I*.
Der Konjunktiv II wird vom *Präteritum* abgeleitet.
In Form einer **Frage** drückt der *Konjunktiv II* **Aufforderungen** oder *Bitten* **höflicher** aus als der Imperativ.

zu Seite 75 – Das kann ich!

2 *Diese Verbformen hast du sicher markiert:*

Ein Interview mit einem Freund des Erfinders

Reporter: „Herr Kahn, was ist ein Helioflex?" Herr K.: „Das ist ein Spiegel. Er leitet die Sonnenstrahlen um. Dadurch macht er dunkle Wohnungen heller." Reporter: „Wie funktioniert das?" Herr K.: „Auf eine Satellitenschüssel montiert man eine verspiegelte Plexiglasscheibe. Schrauben krümmen die Scheibe. Eine Mechanik dreht die Spiegelfläche nach dem Lauf der Sonne." Reporter: „Wie kommt man auf so eine Idee?" Herr K.: „Der Erfinder lebt in einer dunklen Wohnung. Er hat eine Sonnenblume beobachtet, die ihren Kopf immer in Richtung Sonne dreht."

3 *Diese Konjunktive I hast du sicher ergänzt:*

Der Reporter fragt, was ein Helioflex *sei*. Herr K. antwortet, das *sei* ein Spiegel. Er *leite* die Sonnenstrahlen um und *mache* dunkle Wohnungen heller. Der Reporter möchte wissen, wie das *funktioniere*. Herr K. erklärt, man *montiere* eine Satellitenschüssel auf eine verspiegelte Plexiglasscheibe. Schrauben *krümmten* die Scheibe. Eine Mechanik *drehe* die Spiegelfläche nach dem Lauf der Sonne.

4 *So solltest du den Teil des Interviews in der indirekten Rede geschrieben haben:*

Der Reporter fragt Herrn K., wie man auf so eine Idee komme. Er antwortet darauf, der Erfinder lebe in einer dunklen Wohnung und er habe eine Sonnenblume beobachtet, die ihren Kopf immer Richtung Sonne drehe.

5 *So könntest du die Aufforderungen höflicher formuliert haben:*

Könnten Sie mir bitte helfen? Würdest du mir bitte den Stift geben? Könntest du bitte meine Tasche nehmen? Würden Sie bitte die Tür zumachen?

Das kann ich! – Auswertung	
33–45 Punkte	Du hast schon viel gelernt. Weiter so!
20–32 Punkte	Du kannst es sicher noch besser. Übe weiter.
0–19 Punkte	Arbeite die Seiten 71 bis 74 noch einmal durch.

Seite 76

1 *So solltest du die Begründungen zugeordnet haben:*

A – e); B – c); C – e); D – b); E – a)

2 *Diese Satzreihen solltest du gebildet, diese Verben markiert und die Konjunktionen so eingekreist haben:*

Das Praktikum macht ihm viel Spaß, (denn) es ist sehr abwechslungsreich. Die Bäcker müssen schon früh mit der Arbeit beginnen, (denn) die Bäckerei öffnet schon um 6:30 Uhr. Er achtet darauf, immer pünktlich zu sein, (denn) er will einen guten Eindruck machen. Bei der Arbeit trägt er einen weißen Kittel, (denn) in der Bäckerei gibt es viel Mehlstaub. In der Pause notiert er sich, was er getan hat, (denn) er muss einen Bericht schreiben.

3 *So könntest du die Einschränkungen zugeordnet haben:*

A – c); B – e); C – a); D – b); E – d)

4 *Diese Satzreihen solltest du gebildet, diese Verben markiert und die Konjunktionen so eingekreist haben:*

Das Praktikum macht ihm viel Spaß, (aber) es ist auch sehr anstrengend. Er achtet darauf, immer pünktlich zu sein, (aber) das Aufstehen fällt ihm schwer. Er findet die Leute in der Bäckerei sehr freundlich, (aber) sein Praktikumsbetreuer ist streng. Er freut sich schon jetzt auf seine Berufsausbildung, (aber) Bäcker möchte er nicht werden. Er ist sehr zufrieden mit seinem Praktikum, (aber) sein nächstes Praktikum möchte er in einem anderen Betrieb machen.

5 *Diese Satzreihen könntest du aufgeschrieben haben:*

Ich möchte ein Praktikum in einer Autowerkstatt machen, denn ich interessiere mich sehr für Autos. Ich kann mir nicht vorstellen, Bäcker zu werden, denn ich schlafe gern aus. Mein nächstes Praktikum würde ich gern beim Radio machen, aber in unserer Stadt gibt es keine Radiostation. Ich habe mich sehr auf das Praktikum gefreut, aber jetzt freue ich mich sogar wieder ein wenig auf die Schule.

Seite 77

1 *So hast du sicher eingekreist, markiert und unterstrichen:*

Mein Praktikum in der Bäckerei

Das Praktikum macht mir viel Spaß, (weil) <u>es sehr abwechslungsreich ist</u>. Den Beruf finde ich toll, (obwohl) <u>ich das frühe Aufstehen nicht mag</u>. Die Bäcker müssen schon früh mit der Arbeit beginnen, (weil) <u>die Bäckerei schon um 6:30 Uhr öffnet</u>. Ich fange aber erst um 8 Uhr zu arbeiten an, (weil) <u>Praktikanten nicht früher arbeiten dürfen</u>. Ich darf leider nicht alle Arbeiten ausführen, (obwohl) <u>ich das gerne tun würde</u>.

2 *Diese Satzgefüge hast du sicher gebildet:*

Ich achte immer auf Pünktlichkeit, (weil) ich einen guten Eindruck machen will.
Bei der Arbeit trage ich einen weißen Kittel, (weil) es in der Bäckerei viel Mehlstaub gibt.
In der Pause notiere ich mir, was ich getan habe, (weil) ich einen Praktikumsbericht schreiben muss.

3 *Diese Satzgefüge hast du sicher gebildet:*

Das Praktikum macht mir viel Spaß, (obwohl) es auch sehr anstrengend ist.
Ich finde die Bäcker sehr freundlich, (obwohl) mein Betreuer manchmal etwas streng ist.
Ich möchte wahrscheinlich nicht Bäcker werden, (obwohl) ich den Beruf mag.

4 *So hast du sicher die Konjunktionen ergänzt:*

Ich komme morgens pünktlich zur Arbeit, *obwohl* ich lange fahren muss. Ich fange gleich mit der Arbeit an, *weil* es viel zu tun gibt. Ich mag die Arbeit, *obwohl* ich Kuchen nicht so gerne esse. Ich helfe beim Backen, *weil* der Bäcker Unterstützung braucht.

Seite 78

1 *So könntest du die Konjunktionen ergänzt haben:*

A Sie verabschiedete sich von allen, *bevor* sie ging.
B Sie verließ die Feier, *weil* sie am nächsten Tag früh aufstehen musste.
C Sie wollte nur dann gehen, *wenn* ihr Freund sie nach Hause brachte.
D Die anderen räumten auf, *nachdem* sie gegangen war.
E Sie war sehr müde, *während* sie nach Hause fuhr.
F Sie ging sofort ins Bett, *da* sie so früh aufstehen musste.

2 *Diese Konjunktionen solltest du durchgestrichen haben:*

Mitternacht war schon längst vorüber, ~~weil~~ Sibel sich im Bett hin und her wälzte. Sie konnte nicht einschlafen, ~~obwohl~~ sie vor ihrem ersten Praktikumstag aufgeregt war. ~~Nachdem~~ sie pünktlich erscheinen wollte, musste sie am nächsten Morgen früh aufstehen. ~~Wenn~~ sie darüber nachdachte, schlief sie ein.

3 *So könntest du den Text neu geschrieben haben:*

Mitternacht war schon längst vorüber, <u>als</u> Sibel sich im Bett hin und her wälzte. Sie konnte nicht einschlafen, <u>weil</u> sie vor ihrem ersten Praktikumstag aufgeregt war. <u>Da</u> sie pünktlich erscheinen wollte, musste sie am nächsten Morgen früh aufstehen. <u>Als</u> sie darüber nachdachte, schlief sie ein.

4 *Diese Satzgefüge solltest du gebildet haben:*
A Sarah kommt morgens pünktlich zur Arbeit, (obwohl) sie lange fahren muss.
B Einmal verschläft sie, (weil) sie den Wecker nicht hört.
C (Obwohl) sie noch müde ist, fängt sie mit der Arbeit an.
D (Während) sie konzentriert arbeitet, vergeht die Zeit schnell.

Seite 79

5 *So könntest du die Sätze ergänzt haben:*
A Weil man dabei den Berufsalltag kennen lernt, ist ein Praktikum sinnvoll. **B** Einige Schüler mögen das Praktikum nicht, obwohl es eine Abwechslung zum Schulalltag ist. **C** Damit man auch wirklich in seinen Traumberuf hineinschnuppern kann, sollte man sich jedoch früh um einen Praktikumsplatz bewerben. **D** Aber den meisten macht es Spaß, weil sie eine praktische Tätigkeit ausüben können.

6 *So solltest du eingekreist und markiert haben.*
Was du angekreuzt haben solltest, steht in Klammern dahinter:
Es hat sich gezeigt, (dass) der kleine tägliche Ärger Stress verursachen kann. (Endstellung)
(Wenn) es zu Hause schlechte Stimmung gibt, leidet man schnell an Stress. (Spitzenstellung)
Man sollte seine eigene Situation kennen, (damit) man den Stress gezielt bewältigen kann. (Endstellung) (Sobald) man sein Verhalten versteht, kann man neue Handlungsweisen einüben. (Spitzenstellung)

7 *So hast du sicher markiert, eingekreist und unterstrichen:*
Mein Praktikum im Blumenfachgeschäft – von Sarah Haras
Ich machte mein Praktikum im Blumenladen „Flora", (weil) ich mich gerne mit Blumen und Dekorationen beschäftige. Ich durfte schon alleine Blumensträuße binden, (obwohl) ich ganz neu war. Danach fotografierte ich sie, (damit) ich die Fotos für meinen Praktikumsbericht verwenden kann. Meine Chefin war zufrieden mit mir, (weil) ich immer pünktlich und zuverlässig arbeitete.
Sie schenkte mir einen kleinen Blumenstrauß, (als) ich das Praktikum beendete. Ich habe mir für meinen Praktikumsbericht Notizen gemacht, (nachdem) meine tägliche Arbeit beendet war.

8 *So könntest du Sarahs Bericht neu geschrieben haben:*
(Weil) ich mich gerne mit Blumen und Dekorationen beschäftige, machte ich mein Praktikum im Blumenladen „Flora". Ich durfte schon alleine Blumensträuße binden, (obwohl) ich ganz neu war. Danach fotografierte ich sie, (damit) ich die Fotos für meinen Praktikumsbericht verwenden kann.
(Weil) ich immer pünktlich und zuverlässig arbeitete, war meine Chefin zufrieden mit mir. (Als) ich das Praktikum beendete, schenkte sie mir einen kleinen Blumenstrauß. Ich habe mir für meinen Praktikumsbericht Notizen gemacht, (nachdem) meine tägliche Arbeit beendet war.

Seite 80

1 *So hast du sicher die Relativsätze unterstrichen, die Relativpronomen umkreist, diese Nomen solltest du markiert haben:*
A Ein Offshore-Windpark besteht aus Windturbinen, (die) sich im Meer befinden.
B Unter Biomasse versteht man eine Energiequelle, (die) aus organischen Substanzen gewonnen wird.
C Bionik ist die Wissenschaft, (die) sich die Natur zum Vorbild nimmt.

2 **a.** *So solltest du die Erklärungen zugeordnet haben:*
A Sonnenstrahlen umleitet,
C aus Atomkraft gewonnen wird,
B aus der Sonne gewonnen wird,
D sich mit der lebendigen Natur beschäftigt

b. bis **d.**
Diese Relativsätze solltest du ergänzt, die Relativpronomen eingekreist und diese Nomen markiert haben:
Ein Helioflex ist ein Spiegel, der Sonnenstrahlen umleitet. Solarenergie ist eine Energieform, die aus der Sonne gewonnen wird. Unter Kernenergie versteht man eine Energieform, die aus Atomkraft gewonnen wird. Biologie ist ein Schulfach, das sich mit der lebendigen Natur beschäftigt.

3 **a.** *Diese Relativpronomen hast du sicher notiert:*
A *die*; B *die*; C *das*

b. bis **d.**
Diese Satzgefüge hast du sicher geschrieben, die Relativpronomen eingekreist und diese Nomen markiert:
A Fotovoltaik ist eine Energie, (die) aus Licht gewonnen wird.
B Die Windkraft ist eine Energie, (die) aus Luftbewegungen gewonnen wird.
C Chemie ist ein Schulfach, (das) sich mit Stoffen und ihren Gesetzmäßigkeiten beschäftigt.

Seite 81 – Das kann ich!

1 *So hast du die Merksätze sicher ergänzt:*
Eine **Satzreihe** besteht aus mindestens zwei *Hauptsätzen*. Ein **Satzgefüge** besteht aus einem *Hauptsatz* und mindestens einem *Nebensatz*. Im **Nebensatz** steht die gebeugte Verbform am *Ende*. **Konjunktionalsätze** sind Nebensätze, die mit *Konjunktionen* eingeleitet werden. Sie können *vor* **(Spitzenstellung)** oder *nach* **(Endstellung) dem Hauptsatz (HS)** stehen. **Relativsätze** werden mit *Relativpronomen* eingeleitet.

2 *So hast du sicher markiert, eingekreist und unterstrichen.*
Was du angekreuzt haben solltest, steht in Klammern dahinter:
Viele setzen heute auf erneuerbare Energien, (weil) sie die Umwelt schonen. (Endstellung) (Bevor) die erneuerbaren Energien verwendet wurden, nutzte man hauptsächlich fossile Brennstoffe wie Erdöl und Kohle. (Spitzenstellung) (Obwohl) fast alle fossilen Brennstoffe umweltschädlich sind, kann man nicht ganz auf sie verzichten. (Spitzenstellung) Man braucht sie noch, (damit) man den Energiebedarf der Menschheit decken kann. (Endstellung)

3 *Diese Satzreihen solltest du geschrieben haben:*
A Solarenergie ist eine erneuerbare Energie, denn sie ist unbegrenzt verfügbar. **B** Für die Menschen ist die Sonne eine unerschöpfliche Energiequelle, denn ihre voraussichtliche Brenndauer beträgt noch etwa fünf Milliarden Jahre. **C** Die Sonne könnte theoretisch genug Energie für die gesamte Menschheit liefern, aber es fehlen noch Solaranlagen und Speichermöglichkeiten.

4 *Diese Satzreihen solltest du geschrieben haben:*
A Öl verschmutzt die Umwelt, obwohl es sauberer als Kohle verbrennt. **B** Öl ist keine Zukunftsenergie, weil die Vorräte begrenzt sind. **C** Solarenergie und Windenergie werden gebraucht, damit wir auch in der Zukunft genug Energie haben.

5 *Diese Satzgefüge mit Relativsätzen solltest du gebildet, diese Nomen markiert haben:*
A Ein fossiler Brennstoff ist ein Stoff, der in der Erde lagert.
B Kohle ist ein Gestein, das überwiegend aus Kohlenstoff besteht.

Das kann ich! – Auswertung	
33–45 Punkte	Du hast schon viel gelernt. Weiter so!
20–32 Punkte	Du kannst es sicher noch besser. Übe weiter.
0–19 Punkte	Arbeite die Seiten 76 bis 80 noch einmal durch.

Seite 82

1 *Diese Fragen und Antworten hast du sicher aufgeschrieben:*
Wer empfiehlt den Zahnarzt? - der Vater (Subjekt). Wem empfiehlt er den Zahnarzt? - seinem Sohn (Dativobjekt). Wen empfiehlt er seinem Sohn? - den Zahnarzt (Akkusativobjekt)

2 *Diese Objekte hast du sicher markiert und die Präpositionen so eingekreist. Diese Fragen solltest du aufgeschrieben haben:*
A Vom 12. bis zum 30. April nahm ich (an) einem Betriebspraktikum teil.
Woran nahm ich teil? - an einem Betriebspraktikum
B Zuerst half ich (bei) der Kontrolle der gelieferten Ware.
Wobei half ich? - bei der Kontrolle
C Im Laden fragten die Kunden oft (nach) neuen Sommerschuhen.
Wonach fragten die Kunden oft? - nach neuen Sommerschuhen
D Meistens entschieden sie sich (für) Schuhe, die ich ihnen empfohlen hatte.
Wofür entschieden sie sich meistens? - für Schuhe (die ich ihnen empfohlen hatte)

3 *Diese Sätze könntest du gebildet haben:*
Sie bedankt sich für unsere Hilfe.
Der Lehrer fragt nach den Hausaufgaben.

Seite 83

1 **a.** *Diese adverbialen Bestimmungen hast du sicher unterkringelt:*

Rheinheim, 12.03.2011

Bewerbung für ein Praktikum (2.–20. Mai 2011)

Sehr geehrte Frau Dahler,

aufgrund Ihrer Anzeige im Tagesblatt möchte ich mich gerne für ein Praktikum vom 2. bis zum 20. Mai in Ihrem Blumenladen bewerben. Ich bin seit einem Jahr in der Schulgarten-AG und arbeite dort sorgfältig und zuverlässig. Wegen meiner Fähigkeiten im Gestalten schmücke ich bei Feiern erfolgreich die Räume und wurde dafür einmal ausgezeichnet. Durch das Praktikum in Ihrem Geschäft möchte ich herausfinden, ob ich für den Beruf des Floristen wirklich geeignet bin.

Mit freundlichen Grüßen

Jakob Mühlbach

b. *So solltest du die adverbialen Bestimmungen geordnet haben:*
Adverbiale Bestimmungen des Ortes: im Tagesblatt, in Ihrem Blumenladen, in der Schulgarten-AG, bei Feiern, bei Ihnen **Adverbiale Bestimmungen der Zeit:** vom 2. bis zum 20. Mai, seit einem Jahr
Adverbiale Bestimmungen der Art und Weise: gerne, sorgfältig, zuverlässig, erfolgreich, durch das Praktikum, wirklich, freundlich
Adverbiale Bestimmungen des Grundes: aufgrund Ihrer Anzeige, wegen meiner Fähigkeiten im Gestalten

2 *So solltest du die Sätze erweitert und die adverbialen Bestimmungen markiert haben:*
Michaela möchte in zwei Monaten ihr Praktikum in einer Autowerkstatt absolvieren. Zu Hause repariert sie immer die Fahrräder ihrer Familie. In der Schule bitten ihre Freundinnen sie wegen ihrer Kenntnisse bei Problemen um Rat. Auch schwierige Defekte repariert sie sehr sorgfältig und mit ruhiger Hand.

Seite 84

1 **a.** *Diese Attribute hast du sicher markiert:*
Berufswahl bei jungen Frauen
Jedes Jahr entscheidet sich die überwiegende Mehrheit der Schülerinnen für einen typischen Frauenberuf und damit für weniger Geld und schlechtere Aufstiegschancen. Bei ihren beliebtesten Ausbildungsberufen ist kein einziger Technikberuf dabei. Stattdessen haben die Berufe Krankenschwester und Erzieherin einen festen Platz in den Top Ten. Als typische Frauenberufe gelten alle familiennahen Berufe, für die man große soziale Kompetenz braucht, die aber in der gesellschaftlichen Bewertung schlechter abschneiden. Viele Betriebe stellen bei Veranstaltungen wie dem jährlichen „Girls' Day" deshalb techniknahe Berufe vor und hoffen, dass sich junge Frauen in Zukunft jeden Beruf zutrauen.

b. *Diese Fragen und Attribute solltest du gefunden haben:*
Welche Frauen? - die jungen Frauen; welche Mehrheit? - die überwiegende Mehrheit; welcher Frauenberuf? - ein typischer Frauenberuf; welches Geld? - weniger Geld; welche Aufstiegschancen? - schlechtere Aufstiegschancen; welche Ausbildungsberufe? - die beliebtesten Ausbildungsberufe; welchen Platz? - einen festen Platz; welche Frauenberufe? - die typischen Frauenberufe; welche Berufe? - die familiennahen Berufe; welche Kompetenz? - die große soziale Kompetenz; welche Bewertung? - die gesellschaftliche Bewertung; welcher Girls' Day? - der jährliche Girls' Day; welche Berufe? - die techniknahen Berufe; welche Frauen? - die jungen Frauen; welchen Beruf? - jeden Beruf

2 *So hast du den Text sicher ergänzt:*
Berufswahl bei jungen Männern
Auch Jungen nutzen nicht das *ganze* Spektrum der *beruflichen* Möglichkeiten. Viele *junge* Männer wählen nur aus zehn der über 300 *angebotenen* Ausbildungsberufe aus. Das sind häufig die Berufe mit einem *hohen* Männeranteil. Wichtig ist es natürlich, bei der Berufswahl den *eigenen* Stärken und Interessen zu folgen. Wenn diese eher im *handwerklichen* oder im *technischen* Bereich liegen, sollte es auch ein *entsprechender* Ausbildungsberuf sein. Aber Jungen sind auch *gefragte* Mitarbeiter in den Bereichen Pflege, Erziehung und Gesundheit.

Seite 85 – Das kann ich!

1 Das **Präpositionalobjekt** ist ein Satzglied, das aus einer *Präposition* und einer Wortgruppe im **Dativ** oder im *Akkusativ* besteht. Es gibt **adverbiale Bestimmungen** *der Zeit*, **des Ortes**, *der Art und Weise* und **des Grundes. Adjektivische Attribute** stehen *vor* dem Nomen und antworten auf die **Fragen** *Welcher?, Welche?, Welches?*.

2 *Diese Fragen und Antworten hast du sicher aufgeschrieben, diese Präpositionen eingekreist:*
A Sie fragte die Zeitungsverkäuferin (nach) dem Weg.
Subjekt: Wer fragte nach dem Weg? - sie
Akkusativobjekt: Wen fragte sie nach dem Weg? - die Zeitungsverkäuferin
Präpositionalobjekt: Wonach fragte sie? - nach dem Weg
B Er dankte der Frau (für) diese Information.
Subjekt: Wer dankte für diese Information? - er
Dativobjekt: Wem dankte er für diese Information? - der Frau
Präpositionalobjekt: Wofür dankte er? - für diese Information

3 *So solltest du die Sätze erweitert haben:*
A Sie macht ihr Praktikum im nächsten Monat bei der Firma Sachs. **B** Er arbeitet sorgfältig und schnell. **C** Sie hat gestern ein Lob wegen ihrer guten Leistungen bekommen. **D** Aufgrund einer Krankheit fuhr sie nicht mit nach Bonn.

4 *Diese Attribute solltest du markiert haben:*
Auf großem Fuß lebt jemand, der viel Geld ausgibt. Diese alte Redensart bezieht sich auf den französischen Grafen von Anjou. Er war ein reicher und angesehener Mann, hatte aber ein Problem: ein hässliches, dickes Geschwür am Fuß. Deshalb passten ihm die vornehmen Schuhe nicht und er ließ sich große Schuhe anfertigen. Darin konnte er seine riesigen Füße verstecken. Weil er sehr angesehen war, wollten seine Mitbürger das nachahmen. Doch nur die reichen Leute konnten sich die großen Treter leisten – und deshalb auf großem Fuß leben.

Das kann ich! – Auswertung	
33–45 Punkte	Du hast schon viel gelernt. Weiter so!
20–32 Punkte	Du kannst es sicher noch besser. Übe weiter.
0–19 Punkte	Arbeite die Seiten 82 bis 84 noch einmal durch.

Der Kompetenztest

Seite 88 – Sachtexte und Grafiken erschließen

2 *Diese Überschriften könntest du geschrieben haben:*
2 Fossile Brennstoffe, **3** Erneuerbare Energien, **4** Energie aus Biomasse, **5** Elektrizität, **6** Wärme, **7** Deutschlands Bioenergiedörfer

3 bis **8**
Diese Aussagen solltest du angekreuzt haben:
3 d), 4 c), 5 d), 6 c), 7 b), 8 a)

9 **a.** *Die Zeilen 31–38 solltest du markiert haben:*
„Dafür gibt es in Jühnde eine Bioenergieanlage. [...] Bakterien zersetzen dort die organischen Stoffe zu dem Biogas Methan, das in das benachbarte Blockheizkraftwerk weitergeleitet wird."

b. *So könnte deine Antwort aussehen:*
In einer Bioenergieanlage wird die Biomasse durch Bakterien zu Methan zersetzt. Dieses wird in ein Blockheizkraftwerk weitergeleitet und produziert dort Energie.

10 *So solltest du die Sätze ergänzt haben:*
A Das Holzhackschnitzelheizwerk produziert *Wärme*.
B Das Methan wird in der *Biogasanlage* produziert.
C Im Blockheizkraftwerk wird *Methan* verbrannt.

Seite 89 – Sachtexte und Grafiken erschließen

11 *Diese Erklärungen solltest du geschrieben haben:*
EVU: Elektrizitätsversorgungsunternehmen (Material 1, Z. 42); BMELV: Bundesministerium für Ernährung, Landwirtschaft und Verbraucherschutz (Material 1, Z. 7–8); BHKW: Blockheizkraftwerk (Material 2, Fußnote 5)

12 **a.** *Du solltest den Bereich mit den grünen, blauen und roten Linien und den Wörtern „Grüner Strom", „Strom" und „Wärme" eingekreist haben.*

b. *Diese beiden Textstellen solltest du markiert haben:*
„Dort wird das Methan in einem Gasmotor verbrannt, wodurch Elektrizität produziert wird." (Z. 38–39); „Die bei der Stromerzeugung frei werdende Wärme kann außerdem direkt von den Einwohnern verbraucht werden." (Z. 48–49)

c. *So sollte deine Antwort aussehen:*
Strom und Wärme

14 bis **17**
Diese Aussagen solltest du angekreuzt haben:
14 c), 15 b), 16 d), 17 c)

18 *So könnte deine Antwort aussehen:*
Das Nahwärmenetzwerk ist im Schaubild mit roten Linien eingezeichnet, die zu den Häusern gehen.

19 *So solltest du das Diagramm vervollständigt haben:*

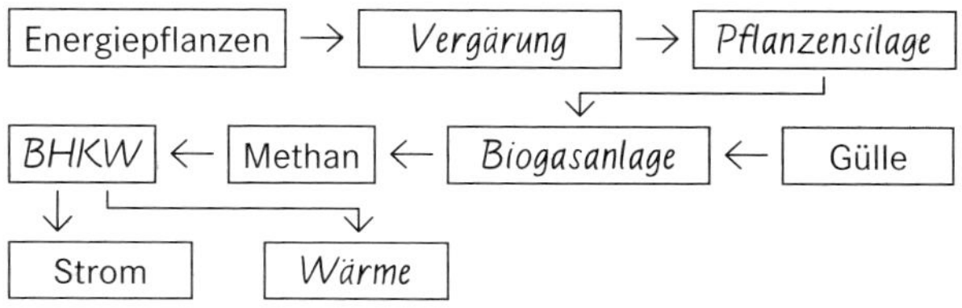

Sachtexte und Grafiken erschließen – Auswertung	
48–65 Punkte	Du hast schon viel gelernt. Weiter so!
29–47 Punkte	Du kannst es sicher noch besser. Übe weiter.
0–28 Punkte	Arbeite die Seiten 4 bis 11 noch einmal durch.

Seite 90 – Rechtschreiben

1 schwingen – also: sie schwingt; brummen – also: es brummt; die Betriebe – also: der Betrieb; milder – also: mild

2 der Schaum – also: schäumt; die Kraft – also: kräftig

3 **a** *So solltest du die Wortstämme markiert haben:*
angenommen, die Vernehmung, abnehmen, die Maßnahme, einnehmen, eingenommen, die Abnahme, die Unternehmung, das Unternehmen, aufnehmen, die Übernahme, zunehmend, teilgenommen, herausnehmen, entgegennehmen

b die Vernehmung, die Maßnahme, die Abnahme, die Unternehmung, das Unternehmen, die Übernahme

4 **a** Wörter mit den Suffixen -**ung**, -**nis**, *-heit* und *-keit* sind Nomen. Sie werden *groß*geschrieben.

b die Kreuzung, das Erlebnis, die Schönheit, die Krankheit, die Sauberkeit

5 Durch den Musikwettbewerb wurde er über Nacht berühmt. Schon am Morgen standen die Fans vor seiner Wohnung. Davor war er immer mit der Bahn in die Stadt gefahren, doch jetzt nahm er ein Taxi. Am Anfang fühlte er sich geschmeichelt, dass ihm die Mädchen nicht widerstehen konnten. Aber jetzt gibt er nur noch widerwillig Autogramme und Briefe erwidert er schon lange nicht mehr. Den ganzen Trubel findet er inzwischen widerwärtig.

Das kann ich! – Auswertung	
44–60 Punkte	Du hast schon viel gelernt. Weiter so!
27–43 Punkte	Du kannst es sicher noch besser. Übe weiter.
0–26 Punkte	Arbeite die Seiten 46 bis 65 noch einmal durch.

Seite 91 – Grammatik

1 **a.** *Diese Passivformen solltest du markiert haben:*
Der von allen lang ersehnte Skatepark wird nun endlich gebaut! Zuerst werden die Erdarbeiten erledigt, danach werden die Schalbretter ausgelegt. Am Ende der Woche wird der Beton geliefert und dann wird mit dem Bau der Curbs begonnen. Danach wird alles betoniert. Ob Quaterpipe, Minirampe oder Zuschauertribüne – hier wird nicht gespart. Die großzügigen Sponsoren werden schon jetzt sehr gelobt.

b. *So solltest du den Satz im Passiv geschrieben haben:*
Durch diese Anlage wird ein tolles Freizeitangebot für Skatebegeisterte geschaffen.

2 und **3**
Diese Konjunktive I solltest du markiert, diesen Konjunktiv II unterstrichen und diese Pronomen eingekreist haben:
Nach der ersten Begegnung mit ihrem Austauschpartner sagte Sandra, sie habe leider nicht alles verstanden. Jean-Paul spreche etwas zu schnell. Sie wolle ihm das noch sagen, doch jetzt müsse sie sich erst einmal ausruhen. Die französische Art der Begrüßung sei ihr zwar noch fremd, sie werde sich aber sicher noch daran gewöhnen. Zwei Wochen später meinte Sandra, sie könne sich gar nicht vorstellen, wieder nach Hause zu fahren. Wer hätte das gedacht?

4 *So sollten deine erweiterten Sätze aussehen:*
A Er beginnt sein Praktikum in einem Monat in einem Elektrogeschäft. **B** Er geht wegen des Regens heute nicht wandern. **C** Sie lernt jeden Tag fleißig für die Klassenarbeit.

5 *So solltest du die Sätze verbunden haben:*
Sie geht heute nicht in den Skatepark, obwohl (es) schönes Wetter ist.

Grammatik – Auswertung	
33–45 Punkte	Du hast schon viel gelernt. Weiter so!
20–32 Punkte	Du kannst es sicher noch besser. Übe weiter.
0–19 Punkte	Arbeite die Seiten 66 bis 85 noch einmal durch.

Seite 92 – Einen informierenden Text überarbeiten

1 *Die falsche Zeitangabe* Im Jahre 2011 *solltest du gefunden und die folgende richtige aufgeschrieben haben:*
Im Jahr 2010

2 **a.** *Diese Angaben solltest du markiert haben:*
2. Pflanzensilage, 3. Biogasanlage, 5. Vergärung, 6. BHKW, 7. Methan (Gas)

b. *So solltest du die richtigen Angaben mit den Nummern aufgeschrieben haben:*
2. Vergärung, 3. Pflanzensilage, 5. Biogasanlage, 6. Methan, 7. BHKW

3 *So könnte deine Überschrift aussehen:*
Vor- und Nachteile der Energie aus Biomasse

4 BHKW: Blockheizkraftwerk

5 **a.** *Diese Aussagen solltest du durchgestrichen haben:*
Biomasse ist besonders verlässlich, ~~weil sie nur von Sonne und Wind abhängt~~. Und ~~es gibt genug~~ Anbauflächen in Deutschland.

b. *So solltest du die Informationen berichtigt haben:*
Biomasse ist besonders verlässlich, weil sie nicht von Sonne und Wind abhängt. Aber es gibt nicht genug Anbauflächen in Deutschland.

7 *So könnte dein überarbeiteter Text aussehen. Das richtige Schaubild findest du unter der Lösung zu Seite 89, Aufgabe 20.*
Die Vor- und Nachteile der Biomasse
Auf dem Land kann man mehr und mehr auf fossile Brennstoffe verzichten, weil dort erneuerbare Energien wie Wind, Sonne und Biomasse genutzt werden können. Mithilfe einer Bioenergieanlage kann man damit umweltfreundlich Strom und Wärme erzeugen. Dörfer, die mindestens die Hälfte ihrer Energie selbst produzieren, heißen Bioenergiedörfer. Im Jahr 2010 gab es bereits 60 Bioenergiedörfer in Deutschland.
Biomasse ist verlässlich, weil sie nicht von Sonne und Wind abhängt. Aber es gibt nicht genug Anbauflächen für Energiepflanzen, daher kann nicht die gesamte Energie aus Biomasse gewonnen werden. Auch durch Monokulturen kann Biomasse schädlich sein. Weitere Nachteile sind, dass durch den Anbau von Energiepflanzen in manchen Ländern die Preise für Nahrungsmittel steigen und Regenwald abgeholzt wird. Bioenergiedörfer sollten also nur prämiert werden, wenn sie auch noch ihre Nahrung selbst produzieren.

Einen informierenden Text überarbeiten – Auswertung	
37–50 Punkte	Du hast schon viel gelernt. Weiter so!
23–36 Punkte	Du kannst es sicher noch besser. Übe weiter.
0–22 Punkte	Arbeite die Seiten 8 bis 17 noch einmal durch.

Seite 93 – Eine Kleinanzeige schreiben

1 bis **3**
Die Kontaktdaten hast du mit deinen persönlichen Daten ausgefüllt. Du solltest die Rubrik Stellengesuche *angekreuzt haben. Deinen persönlichen Anzeigentext kannst du z. B. in einer Schreibkonferenz besprechen und überarbeiten.*

Eine Kleinanzeige schreiben – Auswertung	
37–50 Punkte	Du hast schon viel gelernt. Weiter so!
23–36 Punkte	Du kannst es sicher noch besser. Übe weiter.
0–22 Punkte	Arbeite die Seiten 18 bis 25 noch einmal durch.

Der Kompetenztest – Gesamtauswertung	
199–270 Punkte	Du hast schon viel gelernt. Weiter so!
122–198 Punkte	Du kannst es sicher noch besser. Übe weiter.
0–121 Punkte	Probiere es noch einmal.